大数据时代下的企业
财务管理研究

姬潮心　王　媛　著

中国水利水电出版社
www.waterpub.com.cn
·北京·

内 容 提 要

  本书分为两部分，第一部分主要分析了大数据的基础知识，首先论述了大数据的应用架构与技术、大数据的管理和治理体系，而后分析了大数据与企业、大数据与云计算及大数据与云安全的相互关系；第二部分论述了大数据时代下企业的财务管理，首先分析了大数据对财务管理的影响，然后分别阐述了大数据时代下的企业预算管理、大数据时代下的企业投资管理、大数据时代下的企业财务决策管理、大数据时代下的企业财务战略管理及大数据时代下的企业财务预警管理。

  本书可供高等院校计算机专业、财务管理专业的高年级本科生和研究生参考，也可供从事财务管理工作的人员参考阅读。

图书在版编目（CIP）数据

  大数据时代下的企业财务管理研究/姬潮心，王媛
著 . --北京：中国水利水电出版社，2018.6（2022.10重印）
  ISBN 978-7-5170-6531-9

  Ⅰ.①大… Ⅱ.①姬…②王… Ⅲ.①企业管理—财务管理—研究 Ⅳ.①F275

  中国版本图书馆 CIP 数据核字（2018）第 130119 号

责任编辑：陈 洁   封面设计：王 伟

书　名	**大数据时代下的企业财务管理研究** DASHUJU SHIDAI XIA DE QIYE CAIWU GUANLI YANJIU
作　者	姬潮心　王　媛 著
出版发行	中国水利水电出版社 （北京市海淀区玉渊潭南路 1 号 D 座　100038） 网址：www.waterpub.com.cn E-mail：mchannel@263.net（万水） 　　　　sales@mwr.gov.cn 电话：(010)68545888(营销中心)、82562819（万水）
经　售	全国各地新华书店和相关出版物销售网点
排　版	北京万水电子信息有限公司
印　刷	三河市人民印务有限公司
规　格	185mm×260mm　16 开本　15 印张　410 千字
版　次	2018年9月第1版　2022年10月第2次印刷
印　数	2001-3001册
定　价	62.00 元

前　言

　　自 2010 年，美国数据科学家维克托·迈尔·舍恩伯格系统地提出"大数据"的概念后，从硅谷到北京，不断有人开始谈论大数据，人类也开始进入大数据时代，全球数据信息量呈现指数式爆炸增长之势，数据体量从 PB 级跃升至 ZB 级。根据国际数据公司（IDC）发布的 2012 年研究报告显示，预计到 2020 年，全球产生的数据总量将超过 40 ZB，将是地球所有海滩上沙粒数量的 57 倍。多元化的数据涌现，给人们的日常生活与工作带来了更多的机遇，同时也带来了众多挑战。如何应对这些数据给人们带来的机遇与挑战，成为人们越来越关注的话题；如何在海量的数据中进行分析挖掘，筛选有利的信息，成为人们迫切需要解决的问题；如何运用互联网信息数据开发设计软件，并使之服务于人们的生产生活，成为大数据运用的核心议题，也成为数据发展的趋势。

　　大数据技术的发展与应用，将对社会的组织结构、经济的运行机制、社会的生活方式、国家的治理模式、企业的决策架构、商业的业务策略以及个人的生活、工作和思维方式等产生深远的影响。企业、政府和社会逐渐渗透到互联网环境中，使人们的生活环境和生活方式向数字化、网络化方向迈进。数据逐渐被应用于各个行业领域，这成为了人类历史上又一巨大变革。

　　大数据对中国经济的发展也起到了巨大的推动作用，带动了技术研发、管理方式以及商业模式的创新。在大数据时代，企业可以通过分析海量的数据使得自己的决策更加正确。但大数据时代也对企业的运营与管理提出了更高的要求，如对于财务人员来说，必须要掌握更加先进的技术才能应对大数据带来的挑战。对于财务的管理者以及企业的决策者而言，更应该高瞻远瞩，应该重新审视和思考财务工作，提升自己分析、统筹数据的技能，掌握各种企业价值的评估方法，从而提高自己应对环境变化的决策能力。大数据必然会对企业的财务管理工作有很大的影响，那么在当下，企业就应该将财务决策置于大数据的环境之下进行考虑，建立基于数据的服务理念，并且及时分析当前的数据以不断修正企业决策，在大数据的背景下，企业应该对各种数据进行分析，从而作出全面的调整，继而创新自己的商业模式系统。

　　为了应对大数据对财务管理的新诉求，本人写作了此书。本书分为两部分，第一部分主要阐述了大数据的基础知识，包括大数据来源与发展，大数据概念、特征与类型及大数据未来趋势，而后分析了大数据应用架构与技术、大数据管理和治理体系，最后分析了大数据与企业、大数据与云计算及大数据与云安全的相互关系；第二部分论述了大数据下企业的财务管理，首先分析了大数据对财务管理的影响，然后分别阐述了大数据时代企业预算管理、大数据时代企业投资管理、大数据时代企业财务决策管理、大数据时代企业财务战略管理及大数据时代企业财务预警管理。

本书的写作过程花费了大量时间，翻阅了大量资料，并且就有些问题咨询了相关的专家，以求提高本书的价值。但是，由于本人能力有限，本书可能还存在许多不足之处，希望广大读者批评指正。最后，诚挚地感谢在本书的写作过程中给予作者帮助的广大亲友！

作者

2018 年 4 月

目　录

第一部分　大数据的基础知识

　　随着经济的迅速发展，科学技术也在飞速进步，现在的人们已经步入了信息化时代。从当前社会的各方面发展进行分析，一个国家最重要的能力就是对信息的掌握能力，一个国家对于信息的掌握越清楚、越详细，那么这个国家的综合实力也不会弱。每个人对于信息的需求不同，这也表明信息的效益不同，而全部的有益信息也是经过大数据的分析得来的。海量的数据信息扩散、变动，逐步地发展成为大数据。对于"大数据"这个词语，不仅仅是形容数据的量，还用来形容处理数据的速度之快。因此，现在的大数据已经发展成为了一项广受欢迎的数据分析技术。在许多的行业都会存在着数据的影子，人们对于数据的广泛使用，标志着大数据时代的到来。大数据越来越与人类生活的方方面面联系在一起，许多的问题都利用大数据进行解决。

　　这一部分主要概述了大数据的基础知识，围绕大数据讲述了基本内容、大数据的应用架构与技术、大数据管理和治理体系、大数据与企业、大数据与云计算、大数据与云安全，从多个方面对大数据展开了概述。

第1章 大数据概述

21世纪，大数据时代已经慢慢地到来。大数据的特点是种类繁多、规模庞大、信息生成速度快，并且具有极高的价值。本章主要是对大数据作一个概括，追溯了大数据的来源与发展，讲述了大数据的概念、特征与类型，并且在当前大数据的发展情况下，对大数据的未来趋势进行了描述。

1.1 大数据的来源与发展

一、大数据的来源

（一）大数据的产生来源

在人类历史上，从未有哪一个时代像今天这样拥有巨大的数据，取之不尽，用之不竭，并且这些数据的产生没有限制，并不会像过去一样受到时间和空间的约束。大数据的产生，无论是对于科学技术的进步，还是对于信息技术的发展，都是值得庆祝的事情。从开始采用数据库作为数据管理的主要方式开始，人类社会的数据演变经历了三个阶段，即被动、主动和自动的阶段，由此产生了最终的大数据。

1. 运营式系统阶段

起初，数据库的产生就降低了数据管理的难度，也就是说，数据库基本上都是被运营式系统所采用，以此来当作运营式系统的数据管理子系统。例如，超市里面的销售记录系统、银行的交易记录系统、医院病人的医疗记录等。对于人类社会来说，这个阶段的数据量是在数据库的基础上产生的，因为数据库的管理，让巨大的数据得以运营。这个阶段的主要特点是，数据都会跟随着一定的运营活动而产生并记录在数据库之中，如超市的售货记录，在超市里每售出一件产品，数据库中都会记录相应的数据，不过这种数据产生的方式是被动的。

2. 用户原创内容阶段

在运营式系统阶段之后，由于互联网的诞生，让人类社会的数据量得到了第二次飞跃。在这个阶段，科学技术迅猛发展，出现了新型的社交网络软件（微博、微信等），微博、微信等的用户量迅速地上升，使人们主动在互联网上发表自己的意见；智能手机、平板电脑等新型移动设备的出现，也为人们随时随地在网上发表自己的观点提供了条件，这个阶段数据产生的方式是主动的。

3. 感知式系统阶段

在经过前两个阶段之后，人类社会数据量第三次大的飞跃最终导致了大数据的产生，现在大家生活的这个时代正处于这个阶段。这个阶段数据产生的方式是自动的，随着科学技术的发展出现了诸如传感器之类的设备，并开始将这些设备广泛地布置于社会的各个角落，这些设备可以随时随地地产生数据，这个阶段促成了大数据的出现。这种数据产生的方式是自动的。

（二）大数据的产生原因

分析大数据的产生来源可以知道，大数据的产生原因主要是来自以下几个方面。

1. 数据存储成本的降低

大数据产生的重要前提是数据存储成本的大幅降低、存储硬件体积的日益减小。在早期，英特尔（Intel）创始人之一戈登·摩尔（Gordon Moore）提出著名的摩尔定律，在当时引起了广泛关注。摩尔定律是指，当价格保持固定时，大约每隔 18~24 个月，集成电路上元器件的数目便会增加一倍，其性能也将提升一倍，换句话说，每隔 18~24 个月，一美元所能买到的电脑性能至少翻一倍。

自摩尔定律产生至今已有半个世纪，半个多世纪以来，计算机硬件的发展规律基本符合摩尔定律，越来越接近定律之中的内容，慢慢地可以发现，硬件的处理速度、存储能力不断提升，与此相对应的是，硬件的价格在走下坡路。

除此之外，随着计算机硬件价格的逐步降低，计算机的体积也发生了变化，慢慢地变小，发展成今天可以随身携带的笔记本电脑。在前些年，英特尔公司发布了 14 纳米的晶体管，这比 21 纳米的晶体管体积缩小了 1/3，并且 14 纳米的晶体管在价格上更便宜、更节能、更环保。

由于存储器的价格下降速度飞快，人们才得以廉价保存海量的数据；由于存储器的体积越来越小，人们才可以便捷地携带海量的数据。这些都是大数据所带来的好处，这也在一定程度上促进了大数据时代的到来。

2. 生活的数字化驱动

物联网是新一代信息技术的重要组成部分，它的出现决定了物与物、人与物、人与人之间的互联。从本质上来说，因为物联网使得数据从主动式变为自动式，而大数据真正产生的原因正是由于人们生活中自动式数据的产生。

原本，人与机器之间、机器与机器之间的相互联系，就是要满足人与人之间的信息互动。在这种信息交互的过程中，因为需要对一些实际问题进行处理，所以逐步地由信息传送到信息感知再到面向分析处理的应用，人们在生活中所面对的各种各样的信息，都是需要传送到数据中心，经过数据中心的分析处理所得，得到结果之后，通过互联网等通信网络把这些信息传送到各处。对于互联网终端的设备，可以运用传感器等设备提取自己的有用信息，选择自己想要了解的数据。

现在，物联网应用在许多行业之中，如智能工业、智能农业、智能交通、智能电网、节能建筑、安全监控等。在应用的过程中需要借助于传感器，传感器等微小计算设备实现了无处不在的数据自动采集，这也意味着人们的数据收集能力的提高，为大数据的产生提供了技术上的支持。

3. 社交网络的飞速发展

自早些年社交媒体相继问世，脸书（Facebook）、推特（Twitter）等各个软件受到大家的关注，这也意味着互联网时代的到来，即 Web2.0 时代的到来。进入 Web2.0 时代之后，人们对于互联网的运用越来越频繁，人们越来越多地利用互联网交流互动。而真正的数据爆发就产生于 Web2.0 时代，Web2.0 时代最重要的标志就是用户原创内容。

在互联网时代，无论是机器、企业还是个人都需要获取数据，相对应地，也就会产生新的数据。互联网的搜索巨头（谷歌）所处理的网页数量是无法计算的，每月所处理的数据超过 400 PB，并在这个基础上逐步地增长；大家所熟悉的视频网站优酷网，每天都会上传 7 万小时的视频；购物的集中地淘宝网，在最开始的时候，其会员数量就已经达到 3.7 亿人，在线商品达到 8.8 亿件，每天的成交量更是超过数千万，单日数据产生量超过 50 TB……以上全部的数据，其实都是海量数据的表现。

网络的普及与高速发展更为各种数据提供了集散场所，为数据生成的自动化、信息储存与传输的低成本化奠定了基础。或者可以这么认为，基础已经准备好了，大数据时代也就到来了。

伴随着信息技术的发展，社交网络也日趋成熟，传动的互联网也发生了改变，逐步地向移动互联网慢慢前进，在这些移动客户端中，计算机、手机以及平板电脑是屡见不鲜的，除此之外，还有很多更先进的传感设备或智能设备，在这种情况下所产生的数据量其实是无法计算的，其增长速度也是无法想象的，互联网时代所带来的数据流量正在迅猛地增长。

二、大数据的发展

（一）大数据应用的发展

现在大数据正在发展运用，它存在于我们生活的方方面面，这给大数据问题的解决带来很多挑战。当然，大数据的广泛应用，使得很多学者和专家对大数据的研究越来越频繁。下面对大数据的发展中出现的一些大事件进行举例说明。

Hadoop 最开始是一个来自谷歌的编程模型包，其名称为 MapReduce。在设计之初，只是为了网页索引，被 Apache 软件基金会引入并成为分布式系统基础架构。在用户在没有清楚地知道布式底层细节的情况下，Hadoop 能够帮助用户开发分布式程序，充分发挥 Hadoop 集群的能力进行高速度的运算和存储，从而以一种可靠、高效、可伸缩的方式进行数据处理。Hadoop 框架最核心的设计就是 HDFS 和 MapReduce，HDFS 为海量的数据提供了存储，则 MapReduce 为海量的数据提供了计算。

起初，许多科学家和工程师都认为"大数据"特别可笑，觉得这只不过是一个营销术语。在前些年，"大数据"得到了部分美国知名计算机科学研究人员的认可，在业界范围内组织了计算社区联盟（Computing Community Consortium），并发表了题为《大数据计算》的白皮书，其肯定地表明了大数据的应用会带来更多机遇和挑战。

2009 年，美国前总统贝拉克·奥巴马政府推出 data. gov 网站，作为政府开放数据计划的部分举措。这一网站自推出之后就得到广泛的使用，拥有超过 4.45 万的数据量集。

在这一类网站以及智能手机的应用程序中，可以追踪航班、召回一些具有质量问题的产品以及跟踪特定区域内失业率等信息，这一行动的推行给英国、肯尼亚等政府带来启示，他们相继推出了类似的措施。

2010 年，肯尼斯·库克尔在《经济学人》上发表了长达 14 页的大数据专题报告《数据，无所不在的数据》。在报告中库克尔表示，世界上有着无法想象的巨量数字信息，并以极快的速度增长。从经济界到科学界，从政府部门到艺术领域，很多方面都已经感受到了这种巨量信息的影响。其实这也间接地表明，科学家和许多学者已经为这个现象作出了解释，命名为"大数据"。

2011 年，如果你想要扫描 2 亿页的信息或 4 兆兆字节的磁盘存储，只需要几秒钟就可以完成，而不是像过去花费那么多的时间。与此同时，IBM 的沃森计算机系统在智力竞赛节目《危险边缘》中打败了两名人类挑战者，《纽约时报》称这一刻为"大数据计算胜利"的时刻。

在同年，英国《自然》杂志曾出版专刊表明，如果人类能够很好地利用大数据，这将会给人类带来更多的成果，人类也会得到更多的机会去掌握科学技术，有利于社会的发展。

2012 年，瑞士达沃斯召开的世界经济论坛的主题之一就是大数据，并且还发表了题为《大数据，大影响》的报告。报告中表示，现在数据已经成为一种新的经济资产类别，就像货币或黄金一样。

在同一年，美国政府报告中表示，每个联邦机构都要有一个与"大数据"有关的策略，响应此号召，奥巴马政府宣布了一项耗资两亿美元的大数据研究与发展项目。

软件公司 Splunk 在美国纳斯达克的成功上市，成为第一家上市的大数据处理公司。在之前，受经济危机的影响，美国经济持续地衰败，股市也受到巨大的波动，Splunk 在上市后的第一天就表现得非常出色，令大家印象深刻。

后来美国国务卿希拉里·克林顿宣布了一个名为"数据 2X"的公私合营企业，用来收集统计世界各地的妇女和女童在经济、政治和社会地位方面的信息。

2014 年，世界经济论坛以"大数据的回报与风险"为主题发布了《全球信息技术报告（第 13 版）》。报告的观点是，在以后的几年里，面对各种信息通信技术的政策将会变得越来越重要。与大数据有关的产业开始变得越来越活跃，技术在逐步地发展，创新也在逐步地推广中，这使得许多国家的政府都意识到大数据的重要性，大数据有利于经济的发展、还能够促使人们生活水平的提高，更加重要的是大数据还可以保障国家安全。在 2014 年 5 月，美国白宫发布了 2014 年全球"大数据"白皮书的研究报告《大数据：抓住机遇、守护价值》。在报告中，美国鼓励各个部门积极地使用大数据，以此来推动社会的进步，建立市场与大数据相关联的机构；与此同时，还需要相应的框架、结构与研究，通过这种方式来保护美国人的个人隐私，保证公平。

现在，以互联网巨头推动为主的大数据应用，无论是对促进经济社会发展，还是对保障国家安全，都扮演着十分重要的角色。然而，作为国家经济基石的传统产业仍基本游离在大数据应用之外，这表明大数据应用之路才刚刚开始。

在当今社会，大数据如影随形，它是一场革命，能够改变人类的生活、工作以及思维方式。如此巨大的数据来源，已经引起了学术界、企业界和政府的广泛关注，他们致力于大数据更新的研究。

（二）大数据技术的发展

大数据技术是一种新一代的技术和构架，它的成本比较低，能够快速地采集、处理和分析技术，在数以万计的数据中选择有价值的信息。大数据技术的发展以及广泛应用，让大家能够更简单、更方便、更快捷地处理数据，并且在大数据的影响下，能够改变许多行业的商业模式。因此，可以将大数据技术的发展分为以下几个方向。

1. 大数据采集与预处理方向

这个方向有一个普遍性的问题，那就是数据的多源和多样性，造成的后果就是数据的质量存在差异，这就会给数据的可用性带来问题。根据这些问题，我们可以发现，现在许多的公司都已经推出了多种数据清洗和质量控制工具，如 IBM 的 Data Stage。

2. 大数据存储与管理方向

大数据的数量是无法想象的，这给存储和管理带来了问题。存储规模的巨大、管理的复杂，就需要研究者想方设法地解决问题，而分布式文件系统和分布式数据库相关技术的发展就可以处理这些问题。面对大数据存储和管理方向，需要特别注意的是，大数据索引和查询技术、实时及流式大数据存储与处理的发展。

3. 大数据计算模式方向

因为大数据处理多样性的要求，现在已经出现了多种典型的计算模式，这些计算模式涉及的内容众多，例如，大数据查询分析计算或批处理计算，还有流式计算或迭代计算，图计算和内存计算，当然也可以将这些计算模式结合起来，这对大数据处理具有重要的意义。

4. 大数据分析与挖掘方向

现在大数据的应用越来越广泛，数据也随之迅速地增长，在对数据进行应用的同时，还需要对其进行分析与挖掘。现在大数据也能进行自动化分析，并且对自动化分析的要求越来越高，工程师们制造了许多大数据分析工具和产品，例如基于 MapReduce 开发的数据挖掘算法。

5. 大数据可视化分析方向

对众多繁杂的数据信息进行可视化分析，能够帮助决策者发现数据挖掘的价值，还可以推动大数据的发展。针对可视化分析，现在许多公司都在进行研究，致力于将可视化分析与数据结合在一起，众多相关的产品也会应运而生。其中，有一个可视化的工具 Tableau 成功上市，由此可以看出大数据可视化的重要性。

6. 大数据安全方向

现在，生活的方方面面都需要大数据，大数据在迅速地增长，与此相对应的是，这也带来了数据的安全问题。一方面因为大数据众多，更容易在网络上被发现；另一方面大数据拥有一些有价值的数据，会吸引攻击者破坏数据信息。当我们利用大数据进行数据分析与挖掘来获取商业价值时，这也可能会引起黑客的注意，从而攻击我们，截取信息。所以，大数据的安全应该是大家非常关心的话题。可以利用文件访问控制去限制呈现对数据的操作、基础设备加密、匿名化技术和加密保护技术等，都在最大限度地保护数据安全。

1.2 大数据的概念、特征与类型

一、大数据的概念

大数据是一个比较宽泛的概念，如果只是从最浅析的意思来理解，可能就是信息繁多、规模庞大。然而，如果只是从数量上的庞大分析，是无法看出大数据和以往的"海量数据"有什么不同。目前学者和专家们并没有对大数据给出一个统一的概念，下面我们来分析这些理解不同。

百度百科中对大数据的定义是，大数据也可以称为巨量资料，它主要指的是包含的资料是无法想象的，也不能利用现在的软件去得出结果，在一定的时间内，可以帮助企业管理、处理信息。

维基百科中对大数据的定义是，大数据的信息量是巨大的，人们根本不能利用某些工具在规定时间内去处理、管理并且把各种各样的数据整理成人们所需要的信息。其实说的就是，大数据是一个极其大的数据集，这种数据集还不能采用传统的方法进行处理。

根据美国国家标准与技术研究院（National Institute of Standards and Technology，NIST）发布的研究报告的定义，大数据是现在人们常用的词语，在网络时代、数字时代、信息化时代的今天，大数据这个词语无处不在，在我们生活的许多方面都可以看到大数据的影子。现在的海量数据使之前无法解决的问题，都能够慢慢地得到解决。

研究机构 Gartner Group 也给出了自己的理解：运用传统工具无法处理的信息，可以采用大数据完成，也就是大数据需要新的处理模式，才可以富有强大的决策能力、发现力以及优化各个流程的能力，才能获取多样化的信息。

麦肯锡公司给出的定义是，传统的数据库对于信息的获取、存储、处理和分析的能力，已经无法满足信息量日益发展的今天，使用大数据却可以摆脱传统的数据形式，拥有超大的信息，规模庞大到无法想象。这个定义被界定成主观性的，其实这说的是，并不是大于一个特定数字的 TB 才叫作大数据。伴随着科学技术的迅速发展，对于大数据的信息需求也会随之产生变化；并且这个定义在不同的行业也会发生一定的变化，这取决于一个特定行业通常使用何种软件和数据集有多大。所以，在今天不同的行业中，大数据的量是不同的，其范围可以从几十 TB 到几 PB。

大数据的概念特别广泛，每个人对大数据都有自己的理解。在前面的观点中加上作者自己的理解，给出的解释是：大数据是在体量和类别特别大的杂乱数据集中，发掘隐藏在更深处的有价值的信息。一方面需要注重大数据数量之大，"大"其实只是一个表面的含义；另一方面，需要更加注重对"数据"的分析和应用，将有价值的数据充分应用，这才是学者们应该着重关注的点。

大数据其实是一个从量变到质变的转化过程，它代表着在现实生活中，无论是在经济方面，还是在社会实践方面，数据作为一种资源都发挥着重要的作用，与之有关的技术、产业、应用都会相互影响、共同前进。从技术角度进行理解，大数据形成质变以后会出现

一些新的问题，也就是数据从静态变为动态，从简单的多维度变成巨量维度，并且其种类变得越来越多，现在的分析方法和技术已经不能满足这种数据应用。这些数据的采集、分析、处理、存储、展现都涉及高维复杂多模态计算过程，涉及异构媒体的统一语义描述、数据模型、大容量存储建设，涉及多维度数据的特征关联与模拟展现。但是，从最本质的角度进行分析，大数据还是为了其应用价值，如果大数据没有价值，那也没有什么意义了。

二、大数据的特征

现在，大家比较一致的理解就是互联网数据中心对大数据的定义，从这个定义中可以分析出大数据的基本特征是规模性（Volume）、多样性（Variety）、高速性（Velocity）、价值性（Value），也就是经常说的 4V 特性。

（一）规模性

根据 TechWeb 的报道，在一天之内，互联网上所产生的全部信息量，能够刻 1.68 亿张光盘；可以发出 2940 亿封的邮件；发出的社区帖子能够达到 200 万个，这个数字是美国《时代》杂志 770 年的文字总量；如果是 1.72 亿人在登录 Facebook，一共需要的时间是 47 亿分钟，在上面要传送 2.5 亿张图片，把这些图片全部打印出来，差不多有 80 座巴黎埃菲尔铁塔的高度。随后，全球数据量已经从 TB（1024 GB = 1 TB）级别跃升到 PB（1024 TB = 1 PB）、EB（1024 PB = 1 EB）乃至 ZB（1024 EB = 1 ZB）级别。当然，数据量的变化只是最初阶段，更大的规模还在后面。IDC 预测，未来几年，全球数据量每隔两年翻一番，2020 年将达到 35 ZB。

（二）多样性

现代社会的传感器、智能设备还有其他的社会技术，都在与日俱增，不知道何时就出现了新的技术。在这种大环境下，企业的数据也就变得日益复杂，因为这牵涉的内容众多，不仅仅是传统的关系型数据，还有网页、搜索索引、电子邮件等原始、半结构化和非结构化数据。

所有的数据类型是可以用种类表示的。在这之中，爆发式增长的一些数据，如互联网上的文本数据、位置信息、传感器数据、视频等，如果是采用企业中主流的关系型数据，是很难进行操作的，它们都是非结构化数据中的一种。

自然，这些数据并非是全新的，有一些是从过去就保留下来的，有所不同的是，不仅仅是需要对这些数据进行存储，还需要分析这些数据，从所有的信息内容中获取有价值的信息，如监控摄像机中的视频数据。现在，许多的企业都设置了监控摄像机，如超市、便利店等，起初是为了防范盗窃，但是现在企业利用监控摄像机的数据分析顾客的购买行为。

例如，美国高级文具制造商万宝龙，他们过去对顾客的分析都是根据经验和直觉来判断，以此决定商品如何布局，现在他们利用监控摄像头分析顾客在店内的消费行为，更好地对商品排列布局，吸引消费者。通过分析监控摄像机的数据，将最想卖出去的商品移动到最容易吸引顾客目光的位置，使得销售额提高了 20%。

（三）高速性

在信息时代，大数据的一个显著特征是数据产生和更新的速度，这个速度是无法形容的。就像搜集和存储的数据量和种类发生了变化一样，生成和需要处理数据的速度也在变化。不能把速度的定义，简单地认为是与数据存储相关的增长速率，应该动态地把这个概念应用到数据，即数据流动的速度。

现在，伴随着科学技术的发展，对数据智能化和实时性的要求越来越高，例如，在外出开车的时候，需要借助于导航仪查询路线；在吃饭之前通常需要先对餐厅作一个了解；很多人看到美食都会在微博、微信上展示……这些人与人之间、人与机器之间的信息交流互动，都会带来数据交换，在数据交换过程中最重要的一步是降低延迟，实时地呈现给用户。

（四）价值性

一般来说，大量的非传统数据中会含有一些很重要的内容，不过很麻烦的是，如何在万千的信息中选择出有意义的内容，之后提取这些数据进行分析，从中得到有价值的信息内容，然而有价值的内容信息也只是很少的一部分。这就相当于沙里淘金，在大堆沙子中只存在一点点金子，只有那沙堆中的一点点金子是有价值的。现在，监控视频运用得越来越多，许多公共场所都装有监控设备，如银行、地铁等地点，并且这些地点的摄像头是24小时的，时刻运转，产生的视频数据也是很大的。通常来说，这些视频数据基本上是没有作用的，大家对此不会过多的关注，但是在某些特殊情况下，如公安部门需要获取犯罪嫌疑人的体貌特征，虽然有效的视频信息很短，但是却给公安人员带来极大的帮助。因为监控视频中不知道哪几秒是对大家有用的，所以需要全部保留下来，在以后可能就会发挥很大的作用。

然而，在研究人类行为的社会学家眼中，这些监控视频数据是很重要的资料，他们对其非常重视，从视频中某些表现可以发现人类的行为特征。因此，大数据的价值密度低是指相对于特定的应用，信息有效与否是相对的，数据的价值也是相对的，对于某一个应用，一些数据可能是没用的，但是在另一领域中，这些数据却是极其重要的。换一种思维理解，可以把这些数据重新组合和处理，之前没有发现的价值也是很难猜测的。

大数据与传统数据的概念是不同的，最明显的区别就在于大数据的4V特性。之前的"海量数据"概念只强调量，而大数据不仅仅是描述数据的量，还表现数据的规模、高速性以及复杂的形式，通过专业化的处理来获取有价值的信息。

三、大数据的类型

大数据不仅仅是数量众多、规模巨大，还表现在数据的类型上，在大量的信息内容中，只有大约20%的数据隶属于结构化数据，大约80%的数据隶属于分布在社交网络、物联网、电子商务等领域的非结构化数据。因为现在所创造的技术产生的数据是当前的方法所处理不了的，而机器数据越来越重要，数据将会成为一种自然资源。

（一）按照数据结构分类

按照数据结构分类可以划分为三类，即结构化数据、半结构化数据、非结构化数据。结构化数据是存储在数据库里可以用二维表结构来逻辑表达实现的数据。对于半结构化数据、非结构化数据是不适合用二维表结构来展现的。

1. 结构化数据

结构化数据指的就是关系模型数据，换句话说，用关系型数据库来展示形式管理的数据。现在许多的企业都是采用这种方式存放数据。

2. 非结构化数据

与结构化数据相比，不适合用数据库二维逻辑表来表现的数据即为非结构化数据。非结构的数据所涉及的方面也是比较广的，包含所有格式的办公文档、文本、图片、各类报表、图像等。

非结构化数据库指的是其字段长度是可以变化的，另外，每个字段的记录也可以由可重复的或不可重复的子字段构成数据库，采用这种方法是比较方便的，一方面可以处理数字、符号等结构化数据，另一方面也可以处理文本、图像、视频等非结构化数据。

非结构化 Web 数据库主要是针对非结构化数据而产生的，与之前的关系数据库所不同的是，它不再局限于之前数据固定长度的问题，打破了这种限制，可以采用重复字段、子字段和变长字段的应用，利用这种方式，实现了对变长数据和重复字段进行处理和数据项的变长存储管理，如果是处理全文信息内容和多媒体信息内容时，非结构化数据库表现出很明显的优势，这是传统的关系数据库所不能达到的。

3. 半结构化数据

半结构化数据指的是在完全结构化数据和完全非结构化数据之间的数据，这里的完全结构化数据指的是关系型数据库等信息，完全非结构化数据指的是声音、图像等信息，而 HTML 文档是归于半结构化数据中的，它一般是自行描述的，数据的结构与内容混在一起，并没有什么不同。

这种数据和前面的两种数据是不同的，它归属于结构化的数据，但是其结构变化又很大。主要的原因就是，并不能把数据只是单地放在一起形成一个文件，采用非结构化数据处理的方式管理数据，需要从数据的细节出发，了解其深层的意义，因为这种类型的数据结构变化很大，也不能建立一个相对应的表格。

从实际上来说，结构化、半结构化以及非结构化数据之间的不同，只不过是根据数据的格式划分的，并且从发生到现在已经有很长时间了。从真正意义上来说，结构化与半结构化数据都是有基本固定结构模式的数据，也就是所谓的专业意义上的数据。然而，把关系模型数据定义为结构化数据，这个定义比较笼统，对企业的数据管理是可行的，但是它的意义并不大。

除此之外，半结构化与非结构化数据和现在应用比较广泛的大数据之间只是在某些领域有相同的内容。从事实上来说，这中间并没有必然的联系。为什么现在许多人都认为大数据是半结构化和非结构化数据，主要还是因为大数据最先在这两个领域应用，其意义比较深刻。

（二）按照产生主体分类

按照产生主体分类可以划分为三类，即企业数据、机器数据、社会化数据。其中，企业数据主要指的是 CRM 系统里的消费者数据、传统的 ERP 数据等；机器数据主要指的是呼叫记录、智能仪表、设备日志、交易数据等；而社会化数据主要指的是用户的行为记录、反馈数据等。

1. 企业数据

前几年里针对全球企业和消费者的存储量有了一个新的突破，全球企业的存储数据已经超过了 7000 PB，全球消费者的存储数据已经超过了 6000 PB，并且每一天都会有无数的数据被收集、交换、分析和整合。2017 年，企业的数据更新和产生都发生了巨大的变化。现在数据已经成为一大指向标，在经济领域中，大数据扮演了非常重要的角色。数据将会和企业的固定资产、人力资源相同，成为生产过程中的基本要素。

麦肯锡公司在研究报告《大数据：下一个创新、竞争和生产率的前沿》中表明，曾经在美国，仅仅是制造行业其数据就比美国政府还多一倍，除此之外，在新闻业、银行业、还有医疗业、投资业，或者是零售业所拥有的数据，都可以和美国政府产生的海量数据等同对待。

这些繁多的数据表明，庞大的数据来源使得企业界发生了变化，企业每天都在产生和更新数据，数据已经成为了企业的一部分。

2. 机器数据

机器数据指的就是机器生产的数据，其实说的就是大数据最原始的数据类型，一般来说，主要包含的是软硬件设备生产的信息，这些数据主要有日志文件、交易记录、网络消息等，并且这些信息含有企业内所有的元素。

在大数据中，机器数据是增长比较快的一种数据，并且其所占的份额比例也比较大。在现代企业机构中，不管是什么规模都会产生巨大的机器数据，怎样管理数据，如何在万千数据中利用机器数据创造业务，是现代企业需要解决的一大问题。

信息至上的时代，大数据是不可或缺的，可以结合 IT 运维、系统安全、搜索引擎等一些比较独特的应用，实现大数据环境下机器数据的存储、管理、分析，这也是目前企业需要着重进行的内容。

3. 社会化数据

随着网络的流行，社交软件得到了广泛的应用。据中国互联网络信息中心（CNNIC）最新发布的报告显示，中国的网民已达 7.72 亿，手机网民占比达 97.5%。

在社交软件上的庞大用户群，因为他们的登录会产生巨大的数据量，这些用户也会产生巨大的数据回馈，主要包括网络上的评论、视频、图片、个人信息资料等，让用户在媒体中分享自己的信息或评论他人的信息，也就被称为社会化数据。

与之前静态的、事务性数据相比，社会化数据更具有实时性和流动性的特点。现在的人们会在社会化媒体软件上进行交流、购买、出售等活动，这些活动大多是免费的，由此来产生大量的信息。这些数据其实是每个网民一点点积累而成的，含有的价值也是不能忽视的。

（三）按照数据的作用方式分类

按照数据的作用方式分类可以基本划分为三类，即交易数据、交互数据、传感数据。

1. 交易数据

交易数据指的是经过 ERP、电子商务、POS 机等交易工具所带来的数据。在具体的应用中，因为组织数据与互联网数据并没有合理地放在一起，各种海量的数据都混在一起，非常的杂乱，这就会使得数据不能得到有效的利用。针对这些问题，迫切需要更大的数据平台、快速有效的算法去分析、预测产生的交易数据，有利于企业充分地运用这些数据信息。

2. 交互数据

交互数据指的是微信、微博、即时通信等社交媒体所产生的数据。现在社交网站越来越多，产生的数据量也越来越丰富，带动了以非结构化数据为主的大数据分析，使得企业对数据的要求更高，他们不再满足于点状的交易数据。举个例子，企业的产品卖掉了、顾客突然解约都是归于点状的交易数据，这种数据无法满足企业的发展，需要换一种线状的互动数据，如为什么这项产品卖掉了、顾客为什么突然解约等都属于线状的互动数据。

对于企业现在所处的环境来说，不仅需要企业现在的状况，还需要预测未来的发展前景，这就需要企业把分析方法从交易数据的形式向互动数据的形式发展。举个例子，亚马逊网站会根据网页的数据浏览量，来跟踪用户从进入到离开该网站的曲线和行为，其实就是在企业和用户之间建立一种互动数据的联系。如果多个用户都避开某一个网站，表明这个网站需要改善，让用户能够放心地使用。

3. 传感数据

传感数据指的是 GPS、RFID、视频监控等物联网设备带来的传感数据。在科技日益发展的今天，微处理器和传感器变得越来越便宜，许多的系统需要更新改善，全自动系统或半自动系统含有更多智能性功能，可以从这种大环境中获取更多的数据。现在许多系统中的传感器和处理器日益丰富，并且价格还在降低，企业中许多系统都在利用传感器系统，未来将会自动地产生传感数据。

1.3　大数据的未来发展趋势

科技在进步，生活水平在不断地提高，在获得方便的同时，也会将自己的信息暴露在大众的视野中。互联网不仅知道你是谁，还知道你喜欢什么、日常生活的主要活动是什么。每个人在互联网进入到大数据时代都是透明的，在具体的活动中都会留下自己的痕迹。

在大数据时代，收集各种各样的数据，并针对这些繁多的数据进行分类分析，以此来获取影响未来的信息的能力，从中也就可以看出大数据的特色。从实际来说，大数据存在于很多领域之中，卫星、汽车以及土壤中的各类传感器，都会创造并产生大量的数据。如果能将大数据合理地整合加以利用，那将会创造出巨大的价值，无论是对个人还是对社会以及对政府，都是有极大帮助的。下面针对大数据面临的问题，分析大数据未来的趋势。

一、大数据面临的问题

（一）数据问题

企业在应用大数据的过程中会遇到一些问题，产生直面冲击的就是大数据本身带来的问题。许多企业内部可能有数据，但是无法使用；有的企业甚至就没有可用的数据。

1. 缺少数据积累

对于企业来说，数据的积累都是在长时间内的规范中产生的，有一些企业，特别是传统的企业，对数据没有意识，在发展的最初没有考虑数据规划的问题，所以也就没有数据的积累。企业内的大部分数据是与经营核算相联系的数据，如企业的财务数据，还有很缺少的客户数据、产品数据、营销数据等。甚至在某些行业内，很多企业还没有数字化的存储方式，仍然通过纸质等其他媒介进行"存储"。五花八门的存储方式和手段，使得企业的数据存储格式也是乱七八糟，缺乏一个统一的格式，这就给以后数据的使用带来麻烦。没有数据可以使用，也展示出大数据时代的数据问题。

2. 数据孤岛严重

在大型企业内，下设有多个部门，数据就分散在不同的部门之间，显得比较凌乱。不同部门对于数据的处理、存储、定义都是不同的，这也就造成企业数据孤岛现象的发生。由于数据的碎片化以及孤岛效应的限制，对企业大数据的应用可谓是阻碍重重。

3. 数据质量差

假如说企业内部拥有一些数据，但并不代表这些数据是有意义的，数据的价值也是由数据的质量所决定的。由于多方面的原因，企业内部许多数据的质量问题都不能得到保证，如数据记录丢失严重、数据位数不统一、数据字段为空等。就算是采用某种技术将数据恢复，也不可能是之前的数据，依然会有缺失的部分。依赖于较低质量的大数据，工作的结论产生和应用都存在巨大的风险。

4. 数据整合困难

在对数据整合分析应用之前，企业内部不同部门之间对数据都有自己的要求，这些数据标准能够推动企业内部数据工作的进行。有一点值得注意的是，在涉及跨业务体系时，因为企业不同部门之间对数据的整合缺乏一个统一的标准，使得数据整合十分的困难，主要表现在数据字段定义、关联项、口径、范围、条件、规则等的不一致方面，另外，加上前面所说的问题，提高了数据整合的难度。

5. 数据来源匮乏

如果企业内部数据比较稀少，可以从外部获取资源。在数据共享的趋势下，企业之间能够利用自己内部或特定的平台开展数据交换，另外，还可以采用爬虫来获得数据，利用这些方式可以弥补企业数据的稀少。然而，许多有用的信息都是通过企业之间的交换获取的，只不过这些数据范围比较小，而且大多是已经脱敏或转换后的模糊或粗粒度数据，不利于以后对数据的应用。

（二）分析问题

传统意义上的数据分析形成了一套卓有成效的分析体系，不过这是针对结构化数据的分析模式。现在半结构化、非结构化数据与日俱增，这就给数据分析带来一定的难度。为了使用有价值的信息，需要从数据中提炼出有深度的信息，这也就推动了数据挖掘技术的出现，并发明了聚类、关联分析等一系列在实践中卓有成效的方法。对于结构化数据，一些技术是可行的，而现在面对的大数据是海量的，半结构化和非结构化数据迅速增长，给传统的分析技术带来了挑战，主要表现在以下三个方面。

1. 数据处理的实时性

现在许多领域对大数据实时处理提出了要求，大数据中的知识随着时间的流逝，其价值也在减少，很多应用场景中的数据分析也从离线形式转向了在线形式，开始对大数据进行实时处理。在大数据时代对数据的实时处理也有很多问题需要解决，对数据处理模式的选择和改进就是需要着重注意的。在实时处理的模式选择中主要有三种思路，即流处理模式、批处理模式以及二者的融合。现在在大数据实时处理方面已经有不少的研究，但是依旧缺乏一个合理有效的模式。企业采用的数据实时处理方法不一，这就造成在具体的使用过程中，企业都是根据自己的需求来改进这些处理技术的。

2. 动态变化环境中索引的设计

关系数据库中的索引能够提高查询速率，然而，传统的数据管理模式并没有太大的成效，所以需要在数据上创建索引。大数据时代的数据模式会随着数据量的不断变化而变化，这就对索引的设计提出了要求，简单、高效的索引结构是深受大家喜爱的，能够在数据模式发生变化时很快地进行调整来适应改变。

3. 先验知识的不足

传统的分析技术主要是面向结构化数据展开的，对于实时的、动态的分析数据就缺乏相应的先验知识。例如，分析某个对象，你会了解其属性，利用这些属性可以了解其可能的取值范围等。在数据分析之前，由于经验知识的认知，对数据就会有一定的理解，而在面对大数据分析时，一方面是半结构化和非结构化数据的存在，这些数据很难以类似结构化数据的方式构建出其内部的正式关系；另一方面很多数据以流的形式源源不断地到来，就很难有时间去建立一定的知识体系，在大数据分析中，先验知识的不足也会带来很多的问题。

（三）安全与隐私问题

伴随着信息技术的发展，大数据也在逐步的发展，对大数据的应用越来越广泛，涉及的领域也越来越广。只要你打开网站上的一个网页，就会留下你的浏览痕迹；登录一个网站或许需要你填写一些个人信息，如用户名、密码、身份证号、手机号、地址等；现在随处都可以看见的摄像头和传感器，都可以记录下你在什么地点、做了什么事情等。数据专家可以对这些公开的数据信息展开分析，由此可以轻易的得出人们的行为习惯。如果这些信息运用得当，将会带来巨大的效益和价值；如果这些信息被不良分子窃取，也将会带来巨大的问题，给自己的个人信息、隐私安全带来麻烦。

除此之外，在大数据时代，数据的产生速度增快，其更新速度也在逐步地提高，对于数据的保护技术一般都是静态数据保护，可能会给隐私保护带来挑战，也就是说，在大数据时代，如何保护隐私安全是未来大数据应该重点研究的内容。

（四）管理问题

数据从集成到分析，再到最后的数据解释，易用性问题贯穿了整个流程。在大数据时代，数据变得更加繁杂，对数据的分析也是多种多样，由此得到的结果也是形式不一。许多企业在最初应用数据的时候，不能从复杂的分析工具中选择有价值的信息，这就对大数据时代软件工具的设计提出了要求。关于大数据易用性的研究仍处于一个起步阶段，从设计方面进行考虑，需要注意以下三个方面的原则。

1. 可视化原则

可视化要求用户在见到产品时就能够大致了解其初步的使用方法，最终的结果也要能够清晰地展现出来。

2. 匹配原则

人们需要用已经认知的经验和知识去考虑新的工具的使用，以便人们快速掌握新技术与新方法。对于未来大数据的易用性来说，如何将新的大数据处理技术和人们已经习惯的处理技术进行匹配，仍然是一个需要解决的问题。

3. 反馈原则

反馈原则指的是人们在设计产品的过程中，需要将反馈设计考虑进去，以便人们能够随时掌握自己的操作进程。在未来的设计中，将大数据的处理与人机交互技术相结合，使得人们能够较完整地参与整个分析过程，将用户的信息反馈给企业，使得数据的易用性大大提高。

从这三个原则来考虑大数据的管理问题，完善设计，将会达到良好的易用性。

（五）技术问题

企业大数据在具体的实施过程中仍然面临很多的技术挑战，具体分析，有以下四个方面。

1. 数据采集与获取

数据采集错误和自动修复。大数据的产生比较迅速，其来源也比较复杂，不可控的第三方或外部来源中往往包含各种错误信息，在这之中，尤以文本文件、电子邮件、互联网信息等非标准化结构的数据最为严重。在这些错误的信息之中，人们大多选择人工的方式进行数据处理，但是因为错误的多边性、不可预测性等问题，自动化的甄别错误技术是比较稀少的。

数据完整性和可追踪性。虽然数据来源不同，但基本是有一定联系的，这是进行数据整合的前提；同一字段在不同周期内的来源也可能出现变化；数据工作流程的后期环节也需要借助于前期的帮助，怎样使得数据在工作中保持完整性，并且在产生数据意外时，可以利用数据的血缘地图追踪关键节点，把控异常变化的时间、来源、路径、方式等要素，有利于提高数据的质量。

2. 数据存储与检索

多类型和结构数据的存储效率和成本。传统的数据存储都是在结构化的数据库中进行的，现在大数据的平台给非结构化和半结构化数据的存储提供了支持。物联网、社交网络、智能终端的应用越来越广，网络日志、视频、图片等非结构化数据所占的比例越来越大，并且数据类型也越来越多，怎样存储数据方便后续的使用，对企业来说也是一个巨大的挑战。

复杂属性和实体的检索查询。大数据平台中针对非结构化和半结构化数据的查询，大多是在文件名、摘要等信息中搜索的，对于非文字类内容的搜索是比较困难的。除了数据本身的复杂性，多源异构、多实体属性和多维空间之间的交互动态性和关联查询特征，仍然无法通过当前技术进行有效的描述、存储、度量与统一检索。

3. 数据处理与计算

数据计算的实时性。传统大数据处理比较偏向于离线计算，然而对于在线计算、实时计算的需求越来越高。即使是在信息化时代，计算机硬件资源依然是有限的，采用分布式、并行计算框架仍然不能突破硬件的问题，现在迅速增长的数据对于数据的处理提出了更高的要求。面对一些时间性的情况，对于数据处理的要求更高。

多类型数据的处理与理解。对于隐藏在半结构化和非结构化数据中的潜在信息，通过表征意象提取表意信息，然后可以把不同来源、不同类型的数据整合在一起，使得数据信息更齐全，便于以后对数据的学习。

数据处理过程中的技术挑战。大数据在处理过程中，面临着噪声处理、样本选择、数据转换、降维归约、算法适配等问题，这些问题仍然是采用手工方式处理的，在计算机上设置、调整某些程序，根据这些设定进行运算。这些技术提高了人工经验参与性，由于经验的限制，也会带来一些主观性的问题。

4. 数据挖掘与学习

算法的优化。许多的算法都是因为计算复杂度过高，使得运行时间过长，不能符合实时性的业务要求；除此之外，现在一些算法的计算过程，不适合改造成高度并行化和分布式的运行逻辑。在这种问题之下，就需要对算法进行优化。

非标准化知识挖掘。现在的许多算法都是为了应付工作设定的，如机器学习、数据挖掘、深度学习等，所以，对数据的输入和输出有一定的要求。

高度智能化计算。在对知识进行挖掘的过程中，不要以为只是计算机在工作，还需要人类对程序进行设置、评估，只有经过人类的预设，计算机才能开展大量迭代、更新工作。由于面对的场景越来越复杂，经验可能会导致人的主观判断出现错误，影响计算结果的可信性和准确性。

二、大数据未来趋势

大数据火到什么程度？有人把 2013 年称为"大数据元年"。现在，所有互联网上的企业，都或多或少涉及大数据产业，在生活中的许多方面，都会看到大数据的存在。曾几何时，美国政府投资两亿美元启动"大数据研究和发展计划"，并且把大数据推到国家战略层面。大数据成为一种潮流，影响着社会生活的方方面面。

（一）大数据的价值资产化

随着大数据应用范围越来越广，其规模也越来越大，对其价值的期望也就越来越高，间接推动了数据朝着价值资产化的方向发展。什么是资产？资产指的是由企业过去经营交易或各项事项形成的，由企业拥有或控制的，预期会给企业带来经济利益的资源。由概念可以看出，资产具有以下三个特征。

（1）所有权和控制权归企业所有。

（2）基于过去的行为产生的现实资产，而非预期资产。

（3）能够为企业带来经济利益，包括现金及其等价物。

从另一个角度来看大数据，在现实中，第三个特征是不具有的，这表示许多企业虽然利用大数据，但并未从大数据中获取有价值的内容，并且获取有价值的数据还需要用货币进行计量。

数据有可能成为资产，但并不是所有数据都具备资产的属性。如果要实现数据资产化，首先应该确定数据资产包括什么内容。现在的大数据资产，主要还是指的数据本身。

1. 大数据本身

其实，大数据本身是可以当作商业主体进行交易的，这也就展现出数据资产的特性。要想数据资产成为可能，就需要企业抢占数据资源的制高点，创造出更多的数据，缺少数据资源的主体是很难获得数据相关的有价值的资产。

大数据本身要能实现数据交易，即数据的流通，需要有标准化、体系化的数据质量评估、质量认证、数据传输管理、数据安全管控、数据源追溯、交易监管和保障等方面的支持。值得庆幸的是，在国家《促进大数据发展行动纲要》的指导以及政策支持下，各政府部门、学术机关、科研单位、企业单位正在联合推动各方面标准的建立和完善，大数据标准化白皮书不断地更新完善，从这些方面都可以看出，各方面都在致力于探索大数据交易的标准化。

2. 大数据的资产化

人尽皆知，对互联网从业者来说，用户的消费习惯、兴趣爱好、关系网络以及互联网的发展趋势都需要他们密切关注。对这些信息的获取又需要大数据的帮助，因为在社会化媒体基础上的大数据挖掘和分析都会衍生很多应用。例如，帮企业作内部数据挖掘、降低营销成本、增加利润等。

大数据、社会化媒体营销是根据实际情况开展的一种营销模式，这是营销领域跨时代的进步。企业在未来的发展中，将会从多个方面对数据展开竞争，对于数据规模的竞争，其实也就是对数据应用的竞争。

随着技术的发展，在未来的营销发展中，大数据社会化营销将会是主要的模式。换句话说，在大数据时代，无论是在哪个行业、何种服务形式都会出现这种模式。未来大数据的发展将朝着价值资产化的方向继续前进。

3. 大数据的价值

大数据不仅仅是数据海量且规模相对较大，更重要的一点，是可以经过专门化的处理产生重大的市场价值。在现代社会，大数据是每个人都可以拥有，并且可以利用的资产。对企业来说，好的数据是业务部门决策管理的前提，分析对手的信息，为决策提供帮助。其实，数据的价值就是能够迅速地将准确的信息传递到合适的人手中。那些能够驾驭客户相关数据的公司，与自身的业务相结合可以发现新的竞争优势。一个公司拥有大量的数据，就可以进行数据交易，获取更大的利润，分析数据来降低企业的成本。数据成为最大价值规模的交易商品，充分地利用数据可以实现价值最大化。大数据的提供、使用、监管，将大数据变成大产业。

（二）大数据的产业生态化

大数据产业之中，每个参与者都扮演着不同的角色。在整个工作过程中，也就是从数据的产生、采集、传输、存储、分析、挖掘，直至最终的可视化呈现与行业应用，都可以看出大数据产业链的存在。大数据产业链中包含了基础设施、分析、应用、开源工具、数据源和 API、学校和孵化基地等。

产业链各个环节上的厂商一起构成了大数据的产业生态系统，具有以下三个特点。

1. 数据共享正在形成

中国所有的实名数据和身份信息，在中国政府和公共服务事业中都有存档，这些数据是被相关部门严密保存的，并不对外公开。然而随着大数据开放政策的实施，有一些城市已经开放了部分的数据来支撑开放式数据创新和应用，如上海。现在对数据的整合力度越来越大以及大数据生态圈中各企业的协同效应，数据共享在逐步地形成。

2. 大数据处理各个环节间的组件使衔接更加灵活

大数据处理环节包括许多的内容，各个环节的模块和组件基本上是以松耦合的方式开展的，去除自身功能组件外，还需要提供外部组件的通用性和替代性特征，降低特定组件间的强依赖关系。除此之外，不同层次的技术封装，能够减少一些兼容性以及后期开发维护复杂性问题的产生。

3. 一体化应用趋势愈发明显

在大数据的整个工作过程中，数据是输入端，价值则是输出端。作为提供技术和服务的供应商，需要为客户提供企业级"端到端"的全数据服务，将大数据与业务分析、应用系统或应用场景紧密结合，并基于企业全数据和信息管理架构提供一体化服务。利用这种方式，可以减少客户维护、开发系统的复杂性，由此可以节省很多时间；并且在一定应用模型封装的前提下，还可以将分散化、复杂化、个体化的操作沉淀为企业级统一化、知识化、标准化的流程。

（三）大数据的主体社会化

大数据主体通常指的是数据来源主体和数据应用主体两个部分。而主体社会化则指的是数据来源和数据应用的主体特征都突破各自单独的行业应用领域，呈现全社会互通互利的特征。

1. 数据来源主体社会化

传统的大数据的来源基本上是结构化数据。现在大数据应用日益广泛，大数据技术也在不断地日渐成熟，在大数据工作中，渐渐就多了半结构化和非结构化数据。在互联网数据中心（IDC）的一项调查报告中指出，企业中 80% 的数据都是非结构化数据，这些数据每年都按指数增长 60%。由此可以知道，加强半结构化数据和非结构化数据的采集，有利于提升大数据的价值。

数据来源主题社会化的分析是从自然数据、民生数据、政务数据、产业数据进行的。

所谓自然数据，指的就是与人类社会相对的客观存在的物质世界的数据，其实也就是自然界的数据，这方面所涉及的内容是十分广泛的，包含人类生活中的水与土地，还有空气、山脉，甚至是河流、动植物等。这些自然数据可以帮助科学家研究自然现象，根据对自然现象的分析，规避一些伤害，例如，研究地震等自然灾害的发生，能够减少人员伤亡。

民生数据是从人们生活的最基本的角度出发，主要是人们日常生活中的行为，包括衣、食、住、行、工作等方面。在传统的数据来源中，更多的是与经济行为相关的数据，其他的数据则是少之又少。然而，民生数据的出现，则是信息完整的体现。

政务数据指的是与国家相关机关和单位的立法、司法和行政工作的数据，主要的内容有审判、监察、立法和日常组织、领导、计划、人事、协调、监督、财务等。国家正在从各方面建设大数据，加强对这些数据的管理，并将一部分的数据对外开放，促使社会化服务的推进。

产业数据指的是社会经济活动的所有数据，主要有原料采购、产品设计、产品加工、仓储管理、物流运输、营销推广等。在经济活动中，这些产业数据是极为重要的，这一类的大数据工作也在不断地推进。

2. 数据应用主体社会化

数据应用也就是数据消费，其主要指的是使用数据。数据消费的主体包括个人、企业和政府。

（1）个人数据消费。大数据与个人生活是紧密相连的，从生活中的许多方面都可以看出大数据的影子。人们生活的衣、食、住、行等方方面面都需要大数据的参与，可以根据大数据的知识进行决策，在这个过程中，个人可以产生数据，又可以从各种数据中获取有价值的内容。大数据将为个人提供认识世界、改造世界甚至预测未来的新方式。

（2）企业数据消费。在大数据消费中，企业数据消费领域是很重要的，这一领域正在从传统的数据向现代的数据转变。企业需要利用数据开展业务，实现利润，维护客户，传递价值，支撑规模，增加影响，撬动杠杆，带来差异，服务买家，提高质量，节省成本，扩大吸引，打败对手，开拓市场。在大数据的帮助下，企业可以针对消费者的消费分析他们的购买行为，以此来提供更好的产品，推广营销。现在是网络时代，传统企业需要与互联网相融合，网络企业可以与大数据结合进行转型。

科学技术在迅速地发展，衡量企业的核心资产已经转变成对数据的掌握，数据变成产业进而成长为供应链模式，慢慢连接为贯通的数据供应链。企业内部数据可能比较匮乏，有一些还不能得到充分的利用，这就需要利用互联网的特点，转向对外部数据的利用，外部数据可以与互联网相结合，整合各种数据。综合提供数据、推动数据应用、整合数据加工的新型公司明显具有竞争优势。

大数据时代，互联网企业占有重要的地位，传统的 IT 公司也与互联网相融合，借助于云计算与大数据时代，完善产品，更新升级。

（3）政府数据消费。国家所拥有的数据规模是其综合国力的重要组成部分。政府在许多领域都需要借助于大数据的应用，如在国防、反恐、安全、国际关系处理等方面，在大数据的帮助下，可以解决关键情报缺失、监视范围不完整、分析能力不全面等问题，保证国家信息安全；与此同时，在政府内部处理上，大数据可以推动政府政务工作的进行，提高决策水平和服务效率，推动社会和谐发展。

（四）大数据的应用智能化

当物联网发展到一定程度时，可以借助一些标识产品代替物品，如二维码、条形码等；传感器、智能感知、视频采集等技术实现实时地数据采集，这些数据能够支撑智慧城市、智慧交通、智慧能源、智慧医疗、智慧环保的理念需要，这些所谓的"智慧"将是大数据的采集数据来源和服务范围。

未来大数据的发展，不仅可以帮助人类处理社会问题、企业营销问题、科学技术问题等，最重要的还是大数据应该以人为本，其发展与人类有关，利用大数据去解决人类遇到的一些问题。例如，建立个人的数据中心，把个人的详细信息建立一个完整的记录，换句话说，就是人从出生那一刻起的每一分每一秒都应该记录下来，身体的各种数据在以后都可以得到充分的应用，医疗机构可以检测用户的身体健康情况，教育机构可以为用户制定培训计划，社交网络可以提供志向相同、意见一致的人群，政府能够在用户的心理健康出现问题时进行合理的预防，防止不好行为的产生等。

大数据作为企业发展的源动力，它涉及人们生活的方方面面，在推动企业发展的同时还为政府和民生服务。未来大数据发展的价值资产化、生态化、社会化、智能化，都将促进企业的继续发展。

第 2 章 大数据的应用架构与关键技术

随着时代的不断变迁，大数据的应用也随之不断增长，然而之前传统模式下的技术早已经跟不上大数据的脚步，它已经在不断的改进中创造出一种属于自己特有的架构模式，这对今后的存储或网络以及技术的发展都奠定了很大的基础。

2.1 大数据的应用架构

对于系统与软件框架层面的描述指的就是所谓的数据框架，它是一种对数据资源与信息系统的设计与实现。针对信息系统架构中涉及的实体对象，将其进行数据表示与描述，或者是数据存储与分析方式和过程，就是数据构架对其的定义，它同时还可以进行数据交换机制或数据接口等多种形式的内容。

倘若从组织视角去审视大数据架构，其主要是对基础设施或存储、或计算与管理或应用等，其分层与组件化的一种描述形式，是为了能够提供更好的分析业务需求，为了能够审计系统功能，为了研发技术框架以及对服务模式的创新与价值的一种实现过程。

一、大数据总体架构原则与参考模型

传统的应用框架随着大数据的到来面临了很大的挑战。然而在数据容量方面，它又需要具备存储数据的能力，其中有 PB 或 EB 或 ZB；传统的分析方式如若放在数据分析方法方面去考虑，则远远达不到大量数据中挖掘所需特定用途的数据的需求；根据企业级的应用标准，其必须要满足企业级用在多个方面的基本准则才行，包括可用性与可扩展性，还有容错性与安全性，以及隐私性等方面。

也是由于这个因素，所以在进行总体架构设计时，大数据的应用应当遵循下面三个原则。

（1）大数据中 4V 的要求一定要满足，其必须存在大数据对容量的加载、处理和分析；同样地，大数据进行处理的速度也是不容忽视的。

（2）必须要有极高的扩展性与可用性，同时还要有安全性、开放性和易用性，这些都是企业级应用中的各项要求。

（3）系统要有对复杂的原始格式进行整合分析的能力，从而符合原始格式数据分析的要求。

目前，基于 Apache 基金会开源技术，大数据平台总体架构参考模型图如图 2-1 所示。

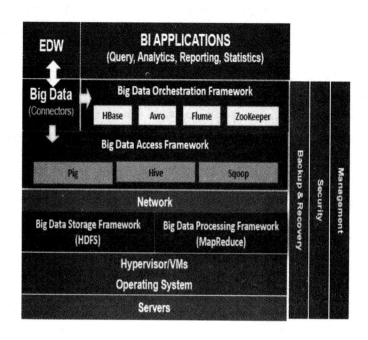

图 2-1　大数据应用平台的总体架构参考模型

二、大数据处理框架

这是一种并行于计算机软件的一个分布式框架，所谓的 Reduce 可以看作是一种综合的结果，它是一种 Java 函数。运用 MapReduce 所编写的程序是相当可靠的，一种容错的方式并行处理 TB 级别以上的数据集，它可以在上千个通用的服务器上组成大型集群并应用其中。而 Java 作为一种原生语言形成了 Hadoop，只不过 Hadoop 目前在 API 的公布中已经将其应用在了 Ruby 或 Python 等其他的语言代码编写过程中。被称为 Hadoop Pipes 的接口就是其提供之后而形成的，它与 C++ 齐名存在。MapReduce 在底层进行编程时会凸显出极为强大的潜能，由于它的这种编程层次与汇编语言极为相似，所以只能算是一种低级的编程语言。

MapReduce 是一种用于大规模数据集中并行运算的编程模型，它是一种被广泛运用的大数据应用架构，其数据集通常大于 1 TB。目前 MapReduce 已经被广泛应用在谷歌当中，它主要是实现了分布排序与 Web 的连接图反转、对每台机器的词矢量以及反向索引构建与文档聚类等多方面的应用。

分布式存储与分布式计算这两个核心环节即是大规模的数据集处理。谷歌公司就是运用了这一点，针对分布式数据存储运用分布式文件系统的 GFS 将其实现，分布式计算则是运用 MapReduce 来加以实现，但是在 Hadoop 中，分布式数据存储就使用分布式文件系统中的 HDFS 实现，而分布式计算则由 Hadoop MapReduce 来实现。分布式文件系统是可以用来进行 MapReduce 中输入与输出的存储，在集群中的多个节点上分布存储着这些文件。

通常可以用"分而治之"来形容 MapReduce 的核心思想，如图 2-2 所示。或者是说将一个大的数据集拆分之后形成多个小的数据块，它们在多台机器上并行处理的情况，这里可以经 MapReduce 看作是一个大的作业簿。第一步要将其拆分开来形成多个 Map 任务，这些任务在多台机器上又是并行处理执行的状态，然而这每一个 Map 任务一般都是在数据存储的节点上运行的，如此一来，计算与数据就不需要额外数据的传输，可以同时运行。<key value>形式体现出来的许多中间结果是在 Map 任务结束之后才生成的。然后这些中间结果会被分发到多个 Reduce 任务在多台机器上并行执行，在同一个 Reduce 任务中会被分配到相同 key 的<key value>，最终的结果就是由 Reduce 任务对中间结果归总计算而得来的，并输出到分布式文件系统中。

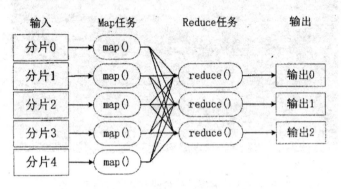

图 2-2　MapReduce 的工作流程

Map 任务与 Reduce 任务在 MapReduce 的整个执行过程中，前者是负责输入文件，而后者则是进行处理结果，它们都是保存在分布式文件系统中的，但是前者在处理过程中会获得中间结果，它们是被保存在本地存储中的。

三、大数据访问的框架

在 Hadoop 和 MapReduce 之上架构的是网络层，网络层之上的是大数据访问的框架层。大数据访问的框架实现对传统关系型数据库和 Hadoop 的访问，其中被广泛应用的技术有 Pig、Hive、Sqoop 等。

1. Pig

Pig 是一种基于 Hadoop 并行计算高级编程数据流语言与运行的环境，它提供一种类 SQL 的数据分析高级文本语言，称为 Pig Latin，适合于使用 Hadoop 和 MapReduce 平台来查询大型半结构化数据集。这种语言的编译器会把类 SQL 的数据分析请求转换为一系列经过优化处理的 MapReduce 运算。虽然在编写上 MapReduce 应用程序并不是那么的复杂，但毕竟也是需要一定的开发经验的。Pig 主要是从分组与过滤以及合并等多个方面进行数据分析。Hadoop 工作中很多常见的任务自从 Pig 出现后被极大地简化，它在 MapReduce 的基础上创建了更简单的过程语言抽象，其提供了一种更便捷的方式为 Hadoop 程序所应用，它是一种接近结构化 SQL 查询语言的接口。Pig 为创建 Apache MapReduce 应用程序提供了一款相对简单的工具，不仅在编写上有效地简化了，同时在理解与维护程序的工作上也起到了简化的作用，还优化了任务自动执行功能，并支持使用自定义功能进行接口扩展。由于 Pig 是一种技能执行语句又相对简单的语言，因此，当需要从大型数据集中搜索满足某个给定搜索条件的记录时，使用 MapReduce 就不如使用 Pig 更为显著，Pig 只需要编写一个简单的脚本在集群中自动并行处理与分发，而 MapReduce 则需要编写一个单独的 MapReduce 应用程序。

2. Hive

Hive 技术是一个基于 Hadoop 由 Facebook 贡献的数据仓库工具，它是 MapReduce 实现的用来查询分析结构化数据的中间件，主要可以用于对 Hadoop 文件中的数据集进行数据整理、特殊查询和分析存储。Hive 的类 SQL 查询语言 Hive QL 可以查询和分析储存在 Hadoop 中的大规模数据。由于 Hive 的学习门槛相对较低，所以它提供了类似于关系数据库 SQL 语言的查询语言 Hive QL，并且可以简单地将 MapReduce 统计由 Hive QL 语句快速实现，其中 MapReduce 任务就是 Hive QL 语句在 Hive 自身中转换而运行的，因此不需要专门去开发 MapReduce 应用，故是一种十分适合数据仓库进行统计分析的技术。

3. Sqoop

这是一种由 Cloudera 开发的开源工具，它可以改进数据的互操作性，在 Hadoop 与传统的数据库间进行数据的传递，允许将数据从关系型数据库导入 HDFS 以及从 HDFS 导出到关系型数据库。通过 Sqoop 可以方便地将数据从 MySQL、Oracle、PostgreSQL 等关系型数据库中导入 Hadoop，一般情况下可以导入 HDFS，或者 HBase 也可以导入 Hive，或者将数据从 Hadoop 导出到关系型数据库，此时传统关系型数据库与 Hadoop 之间存在的数据迁移就显得非常便捷。由 Sqoop 导入 HDFS 数据都可以被应用到 MapReduce 等函数当中。Sqoop 主要用来在 Hadoop 和关系数据库之间交换数据。从理论上讲，Sqoop 主要通过 JDBC 和关系型数据库进行交互，凡是支持 JDBC 关系的数据库通常都可以使 Sqoop 和 Hadoop 进行数据交互。由此可见，大数据集中运用的 Sqoop 是专门为其量身打造的一项技术，它不仅可以支持增量更新，同时可以将新记录添加到最近一次导出的数据源上，或者指定上次修改的时间点。

四、大数据调度的框架

大数据调度的框架之下就是所谓的大数据的访问框架，它能够经大数据的组织与调度实现，并为大数据的分析作了充分的准备，其中最为广泛应用的有 HBase 与 Avro，还有 Flume 或 ZooKeeper 等。

1. HBase

HBase 是一个基于列存储的开源非关系型 NoSQL 数据库，类似于 BigTable，是 Key-Value 数据库系统。不仅如此，Hbase 还是一个提供高可靠性、高性能、可伸缩、实时读写、分布式的列式数据库，通常都是采用 HDFS 作为其底层数据存储。HBase 直接运行在 Hadoop 上，它是一种针对谷歌的 BigTable 的开源实现，两者都采用了相同的数据模型，具有强大的非结构化数据存储能力。HBase 不是一种 MapReduce 的实现，而是与 Pig 或 Hive 在 MapReduce 中的实现，它们的主要区别在于能够提供非常大的数据集的实时读取和写入。HBase 与传统关系型数据库的一个重要区别是，HBase 是运用列的存储方式进行的，而传统关系型数据库则是基于行进行存储的。HBase 具有良好的横向扩展能力，可以通过不断增加廉价的商用服务器来增加存储能力。

2. Avro

Avro 不仅是 Hadoop 中的一个子项目，同时也是 Apache 中的一个独立项目。Hadoop 中原本存在的 IPC 机制，将会被这种新型的数据序列化格式与传输工具逐步取代。Avro 是一个用于数据序列化的系统，很多数据结构类型都是由它提供获得的，除此之外，还提供了快速的可压缩二进制数据格式与存储持久性数据的文件集，还有远程调用的功能与简单的动态语言集成功能。Avro 可以将数据结构或对象转化成便于存储和传输的格式，从而使数据存储空间与网络传输带宽能够更加节约，在 Hadoop 中像是 HBase 或 Hive 等其他子项目的客户端，它们与服务端之间存在的数据传输同样都是运用了 Avro。

Avro 同 Thrift 相似，同样都是支持跨编程语言实现，其中包括 C、C++和 C#，还有 Java、Python 和 Ruby 等。只是 Avro 依赖于模式而存在，而且其特征非常明显，在这种模式下 Avro 数据完成了读和写，是在动态加载的情况下进行相关数据加载的一种模式。这种模式有助于读写操作，这恰恰可以降低写入数据的开销，使其序列化的速度得以提升。这种数据及其模式的自我描述，也大大方便了动态脚本语言的使用。数据跟随 Avro 进行数据保存到文件的过程也一同被这种模式所存储，因此，文件在进行处理时可以通过不同类型的程序来将其实现。读写数据文件与使用 RPC 协议在 Avro 与动态语言结合后并不需要生成代码，而是可以将代码生成看作是一种可选的优化，只要在静态类型语言中将其实现即可。

3. ZooKeeper

Zookeeper 是一个针对谷歌 Chubby 进行的开源实现，它是一种分布式锁设施，是一个分布式应用程序的集中配置管理器，是一种能够提供高效与可靠协同的工作系统，可以提供像统一命名服务或状态同步服务，还有集群管理祸水分布式应用配置项的管理等分布式锁之类的一些基本相关服务，用于分布式应用的高性能协同服务，减轻分布式应用程序所承担的协调任务，由 Facebook 贡献，同样也可以将其独立使用在 Hadoop 当中。Zookeeper 是一种运用了一个和文件树类似结构的数据模型，然后使用 Java 进行编写，其在编程过程中非常容易接入，通常都是使用 Java 或 C 来进行编程接入。

4. Flume

Flume 是由 Cloudera 开发并提供的一种分布式的海量日志采集、聚合和传输的系统，它具有极高的可用性与可靠性。在日志系统中，Flume 支持定制各类数据发送方并应用在收集数据上，此时 Flume 会对数据提供简单的处理，同时将其写到各种数据可定制的能力。Flume 提供了一个可靠的分布式流数据收集服务。

5. Scribe

Scribe 是 Facebook 开源的日志收集系统，为日志的"分布式收集，统一处理"提供了一个可扩展的、高容错的方案，在 Facebook 内部已经得到应用。由 Facebook 开发并作为开源程序发布，绝大多数的 Web 服务器日志数据都是运用到聚合之上的。它不仅能在各种日志源上收集到日志，同时还可以将这些存储到一个中央存储系统中，通常会有NDS，也可能是分布式文件系统等，以便于进行集中的统计分析处理。在中央存储系统中的网络或机器出现故障的时候，Scribe 会将日志转存到本地或另一个位置，但是中央存储系统恢复之后，Scribe 会将转存的日志重新传输给中央存储系统。通常情况下，Scribe 都会和 Hadoop 结合在一起使用，前者会用在将日志 push 到 HDFS 中，而后者则会通过

MapReduce 作业进行定期处理。

6. Oozie

Oozie 作为一个基于服务器的工作流引擎，其主要应用于专门调度和执行 Hadoop 作业的工作流，如 MapReduce 或 Pig，有时候也会是 Hive 或 Sqoop，还有就是对 HDFS 的操作。

五、并行计算 Spark 框架

随着近些年来大数据不断被普及并发展，最初的 Hadoop 平台也在大数据生态圈中的应用逐渐延伸到 Hive 和 Shark，同时还有 HBase 和 Storm 以及当前最受关注的 Spark。

在 Apache 开源项目中，Spark 平台目前已经占据了一席之地，Spark 即是现在 Hadoop MapReduce 的通用的并行计算框架，它已经作为分布式并行计算框架被广泛运用在实际项目中。同时，它还是 UC Berkeley AMP lab 所开源的类，Spark 是基于 MapReduce 算法实现的分布式计算，虽然 Hadoop MapReduce 中所具备的优点在 Spark 中也存在，但是跟 MapReduce 的区别就只在于 Job 中间输出结果可以保存在内存中。因此，并不用读写分布式文件系统（HDFS），Spark 就能更好地适用于数据挖掘与机器学习等需要迭代的 MapReduce 的算法。

Spark 作为一种可扩展的数据分析平台，可以通过对内存计算单元进行整合处理，同时，还可以使用内存分布式数据集，因此，与 MapReduce 相比，Spark 的运算速度会相对较快。虽然 Spark 只是作为支持分布式并行框架存在，但是，当它需要进行设计的初期阶段，就将其与 Hadoop 平台进行了互补，因此，当进行读取 HDFS 文件内容的时候就会更方便快捷。

Spark 的框架如图 2-3 所示。

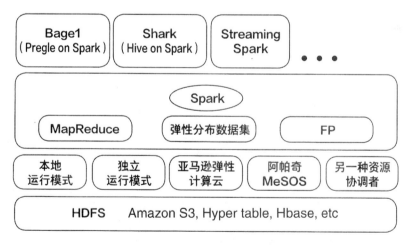

图 2-3　Spark 框架示意图

2.2　大数据的关键技术

从本质上看，大数据技术就是从类型各异或内容庞大的数据中能够快速有效地将有价值的信息技术获取。随着大数据在当前领域中被广泛的关注，已经有大量新的技术开始不断涌现并跃跃欲试，不仅如此，这些技术即将成为甚至有部分技术已经成为当前大数据采集与存储以及分析与表现中的一种重要工具。

在这些逐渐涌现的大数据技术当中，应用于处理的关键技术主要有数据采集与数据预处理，同时还有海量数据存储和数据分析与挖掘，以及数据的呈现与应用，其中数据预处理又包含了数据清理与数据集成以及数据变换等，而数据的呈现与应用则包含有数据可视化以及数据安全与隐私等。图 2-2 就是大量数据最终转化成为有价值信息的一般步骤，在大数据领域中的关键技术基本都包含在内。正如图 2-4 所示，数据在经过加工与处理的一系列步骤之后，形成有价值的信息形式然后传达到用户手中，在数据分析的过程中必须特别关注的是云技术与传统方法之间必须进行联合，让一些传统形式的数据分析方法能够通过这种方法成功被运用到大数据的应用范畴当中。

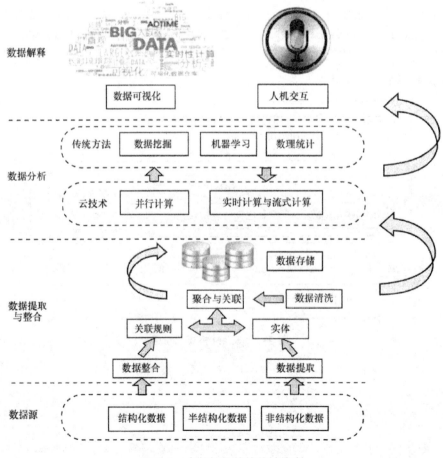

图 2-4　大数据领域的关键技术

一、大数据处理技术

(一) 大数据挖掘与分析

海量复杂的数据随着大数据时代的到来成为当前社会的重要特征，随之而来的是大数据不断丰富并发展的分析技术与处理技术。合理地运用数据处理技术能够使原本庞大的数据量变得井然有序，从而能够为人类社会的发展带来更为突出的贡献。

如若将大数据环境下的数据与小样数据作比较，就能够体现出前者的多样性与动态异构，并且要比后者更具有价值意义，因此需要借助大数据的分析和挖掘技术，以此来提升数据质量与可信度，而且有助于对数据语义的理解，同时还提供了智能的查询功能。

在整个大数据处理流程中数据分析是最重要的核心部分，因此在进行数据分析的过程中，才能够从中获取到很多智能的、深入的且具有价值意义的信息。目前社会中越来越多的领域在广泛应用着大数据，然而这些大数据的数量与速度以及多样性等属性或特征将大数据不断增长的复杂性呈现了出来，从而可以看出对大数据的分析是至关重要的一步，或者说数据资源能否决定性的因素。数据挖掘即是大数据进行分析的理论核心，在各种数据挖掘的算法中，不同的数据类型与格式可以更加科学地呈现出数据本身所具备的特点，也正是由于这些人工的统计方法的存在，才使深入数据内部使挖掘价值能够得以实现。从另一个角度去看，同时也是由于这些数据挖掘算法的存在，才能够让大数据的处理更加快速。

IBM 公司针对大数据环境非结构化或半结构化的数据挖掘问题，还有传统分析软件扩展性差与 Hadoop 分析功能薄弱的特点，对 R 与 Hadoop 进行了集成网。所谓的 R 指的是开源的统计分析软件，而通过这种开源的统计分析软件与 Hadoop 深度集成，就能够进行数据挖掘与并行处理，以此来让 Hadoop 获得更强大的深度分析能力。此外，还实现了 Weka 与 MapReduce 的集成，其中 Weka 指的是一种跟 R 相似的开源数据挖掘软件工具，可以通过它来实现大数据的分析与挖掘。

数据挖掘与数据分析同是在数据中提取了一部分有价值的信息，虽然两者之间存在着一定的联系，但是在侧重点与实现手法上还是略有差异。

(1) 虽然数据挖掘与数据分析都是对数据进行分析与处理等各项操作，然后从中获取有价值的信息，但是数据挖掘一般是通过自己的编程来实现需要掌握的编程语言，然而数据分析则不同，它一般都是借助现有的分析工具来实现的。

(2) 虽然进行数据分析时要求一定要深入了解从事的行业，同时可以将数据与自身的业务紧密结合在一起，而数据挖掘却不用过多地了解行业的专业知识。但是数据挖掘与数据分析在某些程度上有着密切的联系，有一部分分析人员就会使用 SAS 或 R 以及 SPSS 等编程工具来进行设计分析，而对于一部分数据挖掘的人员来说，同样也会在结果表达与分析方面借助一些数据分析的手段进行实施。因此两者之间的关系界限就会显得越来越不清晰。

(3) 虽然数据挖掘与数据分析同样都需要懂统计学知识，并运用其中一些常用的处理方法，但是在数据挖掘中更重视的还是技术层面，要将其与数学和计算机的集合相结合，而数据分析则需要将统计学与营销学，还有心理学、金融或政治等方面都结合在一起再进行综合分析。

（二）大数据采集、预处理与集成

数据库、文本、图片或视频、网页等各类结构化或结构化以及半结构化数据都体现了数据源的多样化，同时也是大数据的一个重要特点。因此从数据源采集数据再进行预处理与集成操作是大数据处理的第一个步骤，这给后续流程提供了一个统一且高质量的数据集。

1. 大数据采集

大数据中的"大"，从字面意思上看本来就代表着数量多、种类繁杂，由此可以看出，数据信息从各种方法中获得会显得尤为重要。而在大数据中的数据，如果放在大数据的范畴中，它将指的是通过一系列方式获得的结构化或半结构化数据，也可以称之为弱结构化数据，还有海量非结构化数据。其中，通过的方式有传感器网络或线射频数据，也可能是社交网络数据和移动互联网数据等，以上这些就是大数据进行分析挖掘的根本所在。在大数据处理流程中最为基础的一步即是数据采集，目前通常都会采用传感器收取或射频识别，还有数据检索分类工具和条形码技术等手段来进行数据采集。但是由于移动设备的出现让大量的移动软件都被广泛开发应用，像是智能手机或平板电脑等在社会中迅速地普及，使社会网络也因此逐渐庞大起来，同时也进一步加快了信息的流通速度与采集精度。

大数据采集体系通常可以分为两个部分，即智能感知层与基础支撑层。其中数据传感网络或无线射频网络，还有智能识别网络与资源接入系统，它们可以将非结构化或半结构化还有结构化的海量数据智能化识别或定位或接入等加以实现，以上这些就是所谓的智能感知层。然而基础支撑层则不同，它主要是提供了大数据服务平台中所需的物理介质，如数据库资源或物理传输资源，也可能是物联网资源等。

2. 大数据预处理与集成

对已经采集到的数据进行适当的处理或清洗去噪，之后再进一步集成存储，就是所谓的数据预处理与集成。

数据预处理技术主要有数据清理、数据集成和数据变换。其中数据清理可以将一些噪声数据和异常的数据剔除，同时将数据中存在的不一致进行纠正。对于数据集成来说，就可以将来自不同数据源的数据合并在一起，从而形成一致的数据存储，就像树数据仓库。而数据变换则是改进一些涉及距离度量的挖掘算法中的精度与有效性，然后把不同度量的数据进行归一化，让数据的应用更能体现价值所在。因此，在进行数据分析之前运用数据预处理技术可以大大提升数据分析的质量，同时也提升了分析的速度与准确性。

（1）大数据处理方式。通常可以大致将大数据的处理方式分为两种，即数据流处理方式和批量数据处理方式。

1）数据流处理方式。这是一种适合应用在对实时性要求比较高的场合。该方式的是有一点数据就进行处理，并非是等待所有的数据都有了再进行统一的处理，其更多是要求机器的处理器可以有较快速的性能，同时还要拥有较大的主存储器容量，因此对辅助存储器的要求反倒不那么高。

目前是大数据时代数据飞速增长的阶段，其增长速度已经超过了存储容量的增长速度，这对不久的将来来说，人们将不能再把所有的数据进行存储，同样对于数据价值来说也会随着时间的不断流逝正在逐渐地减少之中，然而那些涉及用户隐私的数据将会有很多无法进行存储，因此人们会将越来越多的关注放在对数据进行实时处理的流处理技术当中。

其实数据的实时处理着实是一项具有挑战性的工作，由于数据流本身就具有持续到达与速度快等特性，同时其规模还非常巨大，因此在进行所有数据存储时通常都不会采用永久性的方式，然而数据环境一般都是处于不断变化的情况之下，所以系统也不能够完全准确地将整个数据全部掌握。故在为了附和流处理过程中响应时间的要求，通常都会依赖内存技术中的巧妙概要数据结构来完成，对于流处理来说，内存容量可以说是限制了其模型的一个主要的瓶颈。

虽然数据流处理技术至今已经有十多年的研究历史，但是到目前为止仍然还是研究的热点。在现今大多是以支持分布式或并行处理的方式广泛应用在流处理系统，其中商用的软件通常会使用包括 IBM 的 StreamBase 和 InfoSphere Streams，而开源系统则一般会使用包括 Twitter 的 Storm、Yahoo 的 S4 等。

2）批量数据处理方式。这种方式是对整个要处理的数据进行分割，形成众多小的数据块再进行处理。它的特点就是由大化小，将划分的诸多小块数据形成小任务然后再分别单独进行处理，同时还在形成小任务的过程中不时地进行数据传输，然后将计算方法运用到这些数据块当中最终得出结果，一般都会使用计算函数也就是映射并化简来进行实施。

（2）大数据继承。"Variety" 是大数据的特点之一，也就是所谓的大数据的多样性。经过各种渠道获取的数据种类与结构也会因此而变得极其繁杂，这在很大程度上增加了之后数据分析处理的难度。因此可以通过数据处理与集成首先将这些结构复杂的数据进行转换，从而形成单一或便于处理的结构形式，这给之后的数据分析奠定了良好的基础，故而这些数据当中并不是所有的信息都有存在的必要性，对于那些掺杂在其中的噪音或干扰项，就可以在这些数据中进行去噪与清洗，以此来确保数据的质量与可靠性。一般会在数据处理的过程中采用一些数据过滤器，然后通过聚类或关联分析的规则方法，把那些无用的或错误的离群数据进行挑拣并将其过滤掉，以此来防止这些数据对最终的结果造成不利的影响，之后再将那些整理过后的数据进行继承与存储。这一步是至关重要的，倘若不在意，只是单纯地随意放置不管，那么就会在之后对数据取用造成一定的影响，从而很容易导致数据访问性的一系列问题。目前一般是采用针对特定种类的数据进行建立专门数据库的方式，然后将这些不同种类的数据信息再分门别类放置，这样不仅可以有效地减少了数据库查询与访问的时间，同时还提升了数据提取时的速度。

基于物化或 ETL 引擎方法还有基于联邦数据库引擎或中间件方法，以及基于数据流引擎方法或基于搜索引擎方法，以上这四种类型就是目前数据抽取与集成的主要方式。

通常都会使用 ETL 工具来负债分布或异构数据源中的数据，如将关系数据或平面数据文件等抽取到临时的中间层，然后再进行清洗或转换或集成，最后再将其加载到数据仓库或数据集市中，从而完成联机分析处理或数据挖掘的基础。

大数据异构数据源在集成的过程中，可以采用对数据进行清洗与剔除相似或重复或不一致的数据，以此来处理其不同来源的数据。针对数据清洗与集成技术在大数据中的特点，因此就形成了非结构化或半结构化数据的清洗，以及对超大规模数据集成的方案。

二、大数据存储技术

目前大数据时代中的数据已经达到了 PB 级别，甚至有些已经达到了 EB 级别，这包括了结构化数据和非结构化数据，其中结构化数据一般指的是数据库 SQL、日志等，而非结构化数据则是多媒体数据火树传感器等，因此业界针对不同类型的海量数据提出了不同的存储技术。由此可见，大数据的出现和结构数据的改变都严重挑战着常规技术的数据存储与管理。

（一）大数据分布式文件系统

大数据存储与管理是在大数据处理当中首要考虑的问题。一般人们会在大规模集群的环境中采用可扩展的分布式存储技术，以此来提供极为强大的数据存储与并发访问能力。所谓的分布式文件系统即是利用不同的存储节点将大规模海量数据用文件的形式保存，然后再用分布式系统进行管理。作为支持大数据应用基础的文件系统，对于复杂问题的解决即是其技术特点，它进行的主要步骤是可以将原本大的任务分解成诸多小任务，然后通过允许多个处理器或多个计算机点参与计算方法来解决各种问题。

分布式文件系统是一种方便多台计算机上的多个用户能够共享文件并存储资源的模式，它支持多台主机通过网络同时访问共享文件与存储目录。它是一种在可扩展形式下进行对大规模数据有效存储与管理的一种形式，但是通常分布式文件系统都只是将文件方式的基础性提供给大数据存储访问，却忽略了对结构化或半结构化数据的存储管理与访问能力，从而对于上层很多应用来说，所提供编程访问接口也过于底层，然而底层却需要在进行大规模数据存储管理时，能有一个分布式文件系统提供高效且可靠的系统。由此，人们针对结构化与半结构化数据存储管理与查询分析，提出了面向 SQL 与 NoSQL 大数据存储与查询管理技术与系统，如 Hadoop 生态下的 HBase 与 Hive 等系统。

目前，分布式文件系统中的典型产品一般是谷歌的 GFS 与 Hadoop 中的 HDFS。从传统角度来看数据标准，GFS 不仅仅是在处理文件上能够很大实现，而且尺寸一般都在 100 MB 以上，就算是数 GB 也是很常见的，同时，大文件在 GFS 中还可以被有效地进行管理。微软开发的 Cosmos 就主要是为了支撑搜索或广告业务，而 FastDFS 或 OpenAFS 以及 CloudStore 则都是类似于 GFS 与 HDFS，是为了实现开源的产品。其中 HDFS 作为开源的分布式文件系统，能够提供高吞吐量用来访问应用程序中的数据，是一种适用于超大数据集的应用程序。HDFS 不仅能允许用户存储超大文件，同时还能将其发挥到最高效的访问模式，在进行了一次写入之后进行多次读取，大文件会因此被分割成多个以 64 MB 为单位的数据块。这些数据块每一个都会自动默认在多个 Datanode 上存储三分副本。它同时具备了极强的可扩张性与性能优势，同时还能够在普通的硬件上运行，就算是硬件出现了故障，还可以通过容错策略来确保数据较高的可用性。作为一种可扩展的分布式文件系统，可扩展的 GFS 运用在廉价的普通硬件上，以此来实现谷歌能够迅速增长的数据处理需求与应用特性，同时还提供了容错功能，总体性能上为大量的用户提供了较高的服务质量。

对数据冗余的实现通常都是利用存储系统的容错，其主要有复制与纠删码两种基本的冗余策略。就算是在大数据的环境之下，其知识会根据具体的技术层面实现，有利于一些针对大数据存储的变化，而在容错的基本策略上并没有产生任何的变化。其中复制冗余的容错思想虽然看上去会很简单，但是在大数据存储当中面对大量的存储数据量，面对众多繁杂的存储节点，而且存储结构又极为复杂，怎样才能有效且高效地完成复制容错，必须从以下几个相关问题统筹兼顾进行考虑，这包括有副本系数设置与副本放置策略，还有副本一致性策略与副本修复策略等。

这其中所谓的副本系数设置，指的是副本数量设置上存在的问题，而它又主要有两种策略形式，其一是一种固定副本数量，像 GFS 或 HDFS 这两种典型的分布式存储系统一般情况都是采用系数 3 策略，这种笃定副本系统设置虽然看似简单，但是却丧失了灵活性。其二是一种动态副本数量，用户一般可以根据自身需求在亚马逊分布式存储系统 S3（Simple Storage Service）中指定副本数量，可是用户能够选择的副本数量仍然没有具体的标准或依据；此外，这种动态容错机制是根据动态决定副本数量的，其中包括有文件使用频率与文件出错转换率，还有文件存储的时间等，其在很大程度上增加了存储空间的利用率，同时还提高了数据的获取性能，这种模式下的动态决定过程无疑对系统的处理增加了一定的开销。

除了谷歌中的 GFS 之外，众多企业与学者也会更为详细地研究不同方面的文件系统，以此来满足大数据存储的需求。虽然 GFS 的分布式文件系统主要是针对大文件进行设计的，但是针对图片存储等应用在场景中时，GFS 的分布式文件系统则主要存储海量小文件，因此 Facebook 还推出了文件系统 Havstack，专门针对这一类的海量小文件进行存储，它是将缓存层与部分元数据通过多个逻辑文件来共享同一个文理文件，并增加然后将其加载到内存等，利用这种方式可以有效地解决海量小文件存储的问题。Lustre 是 SUN 公司开发并维护的一种大规模且安全的，同时具备了高可靠性的集群文件系统。针对开发下一代的集群文件系统就是这个项目的主要目的所在，它将会支持超过 10000 个节点，其是一种数以帕字节的数量存储系统。

（二）大数据存储系统面临的挑战

大数据的应用与数据存储之间存在着密切的联系。其需要高效地位上层应用提供数据访问的接口，同时存取 PB 级的数据，有时甚至还会存取 EB 级的数据，并且还提出了更高的要求来针对数据处理的实时性与有效性，这些都是在传统常规技术下没有办法应付的。有一部分像是状态监控之类要求极高的实时性应用，就更适合使用流处理的模式进行实现，其可以直接在数据源经过了清洗与集成之后在其之上进行分析。但是由于大部分的应用在后期都需要更深程度的数据分析流程，都是需要进行存储的。因此大数据存储系统面临着极为强大的挑战。

（1）大数据的存储规模极大，其一般都能够达到 PB 级，有时候甚至可以达到 EB 级。

（2）大数据存储管理非常复杂，而且还需要兼顾着结构化数据与非结构化数据，以及半结构化数据。

（3）大数据的数据服务种类繁多，对水平的要求也非常高。

目前，针对大数据存储与管理的挑战有一批新技术提出了这方面的研究，其中包括分布式缓存与基于 MPP 的分布式数据库，还有分布式系统与各种 NoSQL 分布式存储方案，除此之外，还有像 Oracle 或 IBM 再或 Greenplum 各大数据库厂商都已经推出了相应的分布式索引与查询产品进行支持。

在现今社会的大数据环境中，为了能够保证高可用性、高可靠性和经济性，通常都会采用分布式存储的方式来进行数据的存储，然后再利用冗余存储的方式来保证存储数据的可靠性，也可以说是将同一个数据存储利用多个副本来进行存储。可以根据上层应用访问接口与功能侧重点的不同，将存储与管理软件分为文件系统与数据库。目前在大数据环境下，最适合的就是分布式文件系统与分布式数据库，还有访问接口与查询语言。这些当中最为广泛应用的是分布式文件存储系统，其设计思路与传统的文件系统略有不同，因为这类系统一般都是针对大规模的数据处理进行特殊设计形成的。虽然从某种程度上看，它们是应用在廉价普通的硬件上，但是却为数据存储提供了容错功能，从总体上为用户提供了较高的服务质量，通常一个主服务器与大量的块服务器构成一个分布式集群，这样可以让许多用户能够同时进行访问。在主服务器中包含了诸多的元数据，其可以定期通过心跳消息与每一个块服务器通信，然后将它们的状态信息收集起来。

（三）海量数据存储技术

海量存储技术在目前主要包括有并行存储体系构架和并行 I/O 访问技术，高性能对象存储技术和海量存储系统高可用技术，嵌入式 64 bit 存储操作系统和数据保护与安全体系，以及绿色存储等。

目前，需要进行处理如此海量数据的大公司就是谷歌，现有的方案对于谷歌来说已经无法满足如此之多的数据量存储，由于没有任何一个公司在谷歌之前需要处理数量这么多且种类这么繁杂的数据，因此，谷歌公司结合了自身实际应用的情况后，针对这一问题自行研发了一种分布式的文件管理系统——GFS（谷歌 File System）。这种分布式文件系统作为上层应用的支撑是一种基于分布式集群进行大型分布式处理的系统，这很好地为MapReduce 计算框架提供了底层数据存储与数据可靠性的保障。与传统分布式系统相比，GFS 在很多地方都与之存在着相同的目标，如性能或可伸缩性、可靠性或可用性。GFS 之所以能够成功就是由于它与传统文件系统存在着不同之处，GFS 的设计思路对系统而言主要是组件的失败是一种常态而非异常，但是根据应用负载与技术环境的影响来讲，GFS 与传统分布式文件系统的不同之处，又可以使其在大数据时代中被广泛应用。

GFS 主要是采用的主从结构，并被广泛应用在大量廉价服务器上可扩展的一种分布式文件系统。其主要是通过对数据进行分块或追加更新等多种方式，然后来实现海量数据高效且可靠的存储。但是随着业务量的不断变化，GFS 也逐渐跟不上需求的脚步。谷歌为此对 GFS 进行了设计并实现了 Colosuss 系统，从而很好地解决了 GFS 单点故障与海量小文件存储的问题。GFS 会运用廉价的组成硬件，同时将系统某些出错的部分作为常见情况进行处理，从而形成一种良好的容错功能。同时分布式文件系统架构一般适用于互联网应用中，其能够更好地支持海量数据的存储与处理。因此，新一代分布式计算架构在未来的互联网技术架构中极大可能会成为主要架构之一。

1. 根据不同类型分类海量数据存储

业界针对不同类型提出了不同的海量数据存储技术，主要有以下三种。

（1）非结构化数据的分布式文件系统。目前，在分布式文件系统中最具有代表性的是谷歌的 GFS 与 Hadoop 的 HDFS。其中 HDFS 作为开源的分布式文件系统，能够提供高吞吐量用来访问应用程序中的数据，是一种适用于超大数据集的应用程序。HDFS 不仅开放了一些 POSTX 的必须接口，允许流式访问文件系统的数据，还允许用户存储超大文件，同时将其发挥到最高效的访问模式，HDFS 是主/从结构，由一个名字结点和多个数据结点组成，在一次写入之后进行多次读取，大文件会因此被分割成多个以 64 MB 为单位的数据块。这些数据块每一个都会自动默认在多个 Datanode 上存储三份副本。随着大数据时代数据规模的不断增长，HDFS 也在集群中增添了更多的数据节点，这样一来，它就具有了极强的可扩张性；不仅如此，每一个数据块还会在不同的节点上同时存储三个副本，具有极高的容错性；同样体现出其优势的还有其能提供较高的吞吐量数据访问能力，这使其在进行数据处理的时候可以更好地体现出极强的性能。

（2）无模式的半结构化数据的 NoSQL 数据库。随着大数据时代的不断推进，传统关系型的数据库在进行处理数据密集型方面的应用时就会显得格外吃力，在其灵活性、火树扩展性以及性能等多个方面都表现较差。因此在这种环境下，无模式的半结构化数据的 NoSQL 数据库就随之产生了，它以对关系型数据库的补充应运而生。也正是因为 NoSQL 数据库能够符合云计算的极大需求，才会涌现出来各种的 NoSQL 数据库。

（3）结构化数据的分布式并行数据库系统。目前，一款海量并行处理架构且无共享的分布式并行数据库系统基于 PostgreSQL 之下应运而生，它就是 Greenplum。其主要采用了 Master/Slave 架构，真正被用户数据散列存储在多台 Slave 服务器上，其主要是用来存储元数据，不仅如此，在其他 Slave 的节点上还存有所有的数据的副本，以此来提升系统的可用性。

2. 根据存储技术分类海量数据存储

海量数据存储针对大规模数据的存储、传输和处理，并根据目前主要开展研究的方向进行分类，分为以下三种类型。

（1）虚拟存储技术。所谓的存储虚拟化技术的核心，主要是通过该技术提供虚拟磁盘或虚拟卷给用户和应用程序，让用户可以根据需求对其进行任意的分割或合并，以及重新组合等操作，同时将其分配给特定的主机或应用程序，以此来实现隐藏或屏蔽具体的物理设备的各种物理特性。换句话说，从物理存储设备到单一逻辑资源池的映射即是存储虚拟化的核心工作。存储虚拟化不仅可以提升存储的利用率，还能够降低成本，在简化的同时进行存储管理。在目前基于网络的虚拟化存储技术已经成为了一种现行的趋势，它各方面的优势将会在数据大集中或异地容灾等应用中体现出来，其中包括开放性、扩展性和管理性等。

（2）高性能 I/O。近年来由于集群拥有极高的性价比以及良好的可扩展性，因此在 HPC 领域中受到了广泛的应用。在集群系统中，数据共享是最基本的需求。目前被广泛应用的网络文件系统一般是 NFS 或 FIFS。在 Linux 集群运行上，当一个计算任务进行时，首先计算节点会通过 NFS 协议从存储中获取数据，之后再计算，最终将计算所得的结果写入存储系统当中。在这整个运行过程中，计算任务数据读写的 I/O 会在开始与结束阶段体现出极其强大的负载，但是在计算的过程中却基本没有负载产生。由于 Linux 集群系统在现今的处理能力越来越强，动辄会达到几十个、有时甚至能够达到上百个 TFLOPS，因此在现在进行计算处理时所需要花费的时间也随之越来越短。只是传统的存储技术架构应用在宽带或 I/O，对于它们是否能够有所提升却极为困难，不仅如此成本还非常高昂。由此就导致了当原始数据量相对较大时，在进行 I/O 读写时所需要花费的时间就会相当可观，这就是 HPC 集群系统性能会达到瓶颈的原因。因此，在今天的 Linux 并行集群系统中，绝大部分为了提高效率，首要任务就是对 I/O 效率进行改进。

（3）网格存储系统。由于高能物理的数据需求不仅需要极大的容量，还必须有广泛的共享。像是新一代北京谱仪实验 BESIII 中运行的 BECPII，粗略计算在未来五年竟会累计数据 5 PB，那么在全球二十多个研究单位将会分别进行访问与分析。由此可见，网络存储系统必须在在满足海量存储的同时还要满足全球分布与快速访问，以及统一命名的需要。因此，其主要需要研究的内容有网络文件名字服务或存储资源管理，高性能的广域网数据传输和数据复制，以及透明的网络文件访问协议等。

三、大数据应用技术

（一）云计算及其编程模型

前些年谷歌和 IBM 就已经开始在美国大学校园里推广云计算计划，由于它能够提供灵活动态的 IT 平台和保险服务质量的计算环境，同时可配置软件还提供了良好的服务，促使学生们可以通过网络进行以各项大规模计算为基础的研究计划，从而逐渐推进其成为了当时最热门的话题，让越来越多的 IT 产业都开始向这一方面发展。

所谓的云计算，其实是一种能够提供可用的或便捷的、同时能够满足需求的网络访问，其运用了一种按使用量进行付费的模式，当进入可配置的计算资源共享池中，人们只要投入极少的管理工作就能够快速提供资源，这些资源包括有来自网络或服务器的，还有存储或应用软件的，也有服务中的，同样与服务供应商进行较少的交互就能够快速提供这些资源。

目前的云计算主要包括基础设施即服务和数据存储即服务，还有平台即服务和软件即服务，以及云安全服务和虚拟化的应用等多项内容。现在单级芯片集成度已经进入了极小的尺度级别，而指令级并行度也已经提升，而且几乎接近极限，对于大数据处理的需求，纵向扩展已经无法满足，因此，对于相对较宽的云计算要求，就可以允许异构网络的横向扩展，这恰好能为大数据的处理提供有利的条件。云计算一方面可以给大数据提供强大的存储与计算，让大数据能够迅速且便捷地处理工作；另一方面云计算还能提供更多且更好的应用场景，以符合大数据处理时的需求。从而可见，云计算在业界当中深受人们的关注，同时大数据的支持技术无疑就是去计算。

经过了 40 年的发展历程，联机事务处理应用与联机分析处理应用，还有数据仓库等都是运用传统的关系数据管理技术将其实现的，但是在大数据时代其扩展性方面却受到了局限，从而造成了很大的影响，因此不能够完成大数据分析的任务。早些年谷歌公司提出了拥有良好的扩展性且容错性与大规模并行处理都占有优势的 MapReduce 技术，这不仅突出了非关系数据管理与分析技术，还将其广泛应用在了机器学习或数据挖掘等多个领域当中。在数据管理技术中，MapReduce 作为一种非关系型数据库，其从关系数据技术中累积到的宝贵财富，在经过挖掘之后进行借鉴的技术与方法能够不断地解决其性能上存在的问题。大数据处理中由计算推向数据的这一现象，在适应了大数据时代内在需求的同时也体现出了其成为进行处理的基本工具。通常在对大数据进行处理的过程中，MapReduce 都是自动分割所要执行的问题。首先，就像程序一样将其拆解成映射，也就是 Map，或者简化，也就是 Reduce；其次，再将这些分割过后的数据通过映射函数的程序把数据映射成不同的区块，然后分配给计算机群进行处理形成分布式运算的效果；最后通过 Reduce 函数的程序将最终的结果整合在一起，并按照开发者的需求将其输出。对于 Hadoop 来说，就是为了能够实现一个云计算开源平台，其模仿了当前已经成为了广泛应用的大数据处理平台 MapReduce。

（二）大数据获取

目前，大数据时代当中随时都会有大量的数据随之产生，这些数据通过不同的路径、用不同的方式被不断地接收与记录，这里就从以下五种常见的大数据获取途径来简单介绍一下。

1. 传感器技术

在近几年，不管是在道路建筑方面，还是医疗机构方面，甚至是在个人工作与生活场所中，传感器技术的发展逐渐成为趋势化且无处不在，传感器的不断发展使大量的数据逐渐一步步地被其所接收。大数据的获取也因传感器的不断普及获得了极大的帮助。不仅如此，传感器技术的迅速发展还促进了传感器网络也在不断的改进中得到完善。虽然构建传感器的网络设备与数据收集还有数据存储等诸多方面还存在着差异性，使网络当中普遍存在着孤岛现象，但是针对异构网络所带来的数据共享问题，美国国家技术标准局随后与 IEEE 共同组织了研讨会，其主要研究内容就是制定智能传感器接口与连接的通用标准，因此，IEEE1451 传感器/执行器以及智能变送器接口标准协议族也应运而生，其可以将传感器市场上总线不兼容的问题解决掉。之后开放地理空间联盟又提出了一种新型的传感器Web 进行整合框架标准，通过 Web 的界面让用户能够进行节点的搜寻或数据的获取，以及节点的控制。

2. Web2.0 技术

在互联网上每一个用户的身份，从最开始的读者转换成为作者或共同建设人员，然后再被动地接收互联网信息，之后主动创造互联网信息的发展过程，即是 Web2.0。Web2.0的发展伴随着多种应用技术不断的进步，在大量的网页上单击或交流促进了大数据的形成，这无形之中改变了人类的日常生活模式，为其带来了相当大的变革条件。

3. 条形码技术

在现今社会当中，通过内嵌的 ID 等信息实现条形码的使用，给零售业带来了革命性的改变，当扫描了带有 ID 等信息的条形码之后，就能够迅速地将其 ID 与数据库进行匹配，随之就能获取到该产品的价格或性能，还有产商等各项信息。目前条形码不仅被广泛应用在零售商店的收银和车站售票等业务中，就连小商小贩的商品销售每天也都在大量地录入条形码并应用其中。

4. RFID 技术

相比条形码，RFID 不但扩展了操作的距离，在使用标签的时候比条形码更容易，而且还自身携带了一个能移动的阅读器，这样可以在收集的同时获取其信息，它主要被广泛地应用在仓库管理或清单控制方面。通常可以将 RFID 标签分为两种类型：被动的和主动的。前者由于内部没有电源，造价相对后者就会较为便宜，所以目前前者应用得比较广泛，由于前者的操作距离没有后者的距离远，其适应性也受到了不少的限制，而后者不但存储能力极强，适用范围还比较广，因此未来后者将会被广泛应用。

5. 移动终端技术

目前，随着信息科学技术的不断发展，像手机或平板电脑等移动终端早已随处可见，再加上现在网络宽带化的发展迅速，还有集成电路的不断升级，人类已经逐渐进入了真正意义上的移动信息时代。因此，针对智能手机等这些移动设备数量的逐年增长，移动社交网络也日趋庞大且更为复杂，相对而来的就是海量数据的产生，对于移动数据的处理也无疑成为了目前最为关注的问题。

（三）大数据可视化

由之前大数据各项技术可以看出，大数据时代数据的数量与复杂度给今后对数据探索与分析，以及对它的理解带来了极大的挑战。虽然对于大数据处理来讲，数据分析才是其主要的核心所在，但是用户所关心的却通常是其展示的结果。在进行分析的过程中，就算是结果准确无误，但是若没运用恰当的解释方法，那么用户理解其结果时在很大程度上就会遇到困难，最终不仅可能会无法理解，甚至还有可能会给用户造成误导。但是因为大数据在进行结果分析的时候会存在海量或关联关系极为复杂等各个特点，因此，此时再利用传统的解释方法就不行了，在目前一般最为常见的使用方法即是可视化技术与人机交互技术。

其中，可视化技术不仅能够迅速且有效地简化与提炼数据流，让大量的数据经过交互筛选之后再提供给用户，还能够让用户从复杂的数据中更快、更好地获取到新的发现。在科学或工程计算领域中，利用形象的图形向用户展示结果已经成为了最为理想的一种展示方式。现在常用的可视化技术一般有原位分析或标签云，还有历史流或空间信息流，以及不确定性分析等。

如今海量的数据成为了大数据处理当中最为关心的问题之一，怎样才能够清晰明了地将其展现给用户，不管是在学术界，还是在工业界，都存在着很大的考验，因此对大数据进行可视化的研究不曾停止。那些通过大数据图形化或图像化，以及动画等各种形式展现的技术与方法将逐渐涌现出来。

业界目前可以从以下几个层面来阐述大数据可视化的应用。

1. 基于数据可视化平台

这种形式的可视化平台主要是为了给个体或企业提供一个良好的服务平台。如 Many Eyes 或 Number Picture 等这一类，就是在可视化平台上搭建而成的，其可以将那些需要进行可视化的数据通过用户上传或在线获取，有时会利用平台提供的可视化模板，有时也会利用自己在平台上创建的模板，然后将这些数据进行可视化的展示，或者在线发布，再或者共享可视化结果。当然作为一款付费的平台，对于那些付费用户还能享受更高的服务，能够将可视化结果下载到本地或分享到其他的网站上。

2. 基于数据可视化产品

这种形式的可视化产品不仅能为企业提供可视化的开发工具，同时还可以开发环境或可视化解决的方案。像 Tableau 就拥有多种产品，其中包括 Tableau Desktop、Tableau

Server 和 Tableau Public 等，这些产品不仅可以把大量的数据拖放到数字的画布上，还能够快速地创建好各种样式的图表。由于这些可视化产品在创建可视化展示时只能是在线发布，并不可以将其下载到本地再进行操作，因此主要是博客作者或媒体公司一般会应用这类免费版可视化产品。如若想要享受更多可视化的解决方案，就需要通过收费模式才能够使用更多的功能。

3. 结合数据可视化技术

在充分挖掘数据价值的同时开发出独立的数据产品。像淘宝中的数据魔方，就是将传统的数据统计和分析模式与可视化技术结合在一起，然后充分发挥海量交易数据的内在价值，用收费的形式向淘宝卖家与头家提供可视化数据分析工具，其能够简洁且直观地用具有针对性的方式传递给人们。不管是对淘宝卖家，还是对淘宝买家来说，他们都能够通过这种可视化分析工具，去了解用一种便捷且准确对相关市场行情或动态以及店铺的运营情况。

4. 各种可视化应用

各种可视化应用包括可视化图片搜索或可视化新闻，还有可视化推荐系统与微博可视化分析等各个种类。这些可视化应用一般情况下都运用可视化技术与数据统计，或者将挖掘与分析结合在一起的方式，然后通过海量数据与数据内在的信息与规律，用一种最直观的方式展现在用户面前，这样一来，更好地提升了大数据在用户中心的展示，并为其提供一个良好的体验过程。

除此之外，目前能够解决大数据分析结果的一项重要技术还有以人为中心的人机交互技术，其可以在一定程度上使用户了解并参与具体的分析过程。其不但能够利用人机交互技术中的交互式的数据分析过程，让用户能够从中逐渐地被引导进行分析，从而获得更好地理解结果，而且还能够利用数据起源技术，在追溯了整个数据分析的过程中帮助用户理解结果。

第3章　大数据的管理和治理体系

伴随着科学技术的迅速发展，人类生活产生了巨大的变化，在各种技术的推动下，人类逐步地进入大数据大时代。现在这个时代，大数据具有非常重要的价值，大数据的开发与应用也日益重要。大数据产业蓬勃发展，大数据时代的商机可以说是无处不在。如果不能对数据进行有效的管理和治理，即使数据再多，对于企业来说也只会是垃圾和负担，非但不能成为资产，还有可能拖垮企业。因此，下面对大数据管理和治理的内容进行概括分析。

3.1　建立数据驱动的管理体系和架构

现在已经进入数据技术（DT）、数据驱动的时代。在现代企业中，传统的资产、产品、生产系统、财务系统、软件系统都有专人负责管理。大数据时代，如果数据成为企业核心资产，这也需要有专门的人员负责管理，相对应地，就要建立一定的管理体系和架构。企业将多种多样的数据整合加以利用，转向数据驱动的运营模式，在这个转型过程中，应该先进行组织变革与机构变革，企业设置专门负责管理数据的机构，可以采用实体的管理组织形式，也可以是虚拟的，但是这个管理组织需要横跨多个部门。在工作的过程中，管理体系需要不断地完善、更新数据和数据治理的架构，提高企业的数据质量管理，并且保障企业的数据安全。

一、建立数据管理组织

随着大数据的不断发展，企业对数据的依赖越来越强，这就需要对数据进行管理。就算一个公司拥有世界上最先进的数据管理规范，还是需要有对这些规范的执行者，换句话说，对这些数据管理需要建立数据管理组织架构和团队。综合企业自身管理体系，在架构上一般可以分为领导决策层、部门主管层和执行层。

1. 领导决策层

领导决策层体系可以让企业的高级管理人员创建并领导数据管理团队，建立数据管理策略及标准，监管组织内的数据质量工作，并落实到中下层的具体执行策略和计划上。一个新的大数据工作岗位应运而生——首席数据官（Chief Data Officer，CDO），现在许多企业都设立了这一职位。CDO不仅是技术层面的，他还配合CIO、CTO和IT部门协同管理和完善数据管理策略的实施，同时又需要和这些部门紧密相连。CDO已经进入企业的最高决策层，由管理人员直接向 CEO 汇报各种信息，能够充分地把数据的价值和企业的决策联系在一起。

2. 部门主管层

部门主管层可以由业务部门主管、IT 部门主管、执行项目经理等来组成和担任，也可以由专职人员来担任。现在企业还是会设立专门的数据部，不与其他部门放在一起，有一些企业在遇到战略问题时，数据部的执行能力还会高于其他部门，不过需要其他部门配合首席数据官和数据部来制定数据驱动战略。

现在对数据管理已经取得了不错的成就，在数据驱动变革方面取得很大成功的当属全球最人的职业社交平台 LinkedIn。在早些年，LinkedIn 就成立了单独的数据分析部门，这个部门对数据的分析促进了企业的创新发展。那个时候也有一些企业设立了数据分析部门，只不过不是单独设立，而是将数据分析作为业务及 IT 部门的外延或项目管理来定位，然而 LinkedIn 却反其道而行，设立专门的数据分析部，与研发、产品、市场、销售、运营等五大核心部门共同存在。单独的数据分析部门对各种各样的数据进行分析，满足 LinkedIn 内部员工对数据分析的需要。

LinkedIn 的所有业务几乎都是由单独的数据分析部维持下来的，促进了 LinkedIn 的商业发展，并且在模型驱动之间形成一个增长的闭环形式。第一，对数据进行分析能够掌握用户的行为痕迹，为用户提供更好的服务，推动了用户的增长；第二，用户的增长使得后台访问数据增多；第三，经过对用户信息的分析，寻找解决办法，完善产品，推动企业的积极健康发展。

3. 具体执行层

具体执行层主要是面向员工的，在领导决策层设定出数据战略，经过部门主管层的整合，就需要落实到执行层去处理这些数据，这个过程与企业的每一个员工都是有关的，任何人都不能置身事外。只有经过数据分析部与其他部门的配合，才能共同促进企业的发展。

二、建立数据管理制度

显而易见，在设立了 CDO 及数据部门等管理执行组织架构之后，为了保障这些数据战略得到有效的实施，就需要有相应的制度保障，这也就意味着，企业要想有效执行数据战略，就要建立一套行之有效的数据管理办法、职责划分、绩效等数据管理规章和制度。规章制度的制定，要结合企业自身实际情况而定，为数据管理战略的实施提供一个大环境。因为大数据管理还涉及数据管理的技术架构体系，以及大数据管理本身所用到的管理工具、管理平台、管理软件等，所以除了这些基本的规章制度，还要包含大数据所应用的工具与技术的相关操作流程。

管理执行组织负责监督、管理，并实施、执行和大数据管理，以及治理一切相关的流程与环节，其主要有制订并实施数据管理策略与协调，还有执行数据管理解决方案；审阅和批准数据架构；制定数据管理与实施计划；评估数据分析的相关报告；数据管理监督和控制；协调数据治理活动；监督数据管理项目和服务；交流和宣传数据资产的价值等诸多方面。

3.2　大数据治理体系

　　数据治理是指在企业数据生命的整个周期制定由业务推动的数据政策、数据所有权、数据监控、数据标准以及指导方针。现在，我们已被数据包围，数据也正在逐渐淹没我们。对大数据的治理是一直存在的问题，但在大数据应用的环境下，数据治理的复杂度在提高，给大数据应用带来很多挑战。

　　大数据治理体系的构建为数据管理工作提供强有力的系统支撑。企业要构建一个完整的治理体系，就需要从多个方面进行考虑，从组织架构、标准、质量、系统功能等方面管控数据。数据治理模块主要包括数据标准管理、数据质量管理、元数据管理、主数据管理、数据生命周期管理等，这几个模块共同工作，确保数据的规范、安全。

一、大数据治理框架

　　大数据治理框架从原则、范围、实施与评估三个方面给出了大数据治理的全貌，介绍了大数据治理的主要内容，具体如图 3-1 所示。

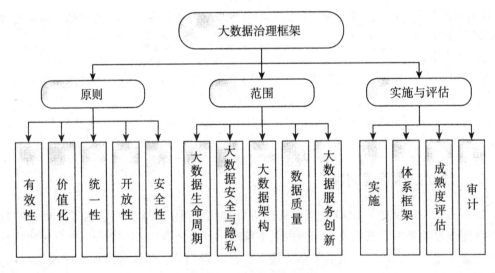

图 3-1　大数据治理框架

　　从图 3-1 中可以看出，大数据治理的原则主要包括有效性、价值化、统一性、开放性、安全性五个原则，这五个原则是大数据在治理过程中必须要遵守的基本准则，从不同的角度表明在大数据治理过程中按照一定原则的意义。在这之中，有效性原则指的是在大数据治理过程中，数据的质量、价值的高效性；价值化原则指的是在大数据治理过程中，要实现数据的价值最大化；统一性原则指的是对大数据的治理，应该按照一定的标准有条例的开展；开放性原则指的是实现信息的共享，大家都能够合理地共享数据，将各种数据联系在一起，增强了数据治理的透明度；安全性原则指的是在数据治理的过程中数据的安全性，保障数据的安全是极为重要的。

　　大数据治理的范围主要是在治理中重点关注的领域，也就是大数据治理决策应该在哪些重点领域内作出决策。其范围主要包括五个方面，即大数据生命周期、大数据架构、大数据安全与隐私、数据质量以及大数据服务创新。这五个方面也是大数据管理活动的主要实施领域。大数据生命周期是指数据从产生到清除的整个过程，这一方面更偏向于在一定的成本下合理地应用大数据实现价值。大数据安全与隐私则是要通过大数据安全策略，来对大数据云计算时代的数据进行隐私安全保障，建立有效的流程保障大数据相关使用者的隐私安全。大数据架构是在信息系统中进行存储、使用以及管理的逻辑或物理架构。数据质量管理是组织变革中的一项关键支撑流程，数据质量这个层面总结了大数据产生质量问题的原因，如何去提高大数据的质量。大数据服务创新就是要不断地提供新的服务，为企业和社会创造价值，应该从基于数据本身进行创新、基于业务需求进行创新、基于数据分析的创新三个方面进行探讨，来体现对大数据服务的创新。

　　大数据治理的实施与评估这个层面其实指的是在大数据治理实施与评估过程中要重点关注的内容，主要包括大数据治理的实施、体系框架、成熟度评估以及审计四个方面。它带来了具体的指导性意见。大数据治理的实施的最直接目标是为企业建立大数据治理体系，而为了完成这个实施目标，就需要考虑三个方面的因素，即建立大数据治理的环境、建立完善的大数据治理实施流程体系和规范，以及明确大数据治理实施的阶段目标，这是完成这个实施目标非常重要的三个方面。大数据治理的体系框架提出了一个通用的数据治理体系及架构，并分析了架构内各个模块的功能与作用。成熟度评估可以让企业了解到大数据治理的当前状态和差距，识别大数据治理的改进路径；推进成熟度向更高的阶段转变，可以分为五个阶段进行实施，也就是初始阶段、提升阶段、优化阶段、成熟阶段、改进阶段，一层层地递进，直至实现最后的治理目标。大数据治理的审计是通过对大数据的监控、分析和评价给出审计意见，改进大数据治理流程的一系列工作，提高大数据治理的实施水平。

　　总而言之，相关的企业可以按照上面讲述的三个方面，从大数据治理原则、范围、实施与评估三个方面来分析大数据的治理工作，根据一定的要求和标准，持续稳步地推进大数据治理工作。

二、大数据治理模块

（一）数据标准管理

　　在大数据管理中，有一项非常重要的是制定和维护数据标准。如果没有一个相符合的标准，那么数据管理是没有现成的规律可以遵循的，数据质量也不能得到保证，数据的应用也是杂乱没有条理的。数据标准管理体系包含三个方面的内容，即数据标准的规划、数据标准的相关支撑以及数据标准的实施。数据标准的规划主要有制定数据标准体系和实施线路图；数据标准支撑指的是相关的组织架构、管理方法，当然，还包括一些数据管理工具；数据标准的实施主要有标准的制定、执行、维护和监控。

　　数据标准的制定主要是对数据标准的拟定、审查与发布。对标准的制定需要一个具体化的管理组织，这个组织也是一个行业性的组织，可以借助本行业内的专家，共同对标准的制定进行商议、完善，还可以制定企业内部的一些数据标准。

　　具体来说，数据标准的制定主要包括以下几个步骤。

（1）数据标准化管理组织需要将数据工作的相关人员聚集在一起，参与数据的收集、整理、加工等工作，并把大家的共同意见编辑成数据标准的初稿。

（2）对初稿进行修改、完善，然后形成最后的终稿，并交给数据标准管理决策者审核。

（3）在相关决策者审核之后，由数据标准化管理组织再次审查，并针对不足之处进行修改完善后发布最后的数据标准。

一般情况，只要将数据标准发布之后，就需要执行这个数据标准。数据标准的执行指的是数据标准的落地实施和执行过程，并且严格地检查各个执行过程，各方面都要做到最完善。

对数据标准的维护就是需要根据行业以及技术发展的要求，修改之前制定的标准，以符合现代的要求。对数据标准的监控，则是要建立考核标准，对日常的工作进行监控。

从数据的标准化实践层面考虑，企业要做好的准备有很多，整理好核心的元数据、主数据，形成相应的数据模型，另外，还需要做好执行、监控和维护工作。需要对整个流程做好标准化的规范。

一般来说，数据的标准化都会有数据的编码标准，编码可以证明每天数据的不同。编码需要按照一定的规范统一编制，否则防止在企业内部会出现不考虑全局、各搞一套的行为；如果对数据进行单独的编码，会出现数据整合不兼容、重码、内容啰唆等问题。另外一个是数据的分类标准，需要按照相应的规定把数据进行分类，可以把相同属性的标准划分在一起。通过分类标准，可以对一些重点的数据进行单独管理，并为业务管理和分析提供基础参照。除此之外，数据标准还包括对数据字段和属性的规范，也就是说，每个数据字段应该填写什么内容，都应该是按照规范的要求进行的，保证所有的数据在行业范围内的填写标准是统一的。数据的交互流程和业务规则也需制定相应的标准。

（二）数据质量管理

伴随着数据类型、来源的不断丰富，还有数据数量的快速增长，在繁多的数据背后，企业的数据管理工作也会出现许多的质量问题。

数据质量也可以认为是数据的"适用性"，换个意思理解，数据是否符合应用的标准；如果符合的标准程度越高，表明数据的质量越高。在数据治理过程中，数据质量是十分重要的因素。一般来说，数据质量需要满足准确性、完整性、一致性、及时性、合法性等多个方面。关于准确性，其实指的是对大数据计算的要求；关于完整性，指的是各方面数据都保存完整，没有因疏忽而漏掉的；一致性指的是数据之间有某种关联，并且相互制约；及时性指的是数据需要根据时代的脚步随时更新，不能停留在过去落伍的信息之中；合法性指的是数据的使用应该是合理的、合法的。

数据质量管理最开始应该是从管理和机制入手，也就是说，企业需要创设数据管理机构并制定相应的管理机制，将每一个人的职责落到实处，持续监控数据应用过程，保障高效的数据质量管理。

数据质量管理的流程主要有制定规则、发现问题、分析质量、清理数据、检验评估等步骤，除此之外，还需要根据现实中的实际情况优化过程。①按照数据标准，制定数据质量的技术规则，及时发现问题并加以管理；②根据数据质量维度对数据进行全面的分析，并及时清理无用的数据；③通过对数据质量持续的监控，反应数据质量出现的一些问题，并且形成相关的报告。数据质量管理的整个过程要形成一个反馈控制系统，长期有效地完善数据质量。

假如说数据质量没有得到最基本的保障，有可能会使得之前设定的业务目标没有完成。从事数据质量管理的相关人员，需要根据数据质量指标，确定影响业务目标的因素。定义数据质量指标的过程并不是一帆风顺的，期间充满着艰难与困惑，区分质量指标，能够在监控业务活动绩效之间作一个比较，合理及时地反映数据质量的相关情况。不仅如此，在设定数据质量指标的过程中，需要全面地考虑各种因素，结合可度量性、业务相关性、可控性等因素制定相关的标准：①剖析影响业务的因素，对某些数据元素进行评估检查；②罗列一系列的数据需要，并制定数据质量的业务规则；③根据业务规则介绍需求的满足度，并制定接受程度的临界值。

数据质量问题还可以看作是有没有数据、数据能不能用、数据好不好用、数据如何用的问题，主要指数据不适合业务运行、管理与决策的程度。因为数据质量需求所牵涉的层面是不同的，这也就表示出按照数据质量问题的级别分类。如果是需求比较小，可以从单系统数据项进行修改；如果是适中的需求，需要确定业务口径；如果是需求比较大，需要对大规模跨部门的改造提出意见，分析本质问题，改善业务规则。在找到数据质量最根本的问题以后，需要重视问题，评估问题，并把这个问题及时清除，提高数据的质量。

（三）元数据管理

起初元数据（MetaData）指的是对数据的描述，一般来说，主要由信息结构的描述组成，社会在进步，科学技术也在逐步的发展，元数据内涵有了非常大的扩展，如 UML 模型、数据交易规则、用 Java、NET、C++等编写的 APIs、业务流程和工作流模型、产品配置描述和调优参数以及各种业务规则、术语和定义等。现在已经步入了大数据时代，元数据在之前的基础上还有对各种新数据类型的描述，比如说位置、名字、用户单击的次数、音视频等。在企业的管理中，一般可以把元数据分为三种，也就是业务元数据、技术元数据以及操作元数据。业务元数据是从业务角度描述数据仓库中的数据，它提供一个介于使用者和实际系统之间的语义层，主要包括业务规则、定义、术语、术语表、运算法则和系统使用业务语言等。举个例子，企业概念模型是业务元数据应该提供的重要信息，它表示企业数据模型的高层信息、整个企业的业务概念和相互关系等。技术元数据是从管理的角度进行考虑的，主要用来定义信息供应链（Information Supply Chain，ISC）各类组成部分元数据结构，用于管理中所要使用的数据，主要的内容包括各个系统表和字段结构、属性、出处、依赖性等，以及存储过程、函数、序列等各种对象。操作元数据主要指的是应用程序的运营阶段。

当然，元数据的管理也包括对相应的管理组织架构的设定，还有元数据管理的规章制度等，在这个根基上，重新定义元数据的管理流程，比之前更加完善，主要有元数据的定义、元数据的变更、元数据的同步、元数据的权限管理，以及元数据检查及报告。每个企业的内部信息都包含在元数据之中，因此，保障数据的安全是非常重要的，企业需要加强对数据的隐私和安全管理，不同的元数据类别可以设置相应的加密级别；与此同时，对于元数据的使用也需要加强管理，不同的部门、人员对元数据的应用都需要经过严格的审核并给予相应的权限。

随着大数据时代的来临，企业需要处理的数据类型越来越多，对元数据的管理也需要加强，大数据平台与系统的建设、应用、维护这一系列的过程，都应该将元数据管理连接在其中。

首先，因为元数据是对数据的描述，它可以让用户能更加清楚地知道数据的流向，还能够在业务与技术之间建立某种联系，加强企业管理；其次，应用元数据管理能够自动化地获得企业的数据业务，将不同的业务分类罗列，让客户对数据有一个直观清晰的了解；然后，对元数据的应用还可以方便内部管理、审计或外部监管的需求追溯业务指标、报表的数据来源和加工过程，探寻数据的来源；另外，不仅可以探寻数据的来源，还可以探寻系统间信息生命周期，数据在应用中的整个流程都可以帮助用户分析全局；最后，通过元数据管理使得企业的信息透明度变高，有效性、可用性也相应地得到提高。与此同时，还节约了成本，提高了企业的价值。

（四）主数据管理

1. 主数据管理的介绍

主数据定义企业核心业务对象，如客户、产品、订单等，这些数据其实分布在企业的各个业务系统之中。主数据有一个非常不同于交易流水信息的点，那就是只要主数据被记录到数据库之中，每隔一段时间就要进行维护，以此来保证主数据的时效性以及准确性。除此之外，主数据还涉及关系数据，主要是描述主数据之间的关系，如客户与产品之间的关系、产品与地区之间的关系等。

主数据管理是制定一组规程、技术和解决方案，通过各方面主数据的管理，来保证主数据的完整性、一致性和准确性。主数据管理的典型应用有客户数据管理（Customer Data Integration）和产品数据管理（Product Information Integration）。

通常来说，从 IT 建设的层面进行分析，主数据管理是一个比较复杂的系统，它涉及的面比较广，与企业数据仓库有一定的联系，在技术上也会包括 ETL、EAI、EII 等多个内容，如图 3-2 所示。

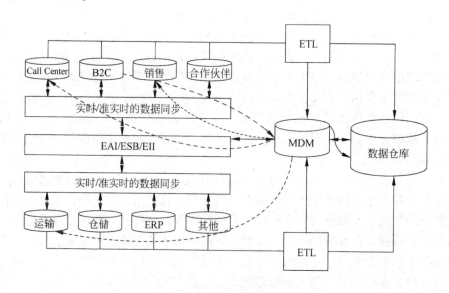

图 3-2　主数据管理的信息流

一个典型的主数据管理的信息流包括：①企业中的某个业务系统，会使得企业主数据发生变动；②主数据需要整合、分析，根据不同的需求分类，然后经过主数据管理系统，再分发给相关的应用系统；③主数据管理系统能够为数据仓库系统提供数据源。

所以，要想设立主数据管理系统，可以从整体的平台框架进行考虑。

下面以客户的主数据为例，列出几种常见的主数据域。

（1）参与方（Party）。这里面涉及的是已经与企业发生业务关系的实体，例如，填写了投保单的参与方。当然，这个参与方也并不是固定的，可以以个人的形式参加，可以以机构的形式参加，也可以以团体的形式参加。从参与方的角度进行考虑，由于企业要开展业务，就需要对他们进行划分，不同的级别、分类，所处的层面是不同的，如 VIP、黑名单等。个人一般都是自己的基本信息，如名称、职业、年龄等；机构就是经过法律的审核，在法律上有备案的组织，可以是政府机构，也可以是商业机构等；团体的种类是比较丰富的，如家庭、兴趣小组等。

（2）参与方在业务中扮演的角色（Party Role）。举个例子，从保险行业的角度进行分析，其中的角色有投保人、被保人、受益人、担保人、核赔人等。

（3）参与方之间的关系（Relationship）。举个例子，这些关系可以是夫妻关系、父子关系、母女关系、上下级关系等。

（4）账户（Account）。账户指的是购买商品的消费者向企业支付资金的一个实体。

（5）地址（Location）。地址指的是参与这个业务的所有参与者的住址，可能是家庭住址，也可能是 E-mail 地址，亦或者是电信联络地址等。

（6）合同（Contract）。合同指的是参与这个业务的双方签订的一个协议。

主数据的显著特点是准确的、集成的，并且是跨部门的，能够在不同的业务部门重复使用数据。

对主数据管理来说，最重要的是管理。主数据管理是不会创建新的数据结构的，不同的是它给企业提供了一种方式，能够合理地管理存储中的数据。在已经存在的这些系统中，主数据管理可以抓住重点，从这些系统中获取信息，创造有价值的内容，还可以为企业供给先进的技术，分析整个企业中的数据。

2. 主数据管理的意义

在主数据管理中，非常关键的四个部分是数据的集成、共享、质量与治理。主数据管理要做的工作就是，在企业各个繁杂的系统中的所有数据中，融合成最核心的主数据，然后再统一地清除数据，与此同时，还能采用统一的服务形式，将完整、一致、高效的主数据分发给企业内需要这些数据的部门，便于这些部门更好地应用数据，投入到企业各个业务系统的工作之中。

通过主数据管理可以将企业中的数据整合在一起，不同类别的数据可以分门别类，在凌乱的系统之间保障主数据的统一，完善数据使它符合企业的需要，还需要增加新的应用，当然，对消费者也需要有充分的了解，以便改善产品，满足消费者的要求。从 IT 建设的层面进行分析，主数据管理能够提高 IT 结构的灵活性，在企业内建立与数据管理相关的标准，灵活地调动企业业务的需求变化。

以客户的主数据为例分析，现在企业大多都会遇到的一个问题是客户主数据的获取，很多的企业费用都是将客户的内容信息分散在不同的部门之中，每个企业内部的业务部门所拥有的客户信息是不完整的，多多少少都有残缺，业务系统没有一个完整的客户信息图，就使得企业不能明确地获知客户的信息，不能正确处理企业与客户的市场行为，这就会导致客户对企业的服务不满意，从而降低了市场的份额。所以对企业来说，建立客户主数据系统的主要原因如下所述。

（1）将企业内部所有的业务系统和渠道的客户信息，还有潜在的客户信息整理融合，能够让业务部门更方便地获取客户信息，对客户有一个直观明确的了解，并且能快速地实现客户信息的清洗工作，创建一个企业的客户信息图。另外，客户主数据管理系统能够整合成一致的信息分发到各个业务部门，这使得企业每个部门所拥有的客户信息是完整一致的。

（2）可以为相关的应用系统提供联机交易支持，提供客户信息的唯一访问入口点，让这些全面、完整的客户信息能够快速地在业务系统内分布，充分地利用数据的价值，为客户提供服务。

（3）实现 SOA 的体系结构。这也就表示在建立客户主数据系统之前，每一个过程中的数据都是被锁定的；而在建立了客户主数据系统之后，各个系统的数据都恢复了自由，并且经过整合被企业重新应用。

（五）数据资产的全生命周期管理

数据资产是指企业及组织拥有或控制的能带来经济利益的数据资源。在大数据时代，企业的数据是能够成为资产的，有一点需要注意的是，并不是所有的数据都具备资产的性质。具体来说，数据资产可能包括以下三个部分：①能够被企业拥有或控制；②能够用货币计量；③能够为企业带来经济利益。

大数据未来的发展趋势之一就是数据资产化，这也就表明从资产的立场进行数据管理工作是有可能的，这推动了数据全方位工作的管理，对于实现数据的变现是极为重要的。数据资产化可以分为两个过程，即数据资产梳理盘点和数据价值评估过程。

数据的内容是不同的，其价值也是不同的，这与其相关性是有一定关系的，而数据相关性又因数据使用者表现出不同。或许，一个数据对这个部门来说没有价值，但是对另一个部门却是意义极为重要的；在某个时间段内没有价值的数据，在另一个时间段是有意义的。

数据资产的管理包括以下六个部分。

（1）接口管理。数据资产的接口管理是与元数据管理模块、数据质量管理模块相对接的，整合各个模块的数据，用于以后的管理工作。

（2）注册管理。这主要是客户在注册信息之后，需要企业审核通过。

（3）变更管理。对已经注册信息的客户，他们可能想要改变自己之前的信息，就需要开展变更维护，并且还要再次审核。

（4）审计管理。清查企业的数据资产，并且需要做好审计工作。

（5）权限管理。并不是所有的户数都可以让用户访问的，有一些隐私的数据是不能随意开放的，这就需要对系统内的相关程序设置权限，保障数据的安全。

（6）统计分析。对于数据资产的变更、审计、访问等内容都可以进行统计分析，根据所分析的结果评估资产。

对数据资产的信息有一个清晰具体的界定，可以维持企业内部知识系统的建设，工作人员从系统中可以更方便地获取资产，使用资产，维持数据分析、开发、运维的自治。数据资产化以后，可以把其收获分享给其他部门，有利于数据的生命周期的自动化管理。

数据资产化趋势就需要进行管理，对数据资产的管理过程其实就是资产全生命周期的管理过程。这个过程需要管理资产，设立资产策略，还需要分析资产的规划、投资、设计、建设、运行、维护、核查、变更、注销的整个过程，这一系列过程需要以数据的安全为基础，满足对数据资产的安全使用，实现数据资产的价值。

对于数据资产全生命周期管理过程可以分为以下四个步骤。

（1）战略规划。在大数据时代，数据战略规划的重要程度日益增加，根据企业内部业务发展的要求，就需要制定一个与数据资产相关的规划以及为消费者服务的战略。这个阶段主要是制定数据资产战略规划以及与这个规划有关的一些活动。

（2）注册入库。根据前一阶段的战略规划，开展数据资产的设计、建设与交付。根据所需要的内容展开分析，还需要满足战略阶段的规范，界定数据资产的结构等，这是资产管理的基本要素。这个阶段主要包括设计数据资产并根据所设计的内容开发资产、注册数据资产以及保护等活动。

（3）运营维护。在数据资产注册入库以后，需要有效地进行管理、监控，以此来保证运营过程中的健康。对资产数据的运营维护涉及的内容也是比较多的，主要有数据资产发布、资产稽核、监控告警、资产评估、资产审计、资产变更等。具体体现为给经过审核的用户提供数据资产，供他们使用；清查数据资产；监控数据资产的使用情况，及时地做好审计记录；全方位、多角度地分析数据资产的整个过程，展开评估，并根据评估结果完善数据资产的开展。

（4）注销报废。销报废阶段所要做的工作就是，将没有作用的资产及时地清除，也就是资产的注销和报废活动。在这个阶段，已经没有效力的资产需要由管理者把资产注销，还需要运营者销毁资产对象。

在数据资产的生命周期中，还应该建立一系列的安全管理措施，以此来保证数据信息的安全。

3.3　大数据技术管理体系

现在已经步入大数据时代，许多新兴的大数据也应运而生，这也为企业提出了新的要求，根据时局的发展将企业做出改变。大数据的规模性、高速性、多样性，也为企业大型数据集合与非传统数据结果的管理带来许多问题，可谓是充满了挑战。许多企业都在致力于提升它们的数据管理技能，扩展数据管理软件的投资组合。这有利于企业的业务流程更趋自动化，将更有价值的数据信息应用在业务系统之中，深入了解业务的操作、流程、客户等信息，提升企业的服务质量。

大数据的体系是从大数据的基础设施、数据的采集、存储、处理、交互展示、应用等方面考虑的，在这之中数据仓库和商业智能与传统数据管理是密不可分的，只需要在之前的基础上，对大数据的系统进行更新即可。另外，除了这些基本的要素之外，大数据技术管理体系还与大数据的事务管理、流程管理相关。并且大数据的技术管理体系与大数据的治理体系是相互联系的，应该把两者结合起来分析。

由企业大数据实践管理层面进行分析，虽然大数据还是处于发展时期的事物，但是有研究表明，有许多的组织和机构都在致力于探索大数据管理。不过这些研究一方面是对现存数据的改善，创建大数据的治理基础；另一方面则是获取新的数据，从 Web 服务器、传感器、社交媒体等不同的渠道来获取新的数据，将传统的数据与新发现的数据融合在一起，便于企业对大数据更好地管理。

由技术实践的角度展开分析，有四分之一的企业已经成功地扩大了现有的数据库，从全面的数据库中管理发展中的大数据量。还有四分之一的企业，利用新的管理和分析多源异构的大数据专用的数据管理平台而位于前列。不过除了这些，更多的企业是加快建设大数据的相关产品，推动了大数据的发展。

企业内部的各个组织和机构也在着力调整它们的技术，以期能够符合新发展的大数据管理。大多数在学习 ETL——数据的抽取、转换和加载来支持数据仓库和报表。这些准备对大数据的分析是有相同点的，也有不同之处。每个组织都在培训自己的工作人员，提升他们团队的整体效率。利用各方面的实践，从大数据中获取有利于自己企业发展的价值信息。

一、数据类型和结构

大数据的来源是十分广泛的，数据的类型也比较复杂。由于数据类型的繁多和数据环境的复杂，这也给数据的处理带来了许多问题。企业大数据战略建设的前提是拥有充足的数据量，这有利于企业扩大服务，提供更多有价值的东西，还有助于对多源异构数据的管理。

1. 结构化数据仍占主导

现在的数据管理中结构化数据占有很大的比例，许多企业都是结构化数据占主导成分。在这些数据中有一个非常明显的现象，这些结构化数据大部分是关系型的，从另一个方面显示出，关系型数据依旧是非常重要的。所以，DBMS、SQL 与其他应用于关系型数据的工具类型和技术对于管理大数据依旧十分重要。

2. 半结构化数据是主要的辅助数据类型

有一些企业的数据的管理并不是十分的明晰，可能混合了多种数据类型，这种情况就组合成半结构化数据。例如，遵循 XML、JSON 和 RSS 标准的文件。恰巧一致的是，这些文件大多是当作消息的一种格式，所以可以认为这些文件是事件数据，它主要是为了辅助大数据。

3. 网络数据

Web 服务器和 Web 应用程序已经应用了许多年，并且现在大数据的主要来源是 Web 数据。虽然很多的企业拥有 Web 数据，但是并没有对此进行管理，其点击流也没有注意。对于大数据管理来说，从 Web 数据的分析和相应的 Web 优化角度着手，是一个极好的契机。网络数据可以认为是结构化数据与半结构化数据中的一种。

4. 社交媒体数据日益增加

网络时代中社交媒体的应用越来越广泛，虽然其兴起的时间并不久，但是其应用却得到年轻用户的广泛欢迎，用户数量与日俱增。现在越来越多的用户都会在社交网络上沟通交流，展开彼此的互动，所以对管理社交数据是势在必行的。社交媒体的应用有很强的互动性质，所以在管理社交数据的过程中，需要加强数据之间的关联。

5. 其他数据开始兴起

随着科学技术的发展，物联网技术得到广泛的应用，还有其他服务的兴起，一些适应时代发展的数据开始兴起，如传感器数据、机器数据、地理空间数据等开始兴起，越来越多的企业都在利用这些数据类型辅助管理大数据。

6. 科学数据和监测数据

这类数据大多是科研机构和政府机构应用得较多。因为不管是哪一种形式的非结构化数据都需要较高的技术，这也就说明在存储管理方面，非结构化大数据的难度更高，比较经典的非结构化数据库的形式有电子邮件等。

二、数据存储管理

大数据其实是由众多数据构成的数据集合，其数量大、结构繁杂、类型多，并且在云计算的数据处理和应用模式的前提下，整合数据，形成资源能力。由于不同的数据，所要采用的大数据存储和管理方式是不同的。最常见的就是分布式文件存储类型的 HDFS 文件系统，在此系统的前提下还可以进行基于 MapReduce 计算框架的分布式文档处理。相对来说，Hadoop 的推广程度比较高，这也是因为 Hadoop 管理大数据方面的成效比较高，成本也较低。除此之外，作为数据类型不可知的文件系统，HDFS 管理也是应用比较广泛的，这部分的数据类型并不确定，可以是结构化的，可以是半结构化的，也可以是非结构化的。

一般来说，结构化数据与半结构化数据采用的存储和管理方式是一致的，一般都是运用 SQL/NoSQL/NewSQL。如果是基于 NoSQL 的存储方式，还需要进行更精细的划分，具体的选型可以借鉴下面的规格。

根据不同的分类标准，NoSQL 数据库有不同的分类方式，最常用的是根据数据存储模型和特点进行的分类方式，具体如下。

按照存储模型可以分为六类，具体来说，分别是列存储、文档存储、key-value、图存储、对象存储、XML 存储，这六类各有自己的独特之处。

（1）列存储。主要代表有 HBase、Cassandra、Hypertable，它的特点是按列存储结构。这种存储方式方便存储结构化和半结构化数据，还有利于数据压缩，针对某一列或某几列的查询具有 IO 优势。

（2）文档存储。主要代表有 MongoDB、CouchDB，它的特点是文档存储一般用类似 JSON（JavaScript Object Notation）的格式存储，并且由名字就可以看出，存储的内容是文档型的，有利于搜索某些文字，实现关系数据库的部分功能。

（3）key-value。主要代表有 Redis、Riak、MemcacheDB、Tokyo Cabinet、Tokyo Tyrant、Voldemort、Scalaris、Berkeley DB，它的特点是能够利用 key 快速查询相应的 value，不需要考虑 value 的存储格式。

（4）图存储。主要代表有 Ne04j、FlockDB，它的特点是图形关系的最佳存储。如果使用关系型数据库存储的话，性能低，而且设计复杂。

（5）对象存储。主要代表有 Db40、Versant，它的特点是利用类似面向对象语言的语法操作数据库，通过对象的方式存取数据。

（6）XML 存储。主要代表有 Berkeley、DB XML、BaseX，它的特点是高效存储 XML 数据，并支持 XML 的内部查询语法，如 xouery、Xpath。

如表 3-1 所示是对存储模型的比较，不同存储模型的特点和性能是不同的，其存储结果也是不同的。从表 3-1 中可以知道，key-value 存储的方式是比较简单的，其性能、扩展性以及灵活性都是比较高的；与 key-value 存储相比，列存储的灵活性要差一点，但其功能多一点；另外，文档存储可以实现关系型数据库中的某些功能。

表 3-1　存储模型比较

	性能	扩展性	灵活性	复杂性	功能
关系型数据库	可变	低	低	适中	关系代数
key-value 存储	高	高	高	低	简单
列存储	高	高	适中	低	较少
文档存储	高	可变（高）	高	低	可变（低）
图数据库	可变	可变	高	高	图论

对于多渠道来源的数据，如果是采用一种存储方式，可能其存储的效果并不明显，无法满足存储需求，这就需要将不同的存储方案融合在一起。这也就说明，底层的存储架构中也许会存在文档存储，主要是用于存储语音、图片等数据，当然，也会包括其他的数据库。

三、数据仓库和商业智能

数据仓库是一个面向主题的、集成的、非易失的且随时间变化的数据集合，用来支持管理人员的决策。在关系型数据库管理系统的前提下，数据仓库平台的地位依旧是不可动摇的。无论是 SMP 架构，还是 MPP 架构，都是数据仓库的基本架构，但是一个大体的趋势是朝着 MPP 架构发展，主要是由于它处理大规模的数据具有很强的优势。

数据库系统作为数据管理手段，从它的诞生开始，就主要用于事务处理。在大数据时代，企业更多地选择分布式数据仓库体系结构。在多负载的大环境下，如果想要改进一个单一的数据仓库，希望通过这种方式让工作更有成效，其实这个想法是比较困难的，执行起来也是困难重重。很多的数据仓库团队觉得，单一的数据仓库平台并没有特别大的作用。他们将传统的重点数据仓库平台保留下来，其他的工作则在另外的平台上完成，这也就充分地实现了数据仓库的价值。

权衡和选择数据仓库的体系结构的一种方法是计算它所支持的工作负载的数量。一般来说，基本的数据仓库大多都能支持最常见的工作负载，也就是那些标准的报告、绩效管理。而面对当今的海量数据，规模繁多的数据则需要更高级的分析以及详细的源数据的工作负载。所以，在高级分析的数据管理前提下，数据仓库的工作负载量大大地提高。

数据仓库按照数据的覆盖范围可以划分为两类，主要是企业级数据仓库（EDW）和部门级数据仓库（通常称为数据集市）。从企业级数据仓库到多平台的分布式数据仓库环境（DWE），这是一个逐步发展的过程。这种数据仓库更注重工作量，使得企业放弃了单一平台的 EDW，慢慢的转向物理分布式数据仓库环境。这也是大数据时代中数据仓库发展的一个趋势。一个现代的 DWE 是多个平台组合而成的，不仅有传统的数据库，还包括新的平台。与此同时，使得信息结果的获取更加准确。

商业智能技术可以为企业提供快速地数据分析的技术和方式，主要包括收集、管理和分析数据，然后把这些数据转变为有价值的内容，再分发给企业的各个部门。

从操作的角度进行分析，在现在 BI、DW、数据管理和分析方面有一个很明显的趋势，那就是向实时增量移动的操作。举个例子，实时操作（BI 和分析）所需要的数据都是最新的，有一点无效的数据都是不行的，数据需要实时更新。为了完成这个目标，普遍能够看到的现象是实时数据融入 EDW。在应用方面，具体的例子是金融交易系统、业务活动监控、电子商务产品推荐等。

在 BI 的范畴之内，由于大数据的推广应用，泛 BI 的概念应运而生，并且在数据化运营比较广泛的企业内越来越被大家所接受。泛 BI 的普及，其实就是把数据分析应用的团队作用降低了，让越来越多的业务部门参与到数据的分析和研究之中，让企业工作人员对业务分析越来越熟悉，并且能够充分地应用数据。为什么会出现泛 BI 呢？其实也是在数据化运营阶段全民都要参与的特征决定的，只不过泛 BI 要比这个阶段更高级一些。在这个阶段，一方面员工需要积极地进行数据分析的具体应用；另一方面还需要他们自己能够开展一些数据分析应用的研究。随着泛 BI 概念的逐渐深入，这也就对数据分析的工作人员提出了新的要求，他们不仅要指导企业的员工应用数据分析，传授相关的知识，还要培养员工积极探索数据分析的精神。

四、数据计算和处理

数据存储管理是一个非常重要的工作，对于大数据的存储管理所采用的方式是不同的，可以采用 HDFS 分布式文件系统的方式，在其上的计算框架一般基于 MapReduce 并行处理，通常以大规模并行处理（MPP）的形式进行高性能数据密集型运算。MapReduce 是一个执行引擎，它能够为多种编程语言编写的手工编码例程供给多线程并行性。在分析中的具体应用程序是现在 Java、Pig、Hive 或 R 例程中编写的程序，然后在对程序进行分析，其次还需要让 MapReduce 以这种方式部署在 HDFS 上层，结果是一个高性能分析应用程序，可以扩展到大量的数据集上。

在大数据环境下，数据处理所针对的内容不仅仅是对数据的查询、统计、分析，还包括数据挖掘、深度学习、社交计算等内容。对数据的查询、统计、分析是比较浅层次上的分析，可以在 SQL/NoSQL/NewSQL 的架构基础上开展数据分析。然而，数据挖掘、深度学习、社交计算等内容属于比较深层次的数据分析。

大数据的种类繁多、数量巨大，对数据处理的实时性要求也是日益增大，所以，如果还是采用之前的存储方式，可能无法满足当前数据的要求。于是，在 Spark 交互式处理平台的前提下，还有类似 Storm、Spark Streaming 的流式处理平台应用越来越广，逐步成为大数据实时计算和处理的主要方式。另外，在处理多数据流和多数据源关联的技术时，复杂事件处理机制 CEP 的普及更广。现在处理实时连续的数据，更多采用流计算技术，并且这种技术的发展极为迅速。

五、数据展示与交互

数据的计算结果需要采用最直观的方式呈现出来，一目了然，很容易被用户理解和接受，这就需要用到大数据的展示技术。曾经的二维报表和图标，以及现在的信息图、GIS 地图、2D/3D 图形渲染/动画，都可以进行交互和展示。与此同时，虚拟现实/增强现实/混合现实（VR/AR/MR）得到越来越广的应用，这些最新的技术受到大家的欢迎。特别是在大数据的教育、旅游、娱乐等领域，运用这些先进的技术，可以取得意想不到的效果，给用户很强的沉浸感。

从大数据技术的发展角度分析，已经产生了一种新的数据技术，也就是大数据的可视化技术。把探索式数据分析与可视化联系在一起，就朝着敏捷可视化的趋势发展。敏捷可视化能够把多种数据源结合分布式存储以及内存存储，可以让用户进行可视化探索，这其中涉及多种可视化的组件，利用这些组件可以把数据之间的关联性放在一起，提高对数据的使用，还能够运用可视化的方法分析数据。在这样的前提下，用户能够按照业务的要求编写业务报告，创设企业的 Dashboard，还可以把数据的结果公布到企业的业务服务器上，在服务器上分析数据的结果。这有利于实现数据的实时交互。

3.4 大数据事务管理、流程管理与易用性管理

计算机日益普及，对于大数据的管理也是越来越重要，本节从大数据的事务管理、流程管理与易用性管理三个方面来概述。

一、大数据事务管理

事务指的是在工作单元执行的一系列操作，这一系列操作需要完全地执行下去，如果中间有停顿，将会导致操作的程序被更改。当然，事务也是并发控制的单位。事务是传统关系型数据库的逻辑工作单位，它是一个程序单元，是用户定义的一组操作序列。一个事务可以认为是一组 SQL 语句，或者是整个程序。

事务的开始与结束会受到相关程序的影响，这两个过程都可以被用户所控制，以此来管理相应的程序。假如说，用户没有定义事务，那就会被数据库系统自动地划分到事务的行列之中。

事务本来就存在着一定的属性，这样可以使得数据按照某种要求执行。人尽皆知，关系数据库中事务的顺利操作需要符合 ACID 特性，也就是原子性（Atomicity）、一致性（Consistency）、隔离性（Isolation）和持久性（Durability）。如果是在比较强的一致性要求中，大数据的属性是无法使用的。面对这种状况，开发了一种新的 BASE 特性，也就是 Basically Available（基本可用）、Soft State（柔性状态）和 Eventually Consistent（最终一

致）。

（一）事务的基本属性

事务的基本属性可以分为四种，即上面描述的原子性、 致性、隔离性和持久性。

1. 事务的原子性

事务的原子性指的是整个事务不能分割，要不就是全部的操作，要不就是都不操作，不能单独地进行。事务的这一属性，即使系统瓦解之后，依旧可以进行操作。在系统瓦解以后，可以把瓦解的数据重新恢复，用来恢复和撤销系统崩溃处于活动状态的事务对数据库的影响，从而保证事务的原子性。如果系统要对磁盘上的数据进行修改，之前的数据也会在磁盘中保留下来。当出现系统瓦解的现象时，可以按照磁盘上数据的记录，确定之前这个事务是什么状况，用这种方法来取消之前所做的修改，亦或者把修改的操作再次执行。

2. 事务的一致性

事务的一致性指的是事务一旦提交生效，会把数据库从一个一致的状态转变到另一个一致的状态。这是需要在一致性原则的前提下，按照一定的逻辑属性操作，如在进行转账的工作中，转账的金额应该是一致的，这是一个必须执行的操作，从这方面也可以看出，事务的一致性与原子性也是存在一定关系的。事务在执行操作的过程中，必须保持一致性，在逻辑上它也不是单独存在的，需要由事务的隔离性来表示。

3. 事务的隔离性

事务的隔离性指的是在事务处理的过程中，事务处理的效果对于其他事物是完全透明的；换个说法，一个事务内部的操作以及使用的数据对其他并发的事务是隔离的，各个执行事务之间是互不影响的。就算是有多个事务并发执行，每个事务也应该像是按串行调度执行一样。其实这个属性也可以认为是可串行性，即系统允许的任何交错操作调度等价于一个串行调度。关于串行调度的含义，指的是每次调度一个事务，这个事务的操作没有完成，不能进行其他的操作，是全部的操作都要完成，才可以进行下一个事务的操作。因为性能属性的原因，需要进行交错操作的调度，然而在某一方面这些交错操作的调度，应该与其串行调度是一致的。

4. 事务的持久性

事务的持久性指的是一旦提交了事务处理，那么事务处理的效果将会永久生效，不管是哪一个机器或系统出现问题，对数据库是没有影响的。例如，自动取款机（ATM）在向客户支付一笔钱时，就不用担心丢失客户的取款记录。事务的持久属性会保证数据库内的信息是一直存在的，就算是系统故障，其数据信息依旧存在。

（二）大数据事务管理机制

一般来说，HBase 和 Cassandra 等 NoSQL 数据库主要提供高可扩展性支持，相应地，在一致性与可用性方面，也会做出一定的舍弃，并且在对传统的 RDBMS 的 ACID 语义、事务支持等方面存在不足。所以，大数据系统的研究人员正在致力于将传统的关系型数据库与 NoSQL 数据库相结合，为事务的顺利执行提供保障。下面用谷歌的 Megastore 数据库来表示大数据的事务管理机制。

Megastore 使用同步复制来达到高可用性和数据的一致性视图。为了完成这个目标，它在 DBMS 和 NoSQL 之间选择了一个适中的内容，双方都可以接受。这就需要对数据进行分区，每个分区都需要进行复制，但是分区与分区之间只确保有限的一致性。

Megastore 的底层数据存储需要依靠 BigTable 的帮助，即在 NoSQL 的前提下完成的，不过有一点要注意的是，和传统的 NoSQL 区分的是，它实现了类似 RDBMS 的数据模型，并且供给数据的强一致性解决方案，还把数据进行细颗粒度的分区，不过这个分区指的是同一个数据中心，其次还需要把数据更新在机房里进行同步复制。除此之外，BigTable 具有一项在相同行/列中存储多个版本带有不同时间戳的数据。因为它的这个属性，使得 Megastore 实现了多版本并发控制 MVCC：当一个事务的多个更新实施时，写入的值会带有这个事务的时间戳。读操作会使用最后一个完全生效事务的时间戳以避免看到不完整的数据。读写操作不相互阻塞，并且读操作在写事务进行中会被隔离。

具体来说，一个事务的完整的生命周期分为以下五个过程。

（1）读。其实指的是从时间戳和最后一个提交事务中获取日志的位置。

（2）应用逻辑。这个方面指的是从 BigTable 服务数据，并且聚集写操作到一个日志的入口。

（3）提交。可以采用分布式同步机制把日志入口加到日志中。

（4）生效。指的是把数据更新到 BigTable 的实体和索引之中。

（5）清理。清除已经没有作用的数据。

如果要实现这类的大数据事务，还需要借助于 MVCC 多版本并发控制和分区的复制机制，所以大数据的事务管理所要考虑的内容应该全面。

二、大数据流程管理

在企业的管理领域，业务流程管理（BPM）的思想从很早之前就已经有了。在 20 世纪 90 年代，美国著名的管理学者、MIT 教授 Michael Hammer 结合前人的结论加上当时的时局，提出了"业务流程重组"和"业务流程改进"的思想，这为企业流程管理作了铺垫。

在 IT 技术领域，业务流程管理并没有一个统一的要求，其内涵也在不断地变化，不管是侧重于哪一个方面，人工交互的工作流系统也好，分散系统之间整合的企业应用集成也好，都认为企业是业务流程产品的提供商。在经过不断地研究和分析之后，Gartner 从各个方面对业务流程管理作了详细的说明，并在此基础上提出要实现企业端到端之间的流程管理。

在企业内都会有对流程的应用，这个流程其实说的是端与端之间的过程，换句话说，产品的制造需要从客户需求端的角度出发，其另一端要符合消费者的要求。要想实现这个管理目标，企业在对流程的管控之中需要有更高的标准。

（1）整个流程之中的产品应该符合工作流的性质，当然还要满足企业级集成能力，对于不同的业务也可以采用一个标准进行集成。在产品的制造过程中，企业还要考虑降低 IT 建设成本，提高生产效率，这要求多个应用系统之间能够共享同一流程产品。有的企业其发展规模比较大，各方面的工作都比较完备，可能会有多个流程产品，但这些产品并不是都具有企业级流程平台的规格，这就需要再次地规划流程平台，让多个流程平台可以同时工作，充分发挥各流程产品的特性。另外，如果一个企业中有好几个开发团队，还需要统一标准。

（2）因为流程产品还具有其他性质，如业务含义和技术实现，所以，很多企业的 IT 部门都有一个要求，那就是业务部门的工作人员可以加入到流程设计与开发的工作之中，来保证流程的运营过程中各方面都是完备的，可以降低业务部门与技术部门之间的沟通成本。与此同时，还可以提升业务人员对产品的体验过程，让业务人员可以熟练地掌握各个操作过程。

（3）为了使业务人员能够更简单地应用流程和维护流程，可以在流程管理平台采用监控图，让业务人员非常直观地发现问题，还可以把业务管理的几个流程统一起来管理，随时观察业务流程的变化情况。

（4）企业为了提高自身的能力，需要改善流程，建立一个改善流程的指标体系，在流程中收集相关的数据，并与其他地数据进行比对，找出问题，并及时解决问题。

在大数据时代，各方面的要求都很高，业务流程管理也是困难重重，这就需要整合多源异构的数据，并且还需要进行大容量、高性能的分析处理要求。特别是在行业的应用管理之中，经过多年的经验，各方面都趋于成熟。所以面向这类行业应用的大数据处理平台，更多的是需要解决海量数据的存储和大规模计算资源及计算任务的管理调度问题。很多情况下各种各样的计算流程构成了行业应用，组织、处理流程就成为非常重要的内容。

在 Hadoop 的生态体系的前提下，还可以供给 Oozie 工作流管理系统。Oozie 工作流运用有向无环图（Directed Acyclic Graph，DAG）去定义工作流程。其中定义了一组动作（如 Hadoop 的 Map/Reduce 作业、Pig 作业、子工作流等），以及动作执行的顺序，可以采用 hPDL 语言叙述有向无环图。

hPDL 是一种非常简明扼要的语言，只能运用少数流程控制和动作节点。控制节点可以控制执行的流程，这个流程是从工作的起点到终点的，当然，还包括控制工作流执行路径的机制。动作节点是一些机制，利用这些机制的工作流可以触碰到其他的执行计算或处理任务。

相对来说，Oozie 是比较高级的流程管理，它只是提供一种多类型作业依赖关系表达方式，并且能够通过这种关系提交作业。Tez 是 Apache 最新的支持 DAG 作业的开源计算框架，它可以将多个有依赖的作业转换为一个作业从而大幅提升 DAG 作业的性能。Tez 在更底层提供了 DAG 编程接口，用户编写程序时直接采用这些接口进行程序设计，这种更底层的编程方式会带来更高的效率。

三、大数据易用性管理

大数据会有很多的流程，从采集到分析再到管理，都离不开易用性的作用，它在整个过程中都有存在。不过大数据的海量性、多样性，也给大数据的易用性带来了许多问题。一方面因为信息化时代的数据繁多，所要分析的数据也众多，这就给数据的分析带来巨大的麻烦，并且分析的结果也不统一，各种各样的结果都存在；另一方面，人们生活的许多方面都有大数据的影子，大数据分析开始应用在各个行业之中。然而在行业方面的分析并不是十分准确，他们并不是专业的数据分析家，只不过是行业的研究人员，在复杂的大数据面前，他们只是初级的使用者。繁杂的分析过程以及无法解释的分析结果，都带来许多无法预料的问题。这两个主要的原因也给大数据的易用性管理带来了巨大的难题。现在众多的学者、专家都在致力于对大数据易用性管理的研究，但是其研究仍比较甚微。按照设计学的理论进行分析，易用性主要体现在三个方面，易见、易学以及易用。想要实现这个目标，具体有以下三大原则。

1. 可视化原则（Visibility）

可视化原则指的是当产品送至用户的手里时，用户大体了解产品应该如何使用，并且其最终的结果也要能够直观地表现出来。不过在以后的发展中，大数据的处理方式以及自动化依旧是个很大的问题。

2. 匹配原则（Mapping）

在人的潜意识中，会根据已经存在的工具去考虑新工具的使用。举个例子，提及数据库，你通常都会想到采用SQL进行查询数据。在设计一个新工具的时候，可以先将之前已经有的经验考虑进去，这会使得新工具的使用更加顺利，这指的就是匹配原则。怎样把已经存在的数据处理方式和新的大数据处理技术联系在一起，就是大数据易用性管理需要着重考虑的事情。

3. 反馈原则（Feedback）

对于一个流程来说，想要保证完整性，就应该考虑反馈的步骤。带有反馈，能够让人们随时地了解自己的工作进度。在大数据领域，关于反馈的研究是比较少的，在大数据时代，可能很多的工具都比较复杂，许多人都不知道如何操作，对于日常用户来说，这些复杂的工具和黑盒子差不多，应用困难，还没有反馈性。假如说在以后的大数据处理中引入人机交互技术，大大提高用户的反馈感，促进了大数据的易用性管理。

符合以上三个原则可以达到良好的易用性。从技术的角度进行分析，可视化、人机交互以及数据起源技术，都可以从自己的层面上提高易用性。

第4章　大数据与企业

大数据战略作为一个国家级的战略，继人力战略、能源战略和资本战略之后出现。人类已经步入了智慧经济时代，也就是所谓的后信息经济时代，但是由于大数据是智慧经济的基础，同时还是新一代信息技术中心最具有颠覆性的存在，拥有着极其强大的变革力量。

4.1　企业面临的挑战

目前时代在不断地变迁中更新换代，不管是否情愿，只有自己能够跟上时代变化的脚步，尽快适应时代的变换才不会被时代所抛弃。无论是针对智慧城市还是智慧企业，无论是物联网还是下一代互联网，甚至是云计算与大数据等一系列的新型理念与新的信息服务方式，这些都逐步进入人们的日常生活当中，成为了当下社会中的热点。

人类面临着这一系列的时代发展，不仅是从事信息服务的企业与电信运营商，甚至是百年老店或创业新秀，只要顺应了信息化时代发展的潮流并跟上其脚步，同时及时地调整且审视企业的商业模式，适时地抓住信息化时代所带来的机遇，只有这样才能适应这种变化趋势的步伐。

一、企业大数据应用现状

（一）企业的发展阶段

企业大数据是否能够确定目标，主要是由企业的发展阶段决定的，制定目标的策略也随着不同的战略阶段在不断地改进当中。在企业的创立初期阶段，其主要设立的目标就是能否生存，因此在这个阶段中，一定要有良好的数据收集，还要建立良好的标准与整合基础，让更多的大数据工作能够在这种模式下，通过自己的招聘或外包渠道才能够将其实现。

当企业到了发展期的阶段时，这个时候已经有了相对稳定的经济支柱来源，可以持续维持企业的发展进程，此时主要的任务就会转向对业务规律的发现，以及管控好发展中所带来的风险，然后通过建立相关的业务模型，同时将其传达给每一个业务部门，是这一时期大数据工作的主要内容，以此来及时发现并剔除风险，使企业能够在目前稳定的状态下正常运转。

然而对于成熟期或衰退期的企业来讲，稳定的经济支柱已经不足以满足他们的需求，此时他们必须找到更多其他的经济来源才行，因此，这个阶段的企业不仅要注意降低并减缓衰退的速度，同时还必须要加强创新意识，特别是通过现有的业务进行创新，有时也可以关联上下游产业进行相应的创新，还可以通过跨行业实施创新。从而可以看出，大数据的工作在此时必须注重打通行业数据孤岛，让数据平台能够顺利搭建起来，并且可以跳出企业的界限实现数据共享合作，让企业在数据价值的帮助下，能够获得更多的业务内容，并逐渐提升企业效益。

目前，大数据的价值被越来越多的企业所重视，同时已经有部分企业开始意识到，通过利用数据决策与数据驱动促进企业的发展，有的正在考虑如何着手实施，而有的则已经开始实施了。只不过对于企业而言，进行大数据实践这条路并没有想象中那么简单，在其中的每一个环节都充满了不同的挑战，并不是那样一帆风顺。

1. 数据挑战

通常情况下，在企业应用大数据实践过程中，来自于其自身所带来的挑战，就是企业首先需要考虑的问题。对于很多企业来说，在他们内部并没有可以使用的数据可言，即便是有那么一部分数据可以被利用，但是却很难将其实现，这样的问题尤为。

2. 缺少数据积累

通常经过了长期的数据规划才能够拥有一定数量的数据累积，但是往往都不是那么称心如意的，在很多企业当中，他们发展时候初期并没有对数据进行任何的规划措施，这种现象尤其是在传统企业中特别明显，从而也不可能有任何数据的累积存在。一般在企业中存在的数据，通常和经营核算中直接相关系的数据之间都存在着严重匮乏的情况，像是财务数据或客户数据，还有相关产品的数据或营销数据等。

目前在某一些行业当中，甚至绝大部分企业并没有使用数字化的存储方式，而只是通过纸质的方式或其他媒介来进行相应的"存储"工作。不仅如此，现在各式各样的存储方式与手段，同样也可能会造成存储格式或标准不能统一化管理，从而会直接导致数据应用受到局限。这种没有任何数据可以应用的现状，让大数据时代的开展陷入了尴尬的局面。

3. 数据孤岛严重

通常在大型企业之中，特别是那些散布了多个业务线的企业，其数据往往都散落在各个不同的部门当中。在这些不同的部门当中，不管是对数据存储的系统或技术，还是对其口径或标准等，同样都会存在着某些程度的差异性，由此一来，就会直接造成在企业内部形成数据孤岛的现象比比皆是。因而在这种情况下，数据碎片或孤岛效应会牵制着企业的发展，让企业大数据工作不能顺利地实施下去。

4. 数据质量差

虽然在有些企业中拥有了部分数据，但是这并不等于说他们能够从这些数据当中体会到其真正的价值所在，由此可见，数据价值的体现完全取决于数据质量的产生。由于在日常中存在着很多客观因素，这些因素使得许多数据都会存在着不同的质量问题，如有时数据记录可能会严重丢失、有时数据存储类型不一致、有时数据位数不能够统一或数据字段为空，也有可能会出现字段值错误等种种问题。此时就算是将数据通过一定的手段进行修复，也不能完整地再现。那些依赖于较低质量的大数据工作，在某种程度上都存在着相当大的风险，不管是在其结论的产生中，还是在其应用中都是一样的。这种现象被称为"垃圾进，垃圾出"。

5. 数据整合困难

对于任何一个业务体系，在将数据进行整合应用之前，都有着适应于自身的数据规范，然而体系内部数据的工作如何开展，这些规范都可以起到怎样有效的指导作用。当牵涉跨业务体系的时候，在企业全局层面中由于缺少对统一顶层规划，从而导致数据进行整合时产生困难，其主要会体现在数据字段的定义或关联项上下不一致，还有在其口径或范围上也存在着不一致的现象，以及对其条件或规则等都有着不一致的情况发生，不仅如此，在数据质量与数据孤岛问题的影响下，给数据整合与管理应用带来极大的不便。

6. 数据来源匮乏

有时面对企业内部数据资源短缺的情况，可以适当地在外面获取相关的数据资源。在目前数据共享的局势下，企业与企业之间是可以自行或通过特定的平台来进行数据的交换或交易，使用这种方式来弥补企业数据中的匮乏现象，从而使其成为一种重要的处理方式之一，除此之外，数据还可以通过包括诸如爬虫抓取等众多方式进行获取。

只不过往往都是通过基于交换或交易来实现绝大多数数据源的获取，但是针对这一范围的数据却少之又少，并且很大一部分都是已经脱敏或进行转换后的，其中有的是模糊数据，而有的则是粗粒度的数据，因此在之后的数据深加工处理或价值提取的过程中就会产生不利的影响，从而导致外部数据价值不能完全发挥其功效。

（二）企业大数据应用方式

通常在企业的运营管理过程中，都会有大量的数据由此产生，然而在网络等之外的环境中，数据更新的速度也是随时变化，而且数据量也随之扩大。企业在选择数据的时候，应当运用怎样的数据进行分析，或者是应该选择怎样的数据产品进行购买并应用，这是在企业发展中首先要考虑到的问题。

（1）一定要明确自己所在行业的核心所在，这一行业最重要的竞争点又是哪一个方面。

（2）一定要从客观的角度去看待自己的企业，找出自己企业存在的优势是什么，同时也要考虑到与同行业或其他行业相比，和他们之间存在的差距又是什么。

（3）一定要对企业未来的发展方向事先作出适当的预测，并确定企业未来的发展目标是什么，当了解了企业未来运作中第一步是先要对管理方法进行改进，还是先要研发新产品，再或者先要注意对客户群体的服务。由此针对实际的分析结果，选择最适合于自身发展进程的那些大数据产品，同时确定实施规划，让企业在逐步应用的过程中顺利发展。

（三）企业大数据应用技术

一般企业都是通过对大数据分析结果的获得，然后根据其改进销售模式，并通过网络来将这一切变为现实，给用户提供一种人性化的服务，但是要使用什么样的网络平台，来实现大数据所带来的管理与销售，以及其服务的变革，都成为了企业中必须慎重分析的因素。像公共的销售服务平台都有着自己的一种运行模式，它们都是通过统一的宣传进行销售，只不过这种形式并不能让企业中的差异化或个性化营销实现，更不能将企业所要体现出来的意图完全展现。

因此，企业必须要建立好自己的网站，同时搭建属于自己独立的销售与服务平台，让企业规划能够更好地且顺利地实施开展。但是对于目前的中国企业来说，能够独立创建网站并开设相应的销售平台的企业并不多见。一直到前两年，根据中国互联网信息中心的统计，在全国企业中也只有41.1%的企业建立了属于自己的独立网站，而只有17.0%的企业建立了商务平台的相关网站。在这其中不仅创建了属于企业自己的网站，而且还建立了销售平台的企业只有13.4%。

（四）企业技术秘密的保护

由于企业应用了大数据之后需要在网络上进行数据传输，以此来获取数据分析的结果，而在这些企业当中，最为核心的机密内容往往都是其中大部分的关键数据，尤其是那些对于新产品研发的相关内容，因此，在企业中至关重要的一部分就是网络的安全性问题。根据中国互联网中心的调查结果显示，35%的企业面临着安全隐患的问题，而49%的企业已经有了相应的安全解决方案，对产品也已经提供了适当的大数据安全性。但是有29%的受访企业，他们认为现在存在的解决方案与产品，并不能顺应大数据并应用其中，甚至有22%的企业还不能够确认。

由上述可以清楚地看到，在将大数据应用到企业中时，第一步要考虑到的就是解决网络安全性的问题，为了防止那些恶意的入侵，构建了坚实牢固的防火墙，在保护了企业网络安全的同时将企业的技术秘密也妥善地保护了起来。

1. 对数据的管理与应用

现今随着时代不断的变迁，数据随着互联网技术的逐步发展也已经随处可见，从而对于这海量且复杂的数据来讲，在企业管理与应用中，也对这些数据的处理能力提升到了一个新的阶段。

然而网络中每天产生的数据，也随着电脑的普及逐渐增长，但是人们对于这些大量的数据的认识，却只是从最小的单位 bit 逐渐衍变到 MB 或 GB，到目前为止也只是 DB 而已。因此针对这些海量的信息，要使用什么样的方式精准地搜集数据，还有要怎么筛选信息，就成了现在企业发展中最为重大的问题，同时对企业来说也是一种无形的挑战。目前，如何让现代企业在这样激烈的竞争中快速且精准地搜集信息，如何对这些信息的真伪作出准确地判断，然后再从这些数据中进行准确无误地筛选，这无疑成为现在企业能否制胜的关键所在。

在大数据中，高增长率成为了其最大的特点之一，同时这一特点也让数据具有了时效性。当千辛万苦地对着大量的数据进行分析的时候，无形当中也可能就会产生大批量的数据，此时，对那些原本存在的数据进行分析就会没有任何意义。因此，必须要从这瞬息万变的数据当中，找准工作的重心，同时作出准确且长远的判断，绝不可以一味地被数据所牵制，这将会成为今后企业在制定经营战略的时候首先要注意的关键问题。

2. 数据的安全与保护

"黑客"这一特殊群体伴随着计算机技术的不断发展也随之出现，从而造成很多电脑病毒也逐渐发展。最开始只有 C-BRAIN，之后又出现了"木马"，还有"熊猫烧香"以及"后门"，再到现今的越南盾，这一系列的电脑病毒愈演愈烈，频频出现，而且传播的速度还非常快，相对目前的技术其破坏力度也是越来越强。目前，面对黑客源源不断的进攻，企业面临的问题之一就是对数据安全的保护。同样，在现今这飞速发展的计算机技术环境中，对于商业机密安全保护的问题，也值得企业深思熟虑一番。

（五）企业是否具备合适的专业人才

由于大数据技术可以算是一种新型的高新技术，但是在企业当中，那些原有的信息技术与管理人才，一般情况都无法完全合乎大数据技术的需求的。但是如果选择由企业来提供相关数据，而采用专业机构来进行分析挖掘，这样就只需要招募极少一部分的专业人员。因为企业要想完成大数据技术实施的各个环节，就必须要有数据科学家与数据架构师，还需要有相应的数据分析师与数据可视化专家，以及相关业务的分析师与研究分析师，同时还要具备各类诸多的专业人员才能顺利实施。

这样一来，企业所需要的人员相对较多，此时就必须要用多种渠道来聚集人才，或者选择从外部招募一批相关技术专业人员，或者通过现有的技术人员进行专业的大数据培训课程。除此之外，还可以通过与高校或科研机构联合办学，以此来定向地培养企业所需求的大数据专业人才，并加以利用。

二、企业竞争力与大数据

针对大数据分析和挖掘，企业不管是在制造业当中，还是在服务业当中，都已经对企业竞争力的提升和重塑有着重要作用与显著成效有着不同程度的实践证实。例如，在客户关注与购买行业分析的精准营销，或者是对于设备运行状态监测与诊断的预防性维修保养所运用的解决方案，再或者是对信息分享的供应链管理协同与大数据驱动的供应链，还有各种创新与优化或控制等，像是对市场的创新，还有对产品的创新等。

虽然，目前大数据的时代早已来临，但是企业对于竞争力分析的基本理论框架，还并没有从根本上发生任何变化。例如，像是波特的企业竞争策略理论，就依旧是一种极为有效的企业竞争策略理论，其中包含了对成本领先与差异化，以及对集中化的理论，尤其是针对差异化竞争策略，其具有着极其广泛的实践指导意义。在企业当中，依然会使用PEST 和 SWOT 矩阵模型，以此来对企业竞争环境与优、劣势进行分析，从而制定出一套适合该企业的战略，同时也提供了有效的理论框架，让企业能够从市场与客户的立场出发，重新审视自身的竞争力。

科特勒的市场营销 4Ps 理论，还有以其为基础发展起来的市场营销策略拓展要素，这些仍旧是大数据供应链用来进行分析或对相应智慧物流体系构建的逻辑起点，其中所谓的4Ps 理论就是指产品与价格、地点与促销，而那些拓展而来的要素则包括有政治与公关，还有就是探查与细分，再有就是优先与定位，以及留住客户与关联营销等诸多方面的因素。要想继续使用现有的理论框架，就必须保持一切要从市场与客户出发的商业理论，同时还要具备足够的延展性才能顺利进行。

目前，大数据不仅能帮助企业预测经济形势，还能够掌握市场的态势，在了解了消费需求的同时提升研发效率，其同时具备了极其强大的商业价值，还提供了一条新的路径来提升企业的竞争力。究竟企业要怎样利用大数据来提升竞争力，那么这里就从企业的决策与成本控制，还有服务体系与产品研发四个方面来进行简单阐述。

（一）企业决策的大数据化

目前，大多数的企业拥有支持决策的系统，以此来辅助决策。但是面对如今海量的数据信息，现有的决策支持系统却只能搜集部分重点数据，在进行过程中所涉及的数据量小，而且数据范围也相对较窄。由于企业信息数字化是作为企业决策大数据的基础存在，其主要是对数据的整理与分析。

那么首先要将企业中所需求的信息数字化采集系统全面更新升级，然后根据各项决策层级的功能，再相应地建立数据采集系统，用横向或纵向再或实时三维模式经数据广泛采集。

其次，企业必须要同时推进决策权力的分散化与前端化，还有其自动化。将多维度数据进行提炼整合之后，从顶层提升决策指标信息含量与科学性。大数据的决策机制不仅能让数据说话，从而减少人为的干扰因素，还能从中提升决策的精准度。

（二）成本控制的大数据化

在当前社会中，很多成本控制系统都被广泛应用，像是在企业的采购或物流中，还有企业存储与生产中，或者是销售等诸多环节中都有运用，只不过在这些系统之间相对的融合度会比较低。因此，企业就必须要针对现有的成本控制系统作出相应的改造升级，从综合方面让大数据成本控制系统更加完善。

首先，为了能够最大限度地描述事物，就应当从成本控制的全过程采集数据，实现信息数字化与数据大量化。

其次，必须要推进成本控制的标准，同时还要控制好机理系统化，以及量化指标，从而实现成本控制的自动化。

最后，建立一个综合的成本控制系统，无论是从原材料的采购，还是一直到产品的生产与运输，以及存储与销售等各个环节，凡是成本控制所能牵涉的环节都有机地结合在一起，从而形成一个综合评价的体系，使其成为成本控制最有利的可靠依据。

（三）服务体系大数据化

目前，由于品牌与服务同样都是企业竞争的核心所在，因而能够直接影响企业的生产与发展，也就是说决定企业能否拥有一个良好的服务体系。然而健全良好的沟通机制，以及联络机制与反馈机制，是优化服务体系尤为重要的部分。因此，必须要分类分析消费者所反馈的信息，同时架起对数据的收集，从中找出服务体系中存在的问题，然后再根据实际情况对症下药，从而提升服务的效率。同时再将服务方案转移到线上，打造一种自动化的服务体系。

（四）产品研发的大数据化

由于研发产品有着相对较高的风险，而大数据刚好能够通过对客户的需求精准分析，以此来降低存在的风险，从而提升产品研发的成功率。针对消费需求进行分析即是产品研发中最重要的环节，而对于数据收集或分类整理与分析利用，这些则是将大数据化应用到研发产品中的重要环节。

在这其中消费者需求信息的主要来源，一般都是来自企业官网中消费者的反馈系统或贴吧，还有论坛或新闻评价体系等，因此，应当着重关注这些收集到的数据，同时还要对它们进行分类整理。由此可见，产品研发大数据化，不仅可以精确分析出消费者的需求，使研发产品的质量与效率有所提升，还能够让企业在这竞争激烈的环境中占据上风。

三、企业大数据中的大智慧

自云计算与物联网出现之后，在 IT 产业中又一颠覆性的新兴技术即是——大数据，其在很多方面都产生了相当大的影响，例如针对国家治理模式当中，或者是对企业的决策与组织或业务方面，还有就是对人们生活方式等都起着影响作用。不仅如此，大数据还能够给各个领域的发展带来机遇，不管是在金融行业，还是在教育行业，或者是医疗行业，甚至是在零售行业等，这也是将企业从粗放经营逐渐转变到现代智慧经营的一个转折点。

其中粗放经营通常指的是将局部信息中收集与分析作为辅助，然后与企业中各级决策与管理人员的经验结合在一起，最后在相对地制定一套适合企业经营策略与措施的一种经营方式。由于这种经营方式在获取信息方面还不算完整，也不全面，更不准确，同时又存在着很多的个人色彩，因此，在这种情况下形成的经营策略与措施，必然还会存在着一定的风险，企业也会因此造成一定的损失。

对于智慧经营来讲，主要是将全系统、全业务和全信息作为一个企业数据工作中重要的指导思想，然后将其中的全局信息进行收集与分析或作为应用的主要核心，科学地、完整地且非常精准地为企业提供决策，同时提供了量化数据的经营方式即为智慧经营。智慧经营利用这些数据制定出了一套相应的经营策略与措施，虽然其中也会存在着一定的风险，但是与粗放经营相比较，其中存在的风险就会相对可控，而且相对可预些。

所谓聪明只不过是表象而已，而智慧才是内在的；聪明可能是天生的，但是智慧却是通过不断积累而形成的。目前是一个随处可见数据的信息时代，聪明在这一时代最突出的表现，就是一个人对于信息的接纳或掌握的程度，而对于智慧来讲，最主要是体现出了一个人对于信息分辨的能力，或能否有效地将其利用。虽然这两个词通常能够反映出大脑对于信息处理的能力，可是其结构却存在着很大的差异。对于聪明，可能也只是用来解决问题，而智慧却远远不止这些。

大数据在如今企业发展的浪潮中，首先突出的即为企业战略大智慧。目前，大数据在企业历经了长期信息化的建设历程之后，已经可以使将数据深入到企业的管理计划与组织，以及领导与控制或创新当中。如今已经是大数据的时代，而能否充分利用好这信息爆棚时期所产生的海量数据，凭借它们来进行管理服务，或者能够利用这些数据创造出更多财富，是企业首要考虑到的问题。利用数据与分析，管理决策不断应运而生，那些凭借经验或直觉来确定企业正确发展方向、制定相应的计划和合理安排企业资源都将成为极为重要的部分。不仅是对企业来讲，还是针对目前大数据时代，同样都具有着重要的意义，其精准度在一定程度上或许可以加快企业的发展。

由于大数据技术的不断发展，促进了企业从原本的粗放经营模式转变到现在的智慧经营。其中对于金融服务领域，通过收集到的客户移动理财中获得的大数据，能够深入认识到在不同领域的花销与节约习惯，从而制定出相对应金融的一套策略。而针对教育领域，可以根据人们在教育方面所获取的各类数据信息，然后以此来确定公共人群是怎样理解教育的，从而有针对性地制定人们所能接受的相关教育的策略。如若是健康领域，那么就可以将每一个人的健康数据分别创建相应的个人电子健康档案，这样一来，不但有助于政府或企业对健康状况有所了解，提前预防各种疾病的突发情况，及早作出相应的应对措施，同时还能够改善个人健康状况，有着连续治疗的便捷之处。但是对于零售领域来讲，通过调查得知，有一部分企业早已通过对大数据的应用，甚至提升了60%以上的营业利润率。

企业战略是企业中的方向与目标，而企业的领导智慧就是为了能够实现目标作出的保证，大数据的利用不仅可以为企业战略提供智慧来源，同样也为领导管理提供了智慧来源。当在大数据或移动网络这一个性化时代，不管是在企业管理或业务流程当中，还是在行政流程上都能将其应用。那么既然创新已经是企业中最主要的生命来源，就不需要企业的员工依然遵循工业时代的规则，就更没有必要去强调之前那种命令式的集中管理，以及那些封闭的层级体系与决策体制。

目前，信息化社会的运作必然是有大数据时代的推进，凭借它不断发展的脚步，人类的信息社会也因而进入了一个新的阶段。在农业社会时期，通常人们都是以土地作为最核心的资源，对于工业时代则转化为能源时代，在现在的新信息社会中这些就变成为数据。能够掌握数据并能够掌握分析数据的方法，就能促进企业大智慧的发展。

四、技术与商业的双重挑战

社会在不断地进步，各式各样的随身设备或物联网与计算机等技术也随之日新月异，不管是人还是物，任何的轨迹都能够被记录下来。而对于移动互联网来说，其节点已经不再是传统的网页，而转化为人。

面对如今这个数据大爆棚的时代，如何将这些数据挖掘出来，就成为了现在技术与商业所面临的双重考验。一部分专业人士认为，虽然说目前看似人们面临的最大挑战是大数据的存储，然而值得一提的是，怎样运用大数据为用户或广大网民服务才是最主要的问题。

（一）大数据的两大难点

大数据在技术层面必须要正视的两大难题是大数据的存储问题和大数据的分析计算。与传统意义的数据相比，大数据从基本概念上就有这不同之处，其主要是针对各类与某一种应用相关的各种数据，将其进行存储与分析或应用为对象，然后就能够得到这些数据聚集之后呈现出来的各项特征，这些特征包括数据存储量快速的增长、数据格式化的多样性，以及有价数据的密度低等。当然，针对这些数据特征就必须有相应的方法来解决，通常都是改进数据存储与数据分析计算的方法，这正是现今大数据在技术层面上所面临的两个关键难题。

（二）大数据的关键

大数据的关键所在就是怎样获取并拥有数据。虽然目前在很多企业当中已经利用大数据建立了针对人或财或物或产，以及供或销诸多方面的管理信息系统，但是这一部分的大数据来源往往还不够，必须同时将企业所在行业的相关信息或竞争对手的信息，以及社会公众对产品的评价信息，甚至主管企业的政府部门的信息全部都纳入到大数据当中，由于大数据必须要具备完整性与相对的准确性，才能够真正地发挥其最大价值。但如今绝大多数企业仍然将眼光专注于自身产生的信息，还并没有转换其思维方式。

另外，企业必须要将原本的思想抛弃，在互联网上找到一些公开的信息渠道，通过它们去搜寻有用的信息，然后再同其他部门进行信息的置换，运用多种形式来获取人数据信息。

（三）大数据与企业的关系

在企业中，大数据是社会责任的一种延伸。而大数据作为国家重大战略之一，必须要每一个企业甚至每一个公民将其落实才可以，特别针对企业来讲。在当代社会中的企业责任，主要是能够为国家大数据战略献上自己的一份微薄之力，而非局限于去解决人员就业、税收创造以及对产品的供给等，同时也不会只是为了能够对大数据进行采集与加工或应用。目前，企业中的大数据主要是能够给企业提供经营模式，同时能转变商业创新模式，还能够间接地帮助国家或社会的发展，为其打下坚实的基础。

4.2　企业大数据的存储与加工

随着大数据时代的不断发展，海量数据逐渐涌来，而针对大数据的存储与加工，对于企业来讲也是至关重要的一部分。

一、企业大数据存储

（一）非结构化数据存储整合

从数字档案馆所建设的过程中通常可以看出，在企业当中任何类别的业务系统都会有一定相对应的数字资源必须要归档，但是在现今的存储系统当中，不管是什么样的业务系统之间都没有关联性存在，由此一来，就导致进行存储的时候相当不容易，目前在绝大多数的企业中都意识到了这一点，同时积极地寻找对信息资源进行整合更合适的方法，而且通常这部分企业都会选择两种方式来解决，一种是利用文件结构应用的 NAS，而另一种则是文件结构应用的 SAN 的整合方法。

许多企业虽然面对现在这种形式下各自为战的存储系统，都在为评估与选择显示信息资源整合寻找最佳的路径，但是很多企业仍然还是只针对以上两种方式来将其实现。

1. 数据整合的驱动因素

能够尽可能减少存储资源的数量，是现在进行存储系统整合中最重要的目的。企业针对存储系统选择了整合的方式，其最主要的目的是希望能够通过这种方式，使其存储资源数量能够减少，但是文件服务系统的规模随着企业应用部署和企业应用中新型扩展需求的不断增加，也在逐渐地增长，因而不但没有减少数量，反而使文件服务器的数量逐渐上升，面对如此庞大的文件服务环境，给系统数字资源的归档和管理带来极为不利的影响，从而造成文件服务环境越来越复杂。

2. 降低管理成本

如何降低管理成本对于如今的企业来讲应该是非常重要的一点，在企业中对于系统的整合，主要就是为了能够将企业中 IT 管理的工作尽量减少。因此，能够很好地将这一操作完成，就可以减少企业中 IT 管理工作人员的工作量，当然，这也是由于相应存储设备的减少，从而使其管理的工作量有所减少。但是，倘若不对企业系统进行相对有效的管理与整合，那么最终必将会随着时间的推移，或者随着系统不断增多的运行数据，系统也会随之不断增长，而产生于系统之中的文件服务器资源，也会跟随其脚步不断累积。不管是对于 IT 管理工作人员，还是对这些资源进行维护的人员，这无疑都是一个相当庞大的负担。因此，要想让处理这些管理任务的 IT 管理工作人员能够减少工作量，就必须要尽量减少相关的存储设备。倘若任由这些系统数据继续增长下去，那么随着时间不断地推移，产生的大量文件服务器资源就随之而来，这样对于 IT 工作人员来说无疑是一种相当大的难题。

3. 经济利益

企业经济利益能够提升，在目前看来，主要是取决于能够实现将存储系统有效整合。将众多系统整合之后形成一个系统的时候，企业不仅能够从中节省不少客观因素的磁盘空间或资金经费，还能够相对节省一部分 IT 成本，而且更关键的是，IT 管理员针对相关系统所进行软硬件更新的花费，以及他们解决相关问题所耗费的时间都能够节省下来，由此一来，如若能够将耗费在数据管理问题的解决方法，还有对软硬件更新问题上所消耗的时间等这些方面有所改善、节约，就可以将企业中一部分运行成本有效地降低，从而使人力资源的利用率能够得以提升，随之自身的竞争力也会逐渐提升。不仅如此，存储系统能否有效实现整合，也会给企业经济利益带来非常大的正面促进作用，从而提升企业工作时间内的工作效率，使其能够因此创造出更多的经济效益。

4. 资产保护

对于资产的保护，同样是实现存储系统整合中另一个关键的因素，它能够促进企业更好地为企业资产提供保障。针对数据来讲，如若只是一味运用备份机制，是不是就能够将其很好地保护起来，是不是就能安全有效地为拥有者控制好，倘若将这些过程从最中央开始，一起进行统一的管理与控制，就可以在很大程度上减少对系统安全的控制，还有所需要进行备份的次数，由此一来，企业就能够将资产完善地保护起来，这就是为其提供保障的必要条件。

（二）结构化数据存储

所谓结构化数据，说白了就是人们日常生活中最熟悉的数据库中的数据，其本身就具有一种有价信息，主要是用现实已经发生事项的关键要素提取。

1. 企业中存在的问题

目前，无论是在各级政府中，还是在各类型的企业当中，他们都拥有自己的一套信息管理系统，随着时间的流逝，越来越多的结构化数据也累积了相当的数量，随之而来的就会出现一些问题，这些问题通常又可以将其分为四种类型。其一，由于历史数据和当前数据是存储在同一个库中，从而导致系统在处理时速度就会越来越慢；其二，要怎样去区分历史数据当前数据的期限；其三，应当采用什么样的方式来存储历史数据；其四，针对那些历史数据，二次增值的问题应当怎样解决。

在这些问题当中，第一个问题与第二个问题其实可以放在一起去解决。因为除了传统的技术架构会导致技术停滞不前，当初创建的系统同样会导致系统速度越来越慢，但是最主要的原因还是由于系统作用的定位无法解决。

如今纵观之前的信息系统的管理与发展，随着目前信息技术的不断更新换代，还有对信息系统领域中的不断细分，也该针对这个问题进行相应的处理，也就是说，可以将管理信息系统从两个方面进行分类，第一类指的是针对当前数据产生的管理信息系统，第二类则是针对历史数据的应用进行的管理信息系统。

经过对一段时间频繁变化数据系统的管理，可以称之为数据生产管理信息系统，在这个阶段内可以通过对数据的增长速度进行相应的界定，就像在银行中的数据，当前生产系统中通常会保留有一年之内的存取款记录。所谓的数据应用管理信息系统，其实指的就是将数据作为处理数据生产管理信息系统的对象，或者可以将其看做成是在进行数据生产管理信息系统时，其各个阶段数据累加存储的一种数据应用系统，它主要被应用在历史数据的查询与统计，以及其分析与挖掘当中。

相对地，也可以将第三个问题与第四个问题放在一起处理。由于目前存在着相当庞大规模的历史数据，而对其相对稳态来讲，不论是在存储与加工处理上，还是对数据生产管理系统，都存在着某些程度的不同思路。结构化数据的存储同非结构化存储的目的是一样的，它们都是为了分析而进行存储的，而且它们都是采用分布式的方式来将其实现。它不仅要实现在海量的数据库中可以快速查询历史数据，同是也要实现在海量数据库中可以进行有价值信息的分析与挖掘。

分布式数据库在数据库技术领域当中，其实就是数据库技术和网络技术结合在一起之后的产物，同是也是这一领域中的一个分支。分布式数据库最早出现在 20 世纪 70 年代中期，而世界上第一个分布式数据库系统 SDD-1 是美国计算机公司在 DEC 计算机上将其实现的。自从 20 世纪 90 年代之后，在商业化应用中就逐渐由分布式数据系统深入其中，传统的关系数据库产品的发展，通常都是将计算机网络还有多任务操作系统作为主要核心，它们成为了分布式数据库的核心产品，与此同时，分布式数据库也逐渐发展为客户机/服务器模式。

2. 分布式数据库系统的特点

一般情况下，分布式数据库系统都会运用体积相对较小的计算机系统，每一台计算机都可以单独地放置在不同的位置，而在每台计算机中，都会存有一份完整的 DBMS 副本，同时它们都拥有自身局部的数据库。这些位于不同地点的计算机，它们之间可以通过网络进行相互连接，然后一同组成一个完整且全局的大型数据库。这一类型的分布式数据库系统，其主要具备了以下五个特点。

（1）物理分布性。也就是说数据存储在多个场地的计算机网络上，并非只是存储在同一个场地上。

（2）逻辑整体性。虽然表面上数据被物理分布到各个场地上，但是从逻辑上看，它们还是属于统一的整体，它们被所有的用户，也就是全局用户所共享，并通过一个主节点统一地进行管理。

（3）它拥有灵活的体系结构，能够适应分布式的管理与控制机构。

（4）必须适当地增加数据的冗余度，以此来提升系统的高可靠性，同时拥有较好的可用性；

（5）拥有较好的可扩展性，这样有利于集成现有的系统。

（三）半结构化数据的存储

所谓的半结构化数据，指的是那些结构中隐含或无规则以及不严谨的自我描述性的数据类型，其介于严格意义上的结构化数据和完全无结构的数据这两者之间，其中关系数据库与对象数据库中的数据属于严格的结构化数据，而像声音或图像文件则属于完全无结构的数据。但是通常半结构化数据会缺乏类型信息，只有在将其有效地存储之后才能够进行相应的索引或查询处理，所以管理起来也会相对便捷，因此，在未来十分重要的一项研究课题即为半结构化数据的存储策略。

近几年，国内外有大量研究机构开始投入到半结构化数据的存储和查询处理中。到现在为止，已经提出且实现了存储这一技术的有文本文件方式、RDB 方式、OODB 方式等。

在这些技术当中，文本文件在存储方式上难度相对较大，是一种在数据进行检索与管理上并不方便的方式；而 RDB 存储方式在进行运算时，其效率会相对较低，就算是一个很简单的查询，其都能产生很大一部分的联结；对于 OODB 存储方式来讲，如若是在实现并不知道数据类型信息的情况下，数据在加载的时候就可能随之会有很高的代价，而且类型一旦发生了变化，就会造成模式更新的代价提升，由于本身的结构化数据就是一种缺乏类型的信息，而且没有固定数据类型与模式，故而其根本就不适合使用在 OODB 这种存储方式上。

二、企业大数据加工

（一）企业数据分析

所谓企业数据分析，其主要指是对企业数据的梳理汇编，然后在这样的基础上再进行分析，之后从中揭示出数据背后所蕴含的各个因素，例如其发展趋势或规律，还有其问题与原因等，最后依据这些来提出相应的对策与建议，或者说它是一种深层次的档案编研材料。在企业中，一个高水平的企业数据分析能为领导提供依据与参考，并建立了企业档案工作与领导决策视野之间的桥梁。

当进行企业数据分析编写时，首先要注意的就是其核心所在，对于数据科学性的分析，就是其核心所在，而数据分析处理除了要将档案作为基础之外，还要遵循几项原则，其中包括全面的与真实的，以及客观的与有效的原则，当然，最重要的一步是应当充分掌握并应用科学的分析方法，以此来让数据分析能够尽量做到深入且准确，应用这种方式了解数据背后隐藏的问题或原因及其趋势，让人们与规律有所认识，让其能够更加靠近真理。

在编写企业数据分析的过程中，最常使用的分析方法一般有对比分析法或趋势分析法，以及结构分析法或综合分析法等。

（二）企业数据挖掘

目前在智能分析技术当中，数据挖掘技术作为最广泛的一个应用，在企业管理方面也产生了巨大的影响，同样在各行各业当中也获得了广泛应用。

1. 金融领域

通常当金融事务在决策时，由于有大量的数据与金融领域息息相关，因此也需要搜集并处理相当数量的数据。此时，数据挖掘技术就能够帮助金融领域的工作者进行数据分析，从而发现其模式与特征，比如能够发现某个客户或消费群体，也可能是组织的金融与商业兴趣，再或者能发现金融市场的变化趋势等诸多问题。因此，对于商业银行的风险管理是至关重要的。

2. 零售领域

通常经数据挖掘应用到零售领域，都会有以下几点作用。

（1）了解销售全局。这是一种对信息进行的分类，一般都是按照商品的种类或销售数量，再或商品的价格或日期等，通过商品的各项信息去了解每一天的运营与财政状况，以此来掌握销售中每一个增长及库存变化的情况，同时可以通过促销来提升销售额。

（2）商品分组布局。通过对顾客购买习惯的分析，针对购买者在商店中走过的线路，还有通常会选择在什么时间或什么地点等，然后判断出什么样的商品可能会被一起买走的概率；同时还可以通过对商品销售种类自身的活跃性分析与关联性分析，再运用主成分分析方法，从而设置商品的最佳结构或商品最佳的摆放位置。

（3）降低库存成本。可以将销售数据与库存数据通过数据挖掘系统集中在一起，然后再利用数据分析去确定各种类型商品不同品种增减的情况，从而保证拥有适当的库存状况。同时数据仓库系统还能够通过电子数据交换，将库存信息与商品销售预测信息直接传送到供应商那边，这样不仅不需要再找商业中介，还能让供应商定期负责补充库存，以此减少零售商自身的负担。

（4）市场和趋势分析。在对数据仓库进行仔细研究的过程中，可以使用数据挖掘工具或统计模型将其实现，通过对顾客购买习惯的分析，还有对广告成功率与其他战略性信息的搜集，从而分析出现行市场与趋势。

（5）有效的商品促销。通常都会通过对一种厂家的商品进行分析，针对其在各个连锁店中的销量，还有客户的反馈信息等数据进行统计，同时分析出其历史状况，从而来判断其销售与广告业务的有效性。

同样地，也可以通过对顾客购买偏好的分析，以此来判断客户商品促销的目标，然后再设计出对应各种商品进行促销的方案，同时根据对商品购买关联分析所得的结果，使用交叉式销售或向上销售的方法，从而将客户的购买力挖掘出来，让商品促销成为现实。

3. 其他领域

在美国运通公司中，就利用了信用卡业务记录进行了数据挖掘，从而制定了一套相对的促销策略——关联结算优惠。相对地，也会有那么一部分销售衣服的商店，会通过之前用户消费记录，对这些不同用户或衣服采取不同的销售手段。而有些商店则会根据地区的不同或衣服尺码的不同，相应地制定不同的折扣；还有一些商店会按照用户的消费额度，去选择不同额度的优惠券寄给客户。

（三）并行处理程序编码

对并行处理程序的编码来讲，其本身就是一项极其复杂的工作，但是随着信息时代的不断发展，技术发挥与来源运动的不断普及，这项相对复杂的工作也随之变得简单起来。人们就可以通过 MapReduce 编程模型来进行编程，然后再将其发布到并行计算机系统上面，从而让大数据能够实现并行处理。这里就针对集群计算的并行架构进行简单的阐述。

一般情况下绝大多数的计算任务都是运用单个计算节点去完成的，其主要包括单处理器与内存，还有高速缓存与本地磁盘等。通常传统的并行化处理应用，其主要都是运用专门的并行计算机去完成的，而这些计算机都有多个处理器与专用硬件。但随着这几年 Web 服务的广泛应用，越来越多的计算都利用成百上千的单个计算节点构成，在这种集群形式上去完成并行处理。倘若将其和那些使用专用硬件的并行计算机作比较，就能够极大地降低硬件上的开销。

所谓的集群计算，指的就是将多个任务分解到多个处理器或多个计算机当中，根据一定的拓扑结构进行相应的求解，也可以说其主要是遵循了"分而治之，以量取胜"的思想进行架构的一种技术。这是一种融时间并行与空间并行为一体的混合应用模式，同样也是在各种并行模式当中能够获得最好效益的一种。

目前，集群计算架构已经被广泛应用，其主要是用来进行天气预报建模或 VLSI 电路的计算机辅助设计，还有一些大型数据库的管理方面或人工智能，以及犯罪控制或国防战略研究等诸多领域中，同时集群计算构架还在不断扩大应用范围。

4.3　大数据对企业的影响

随着大数据不断地发展，在企业中也相继被广泛应用，随之而来的是在各行各业中企业对大数据化的关注，从此踏上了大数据化的道路。不过还是会有那么一部分中小型企业并不以为然，那为什么这些现代的中小型企业必须要走向大数据之路？这条路对企业又有什么样的好处？能给企业未来带来怎样的发展？下面将对此进行简单的阐述。

一、大数据是一种新商品

目前，谷歌搜索还有 Facebook 的帖子，以及微博信息让人们的行为与情绪从细节上去测量就成为了不可或缺的能量。通过对用户行为习惯与喜好的挖掘，就能够从这些极其凌乱繁杂的数据背后，找出可以与用户兴趣与习惯相符的产品与服务，然后就可以有针对性地调整并优化这些产品与服务，从而获得大数据所带来的价值。同时在各行各业中也逐渐凸显出来大数据对其的推动力。

从传统的角度去看，大数据通常会用来形容一个公司其能够创造出来的大量非结构化与半结构化数据，但是现在只要提到大数据，人们就知道它是一种可以解决问题的方法，也就是说，可以通过收集或整理日常生活中各个方面的数据，再对其进行挖掘分析，随之从这些数据当中获得有价值的信息，从而形成一种适用于现代的商业模式。

目前在国内虽然大数据仍然处于初级阶段，但是其不少的商业价值已经很好地展现出来。首先，那些已经应用大数据的公司正站在金矿之上，他们利用数据交易来实现效益的提升；其次，会有很多基于数据挖掘的企业定位角度，从不同的商业模式中应运而生，有的相对侧重于数据的分析，像是一些帮助企业内部进行数据挖掘的公司；有的则会侧重于对其的优化，以此来更精确地帮助企业找到用户，从而降低营销成本，让企业销售率因此有所提升，将利润发挥到最大化。

虽然在未来数据很有可能会成为最大的交易商品，但是大数据并不等于是有极其数量的数据存在，只可以说是数据量大或数据种类多，非标准化数据的价值最大化才是大数据的特征。因此，通过对数据共享以及交叉复用，从中获得最大的数据价值即为大数据的价值所在。目前来看，大数据在未来极有可能会像基础设施一样，有着数据提供方与管理者，还有监管者与数据的交叉复用，这些都可以让大数据变成一个极大的产业。

据数据统计，目前大数据在市场规模中形成了大约有 51 亿美元左右，直到 2017 年这些数据上涨到了 530 亿美元。

能够帮助企业并预测决策，从而找出适合企业生成的产品，是大数据的核心所在。特别是那些制造型企业，决定公司成败的关键就是产品的研发决策。产品是随着需求应运而生的，倘若缺少好的或及时的市场需求，那么企业项目方向就会偏离，这都是会造成产品失败的主要因素。

针对消费类型的产品来讲，由于现在市场是在不断地变化着，如若等到某一类产品流行的时候才想到要研发产品，就是让企业失去先机，因此必须要迎合时代需求的潮流，提前预测出市场趋势，作出相应对策研发产品，是企业特别值得关注的一点。对公司进行调研和市场抽样检查是最传统的一种做法，这种做法不仅会造成较高的成本，速度也会比市场变化慢得多，而且样本数量还会受到局限，因此很难将市场真正的趋势反映出来。同时针对这一点，目前企业通常都会通过大数据将产品未来的趋势提前准确地预测出来。

现如今都是通过虚拟化技术嵌入到社交网站，然后对人们的浏览习惯，还有使用者的身份与上网习惯进行相应的分析，只不过一般这些数据的收集都是服务商在客户不知情的情况下进行的。例如，利用社交平台，根据不同样式或不同颜色等手表，通过这些并不能确定的信息，设计出多种样式的交互动画展现出来，凭借社交平台一定时间内的客户浏览习惯，以及客户的分类信息等来预测手表流行的趋势。最后再根据企业自身的具体情况来研发新产品，同时进行新项目的管理，让新产品能够在最短的时间内进入市场，从而领先竞争，让高盈利可以实现。

二、大数据对企业生产战略的影响

企业是否能够长远健康的发展是企业生产的重要战略，如若运用大数据能够让企业生产战略产生积极的影响，企业管理者就应当特别关注这一点，并积极去探索研究这一方面的内容。

如今是大数据时代信息量增长爆棚的时期，因此，企业发展也在信息化建设的推动下提高了要求，倘若企业允许利用各个方面的信息将其进行整合，再利用大数据对海量数据的包含，就能够更加有利于对企业生产经营作出相应的决策。

目前相关专业人士指出，在中国多数的中小型企业当中，其发展进程依然不规范，而且大都依赖于传统，中小型企业也会因此而导致发展减缓，无法跟上时代的脚步，让改革之路在这种情况下更加艰难。

（一）中小型企业存在的弱点

由于时代在不断的进步，大数据的发展也是日新月异，有一部分专家曾指出，现在国内中小型企业中，相对于大数据方面依然存在着很多问题，其主要弱点有以下三个方面。

1. 数据分析经验不足

虽然对很多企业来讲，他们都知道大数据能为其带来很多的好处，同样他们也希望能通过大数据获得更多有价值的信息。但是对于目前来讲，从市场情况中可以看出，很多国内企业不仅在最基础的资料层面就缺乏严格性，他们买回软件的时候也会忽略是否真能适合其用，而且还存在一些无固定规则且随意性相当强的不详资料等诸多因素，因而造成在分析的过程中，这些现象阻碍了对预期效果的判断，根本就不能完成。

2. 对大数据的利用率低

在现代的企业当中，由于对大数据的利用方面仍然欠缺经验，因此，不管是对一部分单品销售与库存来讲，还是说在其他某些方面，都存在着不同程度的异常现象，特别是很多商品在利用大数据进行分析的过程中，虽然能获得一些有用的价值，但是却不能在企业中应用。与此同时，由于部分中小型企业自身操作出现了问题，却认为是大数据造成的失误，那么就更不会再深入了解挖掘，从而失去了挖掘为企业带来部分有价值的有用信息，如此一来，企业只会在这种现象的误导中恶性循环下去，这严重影响了企业未来的发展进程。

3. 没有意识到大数据的真正价值

根据调查研究得知，目前在很多企业中都已经开始重视对大数据方面的利用，但是很容易就可以看到，这部分企业对大数据的定位十分不准确。一部分企业只是利用大数据来进行销售业务系统的处理，但往往忽略了大数据在决策方面的价值，并没有让管理程度有所上升。

（二）中小型企业的注意要点

由于目前中小型企业并没有真正利用大数据的优势，因此针对这一点，今后中小型企业应当注意以下两点。

1. 注重基础数据

由于大数据的挖掘能够为企业决策提供更有价值的信息，因此大数据分析才能够体现出其价值，然而这些有价值的信息通常都是在一些基础信息中获得的，因此，在输入基础信息时，一定要保持严谨的态度，万万不能将信息输入错误，否则在后期进行决策参考的时候就会导致其结果大受影响。

2. 使用正规的大数据分析软件

虽然目前在市场当中存在着很多大数据分析的相关软件，但是这些软件并不都是好的，也可能会有不好的存在，一个企业如果要能够更好地发展，那么就应该采用正规的大数据分析软件，这样不但有了保障，而且在大数据进行挖掘时获得信息的价值也会相对较高。

（三）大数据对企业影响分析

这里通过对汽车行业利用大数据所带来生产经营中的影响分析，同时将企业内部或外部信息的组成与作用进行研究，从而可以得出企业在未来依赖互联网信息所产生的重要价值。如若在企业内部进行信息化的建设，不仅能让企业的行为更加透明化，同时还促进了生产经营活动，让其能够有条不紊地运行。

虽然对于这方面的企业来讲，销售车辆是其最终要达到的目的，但是生产计划的源头还是用户，只有将这些用户的需求真正地把握住，并通过对其定位生产或销售，将其中的每一个环节都合理布局，同时深入挖掘用户的偏好与他们潜在的需求，让各项信息都能够在大数据背景下进行整合分析，从而满足市场的需求，让企业生产出适应于其需求的产品。汽车行业的企业由于这种自上而下的经营方式，从而决定了信息系统的组织方式与水平，让市场、企业和生产这三个环节之间的信息都可以有条不紊地进行，而且三者之间还起到了相互指导的作用。因而对于企业来讲，也应当适当加强对大数据挖掘人才的培养。

目前，在新时代的科技技术环境中，能够利用大数据等各类信息技术实现自我创新或发展，是现代企业都必须遵循的一种趋势，在传统零售业或国有企业与私有企业当中，以及那些电子商务公司或互联网产业等，它们都积极寻求自身与科技的融合。当前网络销售的优势就在于能将信息采集与分析集为一体，而现在的网购已经成为了消费者习以为常的行为，可以通过网络销售平台让人们获得大量的信息，从而形成了一种消费习惯，对其进行个性化的分析。现在有很大一部分企业都渐渐利用大数据，或者利用互联网来获取消费者的需求，然后再根据他们的需求生产符合消费者行为的商品。

除此之外，针对中国石油公司的分析可以得出，大数据应用的门槛随着云计算等新技术的发展也在逐渐降低，在很多普通的商业机构当中，也会经常将大数据应用其中，并通过其进行相应的决策。通过对大数据的利用，企业不仅从中获得了智能的洞察能力，让企业中各级的决策者都能够感知到市场的变化速度有所提升，还能帮助各级决策者及时有效地做出相应的决策，从而形成更加科学的生产方式。但是由于如今 CRP 概念的兴起，有很多企业已经将 CRP 系统应用其中，针对物流或人流，还有财流或信息流进行继承与管理，目前企业一方面在艰难地完成这一信息化的转型，在另一方面还在组织结构上做出了极大程度的调整，以此来迎合信息化的改造。

三、大数据对企业决策和营销的影响

（一）决策主体从"精英式"过渡到"大众化"

传统意义上的企业营销理论主要包括核心竞争力与定位。所谓的核心竞争力指的是关注客户长期的价值，而定位理论则是将产品或客户的需求作为基础，其主要核心并非是员工与社会公众，而是那些精英式的企业管理层。

广大社会公众与终端用户，随着现今社会化媒体与大事件应用的介入，都成为了数据的创作者与使用者，信息传播的范围与效力也因此更加深远，相对而言，知识的共享与信息的交互被广泛应用其中，然而通过这种形式意见的表达与信息的传递，信息就成为了信息的共同体和利益的共同体。

与此同时，企业进行决策的依据，也在从结构化数据转向非结构化与半结构化以及结构化三者混合的大数据，而大数据技术与处理手段，又能够将看起来杂乱无章或关联性相对较小的数据，转变成服务决策的有效信息。

（二）营销方式从"业务驱动"转向"数据驱动"

一般情况下，传统企业的经营分析都会受到局限，只是应用在一些简单的业务上，或者历史数据的分析基础上，然而这样就对客户需求的变化，或者业务流程的更新等诸多方面都缺乏深入的分析，往往就会造成战略或决策定位极为不准，从而产生相当大的风险。

在如今这个大数据的时代，企业一般都会对大量内部与外部的数据进行收集与分析，然后从中获得一些有价值的信息，之后再对这些信息进行挖掘，就能提前预测市场的需求，从而使企业将这些信息转化成为洞察力，在进行决策分析与判断时就能够更加智能化。或者可以这么认为，企业创新在未来将是以数据作为核心驱动力，能够拥有数据的规模与活性，同时具备对数据收集、分析和利用的能力，就可以确定企业的核心竞争力。

（三）决策过程从"被动式"演变成"预判式"

当前科技在互联经济时代已经向跨领域融合迈进，产业界也因此而变得模糊化，随着市场环境的瞬息万变，各行各业都具有相当数量的结构化与非结构化数据，此时，企业只有不断进行调整并完善自己的商业战略，才能保持竞争力，以此来帮助企业能够更好地预测未来，并且不断提升决策能力，因此，必须要重视对大数据技术的利用，对当前数据进行相应的分析与挖掘，并同时构建采集与筛选、存储与分析和决策的系统，对企业未来业务的发展与客户需求，还有商业机会进行预测并判断，从而制定出一套适合于未来的决策，是企业能够在移动互联网时代的推动下形成核心竞争力的关键所在。

第5章　大数据与云计算

随着科学技术的发展，云计算得到了广泛的应用，云计算的浪潮还没有消退，大数据时代随之而来。大数据的概念在近几年被广泛地提及，并且经常和云计算的概念联系在一起。大家对于云计算与大数据之间的热议从未停止，研究也从未停止。本章主要介绍大数据与云计算的相关内容，先简单讲述了云计算的相关知识，然后分析了云计算与大数据的相关技术，概述了基于云计算的大数据应用。

5.1　云计算概述

云计算出现的频率越来越高，下面就具体地介绍一些云计算相关的内容，进一步说明云计算的定义、特征、部署模式以及基础架构的内容。

一、云计算的定义

近几年，IT 行业最为热门的一个话题莫过于云计算了，它是各大厂商纷纷追逐的对象，大家都在说云计算，到底什么是云计算呢？是不是像科学家预测的那样，云计算或许会给信息产业带来第三次的变革呢？这些都需要亲自地去证明。但是有一点特别肯定的是，云计算的产生正在改变人们的生活方式。

下面就具体来介绍一下云计算的概念，云计算其实是一个比较混乱的概念，大多数人对云计算的理解都是比较模糊的，再加上官方和不同厂商也都有不同的定义，所以，现在云计算都没有一个明确的定义，这也增加了人们理解云计算的难度。并且随着信息技术的不断发展，人们对于云计算的理解也会有新的想法。

云计算（Cloud Computing）这个概念最早是由谷歌提出的，在许多的行业发展中不断地推进。云计算技术涉及许多的内容，通过云计算技术可以快速得到大批量任务的处理结果，这主要是因为使用 1000 台服务器一小时处理信息与使用一台服务器 1000 小时处理信息的花费是差不多的。这种情况在之前的 IT 行业中是从未有过的。

现在经常把云计算的概念划分为两类，一类是狭义的云计算，另一类是广义的云计算。狭义的云计算指的是，IT 基础设施的交付和使用模式，通过网络以按需、易扩展的方式获得所需资源，这些资源指的是硬件、软件类。而提供这些资源的网络则被称为"云"，"云"中的资源特别丰富，好多人都认为其资源是无限使用的，可以随时获取，根据自己的需要去使用资源，可能有的还需要付费。就比如大家在购买水电燃气的时候，也要根据自己的所需进行购买。与此相对应地,广义云计算指的是服务的交付和使用模式,指通过网络以按需、易扩展的方式获得所需的服务。

从实际来说,各个领域对于云计算的概念还没有一个统一的标准。不同的组织和企业对云计算的理解不同,给出的定义也是不同的。

美国国家标准与技术研究院(National Institute of Standards and Technology,NIST)给出的定义:云计算其实是一种模式,采用按需的方式,使网络能够方便地访问云系统中可配置的计算资源共享池,网络、服务器、存储、应用和服务等的资源可以共享使用。同时,它采用最少的管理开销以及与供应商最少的交互,迅速配置、获取或释放资源。另外,云计算的模型有五个必要的特征、三种服务模型和四个部署模型。这五个特征主要指的是自助服务、广泛的网络访问能力、资源池化、服务可度量、弹性扩展;三种服务主要指的是软件即服务 SaaS、平台即服务 PaaS、基础设施即服务 IaaS;四种部署模型主要指的是公有云、私有云、混合云、社区云。

中国云计算网给出的定义:云计算是一种新兴的商业计算模型,它将计算任务分布在大量计算机构成的资源上,并以统一的界面同时向大量用户提供服务。通过云计算,网络资源的提供者可以快速地处理各种各样的信息,实现和超级计算机同样强大的功能。

维基百科给出的定义:云计算是一种基于互联网的计算方式,通过这种方式,可以获取虚拟化资源,用户不需要知道那些支持云计算的基础设施,也不需要拥有和控制。这一系列的运行方式很像是电网,给计算机带来了巨大的变革。其描述了一次基于互联网的新的 IT 服务增加、使用和交付模式,一般来说,会牵涉互联网中虚拟资源的使用情况。从实际情况来说,这只不过是对互联网的一种形象的比喻。主要是因为过去在图中往往用云来表示电信网,经过不断的发展,慢慢地对于互联网和底层基础设施的抽象形容也是用云来表示。对于网络业务的使用,比较经典的提供商都可以供给这个服务,利用浏览器进行访问,并且数据是在服务器上的。最重要的一个因素是,可以让用户得到充分的体验。

有一点需要注意的是,云计算技术得到不断的发展,云计算之间的这些模型也是在相互融合,有时候一个产品可能有两种及以上的类型,对于未来的发展走向是比较不清晰的。

从上面给出的几个定义可以知道,云计算是虚拟化技术、计算模式、效用计算等多个概念的综合体。

二、云计算的特征

云计算技术有以下五大特征,其特征之间也是相互影响、相互作用的。

(一)按需自助服务

用户可以按照自身对于资源的使用情况,采用自助的形式部署资源,而不必和服务供应商交互。例如,配置服务时间和网络存储容量,都可以采用按需自助服务。

(二)广泛的网络访问能力

云计算可以通过网络提供服务能力,这个网络带宽足够并且成本低廉,能够支持各种标准设备接口(如智能手机、笔记本、PAD、电视机顶盒、大型终端等)。

（三）资源池化

给用户提供服务需要有资源的支撑，云计算提供商的资源被池化，以便以多用户租用模式被所有用户使用，并且资源池中的任何一个资源都是可以更换的，按照用户的需求将不同的物理资源和虚拟资源动态分配。用户对于资源的具体位置是不清楚的，但可以指定其上一层的大概的一个位置。

（四）服务可度量

云计算资源池中的软硬件资源，其中的资源都是可以共享的，大家都可以根据自己的情况选择资源，还可以被动地扩展和配置，最终供给用户需求。云中的资源是很丰富的，而用户对于资源的使用也并不全是免费的，有一些资源需要付费使用，这需要用户根据自身的实际情况来决定，付费的等级不同，所获得的服务能力也是不同的。

（五）弹性扩展

云计算具有快速可弹性的分配能力，云计算可以根据用户的规模、使用量、需求增加云中相应的资源，使得资源的规模可以根据需要扩大。用户在使用资源的过程中，不需要管理，可以根据用户规模变化的需要，来自动地提供更多的资源满足要求。对于用户来说，他们可以获取无穷的资源，并且随时都可以购买资源。

三、云计算部署模式

按照服务面向的对象，可以把云计算的部署模式分为四类，即公有云、私有云、社区云和混合云。

公有云是由云业务提供商构建并所有的，在公司的安全范围内进行部署，为所有具备网络接入能力的人和系统提供服务。公有云所有业务供外界用户使用，用户可以进行付费购买资源。

私有云是由云业务提供商构建并所有的，在提供商内部的安全领域、系统内分支机构使用的云架构体系内进行部署，是在一个封闭的环境内进行的，其所有的服务是不给外部用户使用的，所以，私有云的服务范围很明确，只给指定范围内的人员提供服务。私有云可在企业数据中心的防火墙内进行安排，也可以在安全的场所进行部署，所以私有云的部署比较适合具有众多分支机构的大型企业或政府部门，能够保证资源的可控性、安全性。

社区云指的是利用多个提供商提供的软硬件基础设施、网络以及软件服务等，根据一定的协议进行资源共享的系统。社区云可以为多个组织提供服务，不仅可以提供场外服务，还可以提供场内服务。

混合云指的是两个或两个以上私有云或公有云形成的组合，这个组合能够完成数据的可移植性。混合云也就是将私有云和公有云混合在一起，它可以把部分业务负载透明地分流到其他云上进行处理。混合云既可以提供公共互联网对外服务，也可以提供企业内部服务。

四、云计算的基础架构

(一) 体系架构

由云计算的特征可以知道，云计算能够根据需要提供弹性资源，综合现在对云计算的研究，以及云计算安全联盟对云计算体系架构的概述，可以将云计算的体系结构划分为三个部分，即核心服务层、服务管理层和用户访问接口层。

核心服务层能够把硬件基础设施、软件运行环境、应用程序抽象成服务，这些服务都是经常被大家使用的，比较可靠，规模也比较大，能够符合大家各种各样的需求。服务管理层是辅助核心服务层的，为其提供帮助，以此来保证核心服务的资源更加安全可靠。用户访问接口层能够实现端到云的访问，可以带来更多的服务。

(二) 核心服务层

云计算的核心服务层是体系架构最重要的部分，一般可以划分为三个层面，也就是软件即服务层（SaaS）、平台即服务层（PaaS）、基础设施即服务层（IaaS）。

1. 软件即服务层

这个概念在很久之前就被提出，甚至比云计算的时间都要早，只不过没有引起研究学家的注意。不过也有人表示，在未来的发展中，云计算都要依靠软件即服务。SaaS 将应用程序当作服务供给用户，指的就是软件即服务。这个模式的云服务是在一定的云基础上运作的，由软件提供者供给应用程序。这些应用程序可以被各种各样的客户端访问，如可以在浏览器上访问，也可以在手机客户端上访问。用户是不需要直接管理最底层的设施的，最底层云基础设施有网络、服务器、存储设备等。实际上，软件即服务层，用户被局限在固定的程序之中。从这个层面进行分析，用户的限制性很多，自由性很少，最经典的提供 SaaS 服务的厂商有 SuccessFactors、Salesforce 等。

2. 平台即服务层

PaaS 能够对开发环境抽象封装和有效服务负载封装，这就可以完成系统的有效服务负载均衡，也就是指的平台即服务。PaaS 主要的作用就是把一些应用程序，利用资源的固定编程语言安排在云的基础设施上。当然，对于这些应用程序，用户是可以进行指挥的，也可以进行管理。许多的平台即服务提供商在大多数情况下都不希望开发者与底层硬件直接通信，可以采取两种手段进行，一种方式是利用权限来控制开发者，让其停止在开发平台这一步；还有一种方式是可以给开发者提供一些功能受限的 API 接口。这个比较经典的平台有谷歌 App Engine（GAE）、Microsoft Azure Services Platform 等。

3. 基础设施即服务层

IaaS 将基础的存储和计算能力当作规范的服务供给用户，换句话说，将基础设施当作服务。这个模式主要采用的是处理、存储其他计算资源的云服务，用户可以在上面随意地布置软件，包括操作系统和应用程序。基础设施层是整个云计算体系架构的最底层，这个平台需要在虚拟平台的基础上架构，让用户可以根据自己的实际情况付费来使用资源和存储空间等服务。采用这种方式，不仅简化了过程，还可以节约资本。用户是不可能直接地控制云计算基础设施的，但是可以控制操作系统和部署的相关应用程序。还有一些研究专家为了获得自由度，他们把基础设施即服务这一层又划分为三个子层，即计算资源子层、数据存储资源子层和通信资源子层。现在这个服务层主要是利用虚拟化技术完成操作，比较经典的平台有 Amazon EC2、Rackspace Cloud Servers 等。

(三) 服务管理层

服务管理层先要给核心服务层提供服务，保障核心服务层的资源安全、可靠，服务管理的主要内容有质量的服务和对安全的管理等。云计算能够提供这一类的服务，但是云计算的规模比较人且结构太过丁繁琐，对丁用户的服务质量要求很难达到符合的标准。所以云计算提供商就需要与用户进行商议，经过两者的协商，达成一致的协议，并签订服务水平协议。如果服务商所提供的服务没有达到协议中的标准时，用户可以要求服务商进行赔偿。

除此之外，对于用户来说，他们最关心的问题莫过于数据的安全性。然而云计算数据中心所采用的资源集中式管理方式却存在一定的风险问题，如在数据中心的数据遇到突发事件、黑客攻击以及病毒入侵等，其数据就可能会泄露出去。现在科学技术的迅速发展，必须保证云计算环境下的数据安全，这是非常重要的，可以增强安全与隐私保护技术。

一般来说，云计算服务商都是采用一些方式来保证用户使用的云计算服务是安全的，例如，云计算安全法规、云计算安全技术、云计算安全审计等。现在有许多的云计算安全的知名组织，如云计算联盟、云计算安全联盟、开放数据中心联盟等。

服务质量保证、安全管理是非常重要的，除此之外，服务管理层还包括许多其他的内容，如资源监控、计费管理、技术支持等，服务商也可以从这些方面具体管理，保障云计算的灵活运行。

(四) 用户访问接口层

用户访问接口实现了云计算服务的泛在访问，具体可以采用以下几个形式来执行，如命令行、Web 服务、Web 门户等，前两个形式可以为终端设备提供应用程序开发接口，还可以将好几种服务整合在一起。而 Web 门户却是另外一种形式，利用这种形式，云计算能够把用户在桌面上的一些应用程序转移到互联网上去，这就给用户带来了极大的方便，无论在什么时候、什么地点，用户都可以在浏览器上访问数据，从而提高了工作效率。即使用户能够利用访问接口非常方便地使用云计算服务，但是也会带来一定的问题，因为不同的云计算服务商所提供的接口标准是不一致的，也就给用户数据在不同云计算服务商之间转换带来了问题。有鉴于此，在 Intel、Sun 和 Cisco 等公司的提倡下，成立了云计算互操作论坛，致力于开放一致的云计算接口，在现实的环境下，不同企业之间也可以实现协同服务。

5.2　云计算与大数据的相关技术

大数据与一些比较具体的技术是相关的，而云计算所面向的不是某一项具体的技术，而是比较偏向于一种技术。下面具体来介绍一些云计算与大数据的关系，以及与此相关的技术。

一、云计算与大数据

(一) 大数据是信息技术发展的必然阶段

现在信息技术发展迅速，由这些技术的发展趋势可以预测，全球化的今天，每个国家和经济实体，都会致力于研究数据科学，在不久的将来，数据科学将成为非常重要的一门学科，许多的领域都需要数据科学的帮助，这门学科已经覆盖所有与数据相关的范围，并且其框架在纵向和横向上越来越清晰。

在纵向上，从出现文字、图像的时候算起，慢慢发展到以数学作为主要内容的学科，然后再发展到计算机为主的时代，还有就是云计算、物联网、互联网的今天，在不断的发展中都离不开一个核心点，也就是数据。现在的数据，已经不再是过去狭窄的数值，而是对人类文明成果的记载。

在横向上，数据科学也不是单独地发展，而是与其他的学科紧密地联系在一起，并推动了其他学科的发展，各个学科之间的联系越来越密切，各个领域之间建立了一种新型关系，让条理变得更加清晰。

正是因为在纵向上、横向上的这种扩展，让数据在数量、容量和质量方面都有了新的突破，不再是过去稍有增多就受限制的情况，并且普遍都有加速的趋势，生活的方方面面都有大数据的影子，让大家真正地了解到大数据时代离我们越来越近。为什么会产生这种现象？主要还是信息技术飞速发展的结果。

也就是说，在发展中终将会遇到大数据的问题，这是必须要经历的过程。

(二) 云计算等新兴信息技术正在真正地落地和实施

现在国内云计算与大数据技术的应用越来越广泛，其市场的发展也是初具规模。根据调查信息分析可知，在企业的用户中已经有 67.5% 的用户都承认云服务，并且开始应用云服务，有一些用户觉得效果还不错，就会在企业内部的平台上进行使用。其市场规模也在逐步地扩大，许多市场领域都有云计算的影子，在以后的发展中，云计算的扩展领域将会更广泛。

现在，不仅仅是新兴产业中可以看到云计算和大数据技术的存在，在许多的传统产业中也可以看到云计算和大数据技术的使用，并且企业对此的重视度越来越高，政府也给予一定的政策支持。分析一下国家的市场就会发现，在许多互联网企业、社交网站、媒体、电子商务等领域都需要应用云计算。与此同时，政府予以强大的支持，不仅仅是政策上得到了支持，也给企业投入了许多的资金帮助，如国家重大项目资金、政府引导型基金，行业和领域的规模迅速地发展起来。在这个背景之下，传统行业对于云计算的应用也越来越广泛，只不过范围比较少，目前只是在硬件建设和资源服务层面使用较多，真正应用的领域还是比较少的。

在许多重要的领域，迫于发展的要求，许多方面都需要做出改变。可以发现，这种情况慢慢地变得要比原来好一些，一方面有一些企业为了满足自身业务的发展需要，需要一些新的技术来解决大数据处理方面的问题；另一方面经济的发展速度在逐步地提高，其市场环境也在改变，很多的企业都需要提高自身的竞争力，这就要把数据重视起来，挖掘数据，发现有价值的内容。另外，现在信息技术的发展促进了新兴企业的进步，也推动了大数据处理技术的发展。从这些方面可以看出，在未来的市场中，大数据处理技术的应用非常广阔，企业将越来越重视对数据的应用。

（三）云计算等新兴技术是解决大数据问题的核心

云计算等新兴技术出现之初，主要是为了解决原有信息技术的高成本和高含量的问题。因为这个问题，让许多企业无法使用信息技术。但是云计算解决了这个问题，云计算的迅速普及解决了之前高成本和高含量的问题，但是这也会出现一个问题，那就是数据到处传播，影响极坏、数量大、价值低等问题，间接地推动了大数据的产生。只要解决了大数据的问题，才可以让云计算等新兴技术得到良好的应用。具体来说，怎么解决这个问题，采用什么技术、什么方式都是需要慎重思考的。

想要解决大数据问题，首先要做的就是对大数据源头进行整治。由于云计算等新兴技术的推动才产生了大数据，当然，之前的一些新兴技术也会保留下来。云计算的低成本、按需分配等特点，在大数据中却是不合适的。例如，低成本这个特点，在大数据问题上就变成数据产生的成本低和数据处理的成本高。其实说的就是，大量的普遍存在的低成本、低价值密度的数据多集中在平台上，这不仅使成本变得很高，在处理技术上也变得更难，而且泛在化倾向变得越来越严重。

对于泛在化倾向变得越来越严重，其实指的就是这个问题本身是全链条、全领域的增速共生事件，就需要换个方式来解决这个问题，如果只是使用简单的单向处理技术是没有用的，在数据分裂面前毫无作用。这也表示出，低成本的复制、可扩展的弹性等原则，不仅仅是云计算最基本的方式，也可以解决大数据问题，这都是有效的措施。如果进行更深层次的分析，云计算等先进的技术，最主要的职能就是迅速地、便捷地、廉价地处理数据问题，所以，谁引起的麻烦谁去解决这个思维是正确的，尤其是在互联网产业信息爆炸的情况，这个方式的应用越来越广泛。所以，在云计算等新兴技术逐步覆盖的情况下，解决大数据问题是非常关键的。

二、相关技术

（一）一致性哈希算法

麻省理工学院在早些年提出了一致性哈希算法（Consistent Hashing），最初的设计目标是处理因特网中的热点问题，其最初的目的和共用地址冗余协议（CARP）比较相似。这种算法修正了 CARP 应用的简单哈希算法带来的问题，使得分布式哈希表（DHT）能够在 P2P 环境中得到真正的使用，现在一致性哈希算法的应用越来越广泛，尤其是在缓存（Cache）系统中。

1. 基本场景

举个例子，有 N 个 Cache 服务器（后面简称 Cache），怎么才能把一个对象（Object）映射到 N 个 Cache 上呢？有很大的可能性会使用下面的通用方法计算 Object 的 Hash 值，然后均匀地映射到 N 个 Cache，映射公式为 Hash(Object) %N。

在正常的运作情况下，还需要考虑另外两种情况。

（1）一个 Cache 服务器 M 宕机了（在实际应用中必须要考虑这种情况），这样所有映射到 M 的对象都会失效，怎么办呢？需要将 M 从 Cache 中移除，这时候 Cache 是 $N-1$ 台，映射公式变成了 Hash(Object) %$(N-1)$。

（2）因为访问过多，需要添加 Cache，这时候 Cache 是 $N+1$ 台，映射公式变成了 Hash(Object) %$(N+1)$。

以上这些代表着在刹那之间几乎所有的 Cache 都失效了，对于服务器来说，这是一场非常大的损害，直接冲垮了后台的服务器。

除了上述的两种情况，还需要考虑另外一种情况，因为硬件能力变得很强，若对后面添加的节点增加工作量，显然上面的 Hash 算法也做不到。可以采取什么样的方法来改变这个情况呢？其实就是一致性哈希算法。

2. Hash 算法和单调性

单调性其实指的是假若已经有一些内容通过哈希分派到了相应的缓冲中，又有新的缓冲加入到系统中，那么哈希的结果可以保证原来已经分配的内容映射到新的缓冲系统中，不用担心会映射到之前的缓冲系统中。

可以知道，上面的简单 Hash 算法 Hash(Object) %N 难以符合单调性的要求。

3. 一致性哈希算法的原理

一致性哈希是 Hash 算法的一种，也可以说，在移除或添加一个 Cache 时，它能够尽可能小地改变已存在的 Key 映射关系，最大程度上满足单调性的要求。具体可以从下面五个步骤来介绍一致性哈希算法的原理。

（1）环形 Hash 空间。一般来说，Hash 算法都是将变量（Value）映射到一个 32 位的 Key 值，即 $0 \sim 2^{32}-1$ 的数值空间，可以将这个空间想象成一个首（0）尾（$2^{32}-1$）相接的圆环。

（2）把对象映射到 Hash 空间。在这一步骤中可以考虑四个对象，也就是 Object1 ~ Object4，利用 Hash 函数计算出的 Hash 值 Key 在环上的分布。

Hash（Object1）= Key1；

Hash（Object2）= Key2；

Hash（Object3）= Key3；

Hash（Object4）= Key4；

（3）把 Cache 映射到 Hash 空间。Consistent Hashing 的基本思想就是将对象 Cache 都映射到同一个 Hash 数值空间中，并且使用相同的 Hash 算法。

假设当前有 A、B 和 C 共 3 台 Cache，那么其映射结果将如图 5-1 所示，它们在 Hash 空间中以对应的 Hash 值排列。

Hash（CacheA）= KeyA；

Hash（CacheB）= KeyB；

Hash（CacheC）= KeyC；

讲到这个地方，可以稍微说一下 Cache 的

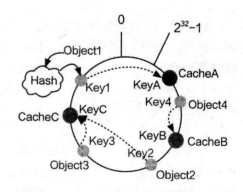

图 5-1　Cache 和对象的 Key 值分布

Hash 计算，采用普通的方法可以将 Cache 机器的 IP 地址或机器名作为 Hash 输入。

（4）把对象映射到 Cache。现在 Cache 和对象都已经通过同一个 Hash 算法映射到 Hash 数值空间中了，之后所要做的事情就是怎么样把对象映射到 Cache 上面了。

在这么一个环形空间中，假如要沿着顺时针方向从对象的 Key 值出发，直到遇见一个 Cache，那么就将该对象存储在这个 Cache 上，因为对象和 Cache 的 Hash 值是固定的，所以这个 Cache 必然是唯一的和确定的。

依然继续上面的例子，那么根据上面的方法，对象 Object1 将被存储到 CacheA 上，Object2 和 Object3 对应到 CacheC，Objcct4 对应到 CacheB。

（5）考察 Cache 的变动。在前面已经介绍过，通过 Hash 求余的方法带来的最大问题就在于不能满足单调性，当 Cache 有所变动时，Cache 会失效，会给服务器带来严重的灾难，现在就来分析一下 Consistent Hashing 算法。

1）移除 Cache。考虑假设 CacheB 挂掉了，按照上面讲到的映射方法，这时受影响的将仅是那些沿 CacheB 逆时针遍历直到下一个 Cache（CacheC）之间的对象，即是本来映射到 CacheB 上的那些对象。因此这里仅需要变动对象 Object4，将其重新映射到 CacheC 上即可，如图 5-2 所示。

2）添加 Cache。再考虑添加一台新的 CacheD 的情况，假设在这个环形 Hash 空间中，CacheD 被映射在对象 Object2 和 Object3 之间。这时受影响的将仅是那些沿 CacheD 逆时针遍历直到下一个 Cache（CacheB）之间的对象（它们本来也是映射到 CacheC 上对象的一部分），将这些对象重新映射到 CacheD 上即可。因此这里仅需要变动对象 Object2，将其重新映射到 CacheD 上，如图 5-3 所示。

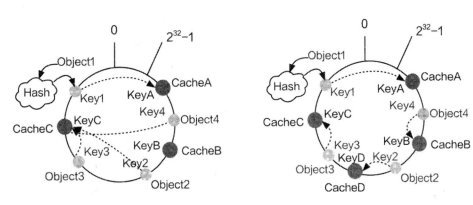

图 5-2　CacheB 被移除后的 Cache 映射　　　图 5-3　添加 CacheD 后的映射关系

4. 虚拟节点

考查衡量 Hash 算法的另外一个指标是平衡性。平衡性指的是哈希的结果可以最大程度地分布到所有的缓冲之中，这样也就充分地利用了缓冲空间。

虽然 Hash 算法具有平衡性，但不是绝对的平衡，如果 Cache 较少的话，对象并不能被均匀地映射到 Cache 上，例如在上面的例子中，仅部署 CacheA 和 CacheC 的情况下，在四个对象中，CacheA 仅存储了 Object1，而 CacheC 则存储了 Object2、Object3 和 Object4，分布是很不均衡的。

为了解决这种情况，Consistent Hashing 引入了"虚拟节点"的概念。虚拟节点（Virtual Node）是实际节点在 Hash 空间的复制品（Replica），一个实际节点对应了若干个虚拟节点，这个对应个数也称为复制个数。虚拟节点在 Hash 空间中以 Hash 值排列。仍以仅部署 CacheA 和 CacheC 的情况为例，在图 5-2 中已经看到，Cache 分布并不均匀。现在引入虚拟节点，并设置复制个数为 2，这就意味着一共会存在 4 个虚拟节点：CacheA1、代表了 CacheA 的 CacheA2、CacheC1、代表了 CacheC 的 CacheC2。假设一种比较理想的情况，如图 5-4 所示。

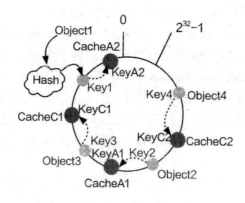

图 5-4　引入虚拟节点后的映射关系

此时，对象到虚拟节点的映射关系为：

Object1->CacheA2；

Object2->CacheA1；

Object3->CacheC1；

Object4->CacheC2；

因此对象 Object1 和 Object2 都被映射到了 CacheA 上，而 Object3 和 Object4 映射到了 CacheC 上，大大提高了平衡性。

引入虚拟节点后，映射关系就从 {对象->节点} 转换成了 {对象->虚拟节点}，查询物体所在 Cache 时的映射关系如图 5-5 所示。

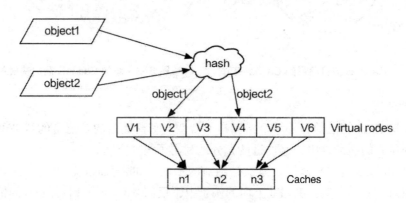

图 5-5　查询对象所在 Cache

虚拟节点的 Hash 计算可以采用对应节点的 IP 地址加数字后缀的方式。

例如，假设 CacheA 的 IP 地址为 202.168.14.241。引入虚拟节点前，计算 CacheA 的 Hash 值：Hash 202.168.14.241；引入虚拟节点后，计算虚拟节点 CacheA1 和 CacheA2 的 Hash 值：

Hash 202.168.14.241#1; //cacheA1

IIash 202.168.14.241#2; //cacheA2

（二）非关系型数据库

1. 关系型数据库的局限性

当互联网 Web2.0 网站开始应用时，非关系型数据库的应用越来越广，并且日益受到欢迎，这一类的产品发展也极为迅速。但是传统的关系型数据库有很多的问题，特别是在 Web2.0 网站的应用中，面对超大规模的网站，关系型数据库好像就变得无能为力，具体如下所述。

（1）高性能对数据库高并发读写的需求。Web2.0 网站可以按照用户的信息需求来随时地提供信息，将各种各样的信息实时供给用户，这些信息都是动态的，不能采用静态化技术，所以，数据库的并发负载特别高，有时候每秒都要完成上万次的读写请求。面对这种情况，关系型数据库是非常吃力的，它可以稍微地支撑每秒上万次的 SQL 查询，但是对于上万次的写数据，几乎是做不到的。对于普通的 BBS 网站来说，因为用户的需求中也会存在对高并发写数据的需求，所以，这对于数据库来说是很平常的事情。

（2）高效存储对海量数据的高效率存储和访问的需求。有一些 SNS 网站每天都会产生非常多的动态信息，用户的访问量也非常高，如 Facebook、Friendfeed。现在以 Friendfeed 为例，对这些数据进行具体的介绍，Friendfeed 一个月的用户信息就达到了 2.5 亿条，如果采用关系型数据库查询信息和大海捞针差不多，效率非常低。

（3）高可扩展性和高可利用性对数据库的高可扩展性和高可用性的需求。在 Web 架构的前提下，有一个比较难完成的工作，那就是将数据库横向扩展。现在的人们每天获取各种各样的信息，如果系统的用户量和访问量越来越多，那么数据库是很难保证其负载能力的。特别是现在一些网站需要 24 小时提供服务，想要对数据库进行更新和扩展，就需要中断服务，这就会给一些用户造成麻烦，那怎么样才能使数据库可以不断地添加服务器节点来实现扩展呢？

2. 非关系型数据库

对数据越来越多的要求，关系型数据库对于众多应用的支持好像显得力不从心，为了解决这种情况，就出现了非关系型数据库，特别是最近几年出现了形形色色的非关系型数据库，多到让人感觉迷乱，尤其是键值数据库（Key-Value Store DB）。在 2014 年，有不少的 NoSQL 数据库展现在众人的眼前，如 Redis、TokyoCabinet、Cassandra、Voldemort、MongoDB 等。

这些 NoSQL 数据库是采用不同方式编写的，有的是用 C/C++，有的是用 Java，这些程序都有自己的优势，具体可以将 NoSQL 数据划分为三类。

（1）满足极高读写性能需求的 Key-Value 数据库。高性能 Key-Value 数据库的主要特点是拥有极高的并发读写性能，如 Redis、TokyoCabinet、Flare，这三个主要都是采用 C 编写的，在性能方面是比较卓越的，当然除此之外还有自己的优点。

（2）满足海量存储需求和访问需求的面向文档的数据库。在面向文档的数据库中，他们所要做的并不是高性能读写的问题，而是要存储巨量的信息，并且还可以供用户迅速地查询。MongoDB 是用 C++ 开发的，而 CouchDB 则是 Erlang 开发的。

（3）满足高可扩展性和可用性的面向分布式计算的数据库。面向 Scale 能力的数据库比较特殊，和上面的两种数据比较不同，它必须是一个分布式的数据库系统，由各个节点上的数据库共同组成一个服务系统，并且按照这个服务系统的能力来提供上网服务，还可以根据变化来扩展，例如，能够不间断地增添数据节点，也可以删除数据节点等。所以，像 Cassandra 常常被看成是一个开源版本的谷歌 BigTable 的替代品，Cassandra 和 Voldemort 都是用 Java 开发的。

3. 非关系型数据库的优势

软件即服务采用租赁的手段，可以给用户供给服务，在资金和人才比较匮乏的企业中可以采用一些方式节约资本，加快信息化的速度，如购买 SaaS 的账号是一个还不错的方式。虽然，目前软件即服务的使用还不高，相信以后会普及得越来越广的。

对于软件提供商来说，他们在设计 SaaS 平台的最初阶段遇到的问题会很多，他们所做的是服务平台，并不是一个软件的应用，所以，就会带来很大的数据压力。然而数据压力的体现是多方面的，一方面体现在海量的数据并发性大；另一方面对可扩展性的需求也是越来越大。因为供应商提供的服务较多，企业的数据量势必会增大。对于可扩展性的需求，其实指的是企业提供的个性化需求越来越大，其需求当然会增多，由此也可以看出软件即服务平台的特色之处。

（三）集群高速通信标准

云计算系统有很多结构，集群结构是其中之一，在集群结构中通常都是采用消息传递机制传递数据，在传统的集群系统内，影响集群计算能力高低的主要原因是网络通信的快慢，因为网络通信的速度是不一定的，因此提出了一个理念，那就是用计算来换取通信。随着信息技术的迅速发展，其集群的规模也变得越来越大，为了满足当前对数据的要求，高速的通信网络是必须的。面对这种情况，有一款高速的集群通信协议应运而生，并受到广泛的关注，那就是 InfiniBand。

InfiniBand 是工业界的顶级公司所拥有的系统，它的功能非常强大，可以给互联网基础设施 I/O 互联的体系结构提供支持。其执行委员会众多，具体的有 Compaq、Dell、Intel、Microsoft 等，其行业协会的总成员一共不超过 220 个。InfiniBand 被主要的 OEM 服务器生产商所支持，用来作为下一代服务器的 I/O 互联标准，是第一个高性能的计算机内部 I/O 互联方式得到延伸的工业标准。InfiniBand 不仅可以供给计算机主板互联的处理方式，还可以给高速带宽提供标准，InfiniBand 是唯一可以同时提供这些服务的应用。InfiniBand 有自己的特征，和其他所不同的是，它是先由行业协会制定的标准，然后根据标准由厂家制造的设备，每个厂家对产品的要求不同，其侧重点也就不同，这就会让 InfiniBand 产品的性价比更高。

InfiniBand 是一种新型的互联技术，是经过两个规范整合而成的，也就是 FutureIO 和 NGIO 两个规范整合而成，它把复杂的系统与 CPU、内存分隔开，使 I/O 子系统独立，采用基于包交换的高速串行链路和可扩展的高速交换网络替代共享总线结构，提供了高带宽、低延迟、可扩展的 I/O 互联。

InfiniBand 的功能比较强大，一方面可以当作系统内部的互联技术；另一方面可以当作网络的互联技术。不仅如此，还可以建构高性能的服务器。

5.3　基于云计算的大数据应用

互联网的发展不断有新的应用和概念诞生，其中云计算和大数据得到了研究者的重点关注，并引起了广泛的研究热潮。基于云计算的大数据应用主要指的就是物联网，本节主要介绍了云计算与物联网的管理、云计算和物联网的融合应用以及物联网与大数据的相关内容。

一、云计算与物联网的关系

云计算推动了物联网的发展，是物联网发展的前提，云计算主要从两个方面推动了物联网的实现。

一方面实现物联网这个技术的关键是云计算，在云计算的模式下能够实现物联网技术，完成实时动态管理。物联网可以将许多新技术应用在许多领域，如射频识别技术、传感技术、纳米技术等，把各个物体连接起来，并且能够采用无线网络把各种信息快速地传递到计算机，并交由计算机分析、处理。在构建物联网的过程中，需要包括三个方面的内容：①传感器等电子元器件；②传输的通道，比如电信网；③高效的、动态的、可以大规模扩展的技术资源处理能力。其中第三个方面主要是通过云计算模式来完成的。

另一方面云计算能够推动物联网和互联网的相互融合，由此创建了智慧地球。重视物联网和互联网的整合，使其智能化趋向于更安全、更深入。想要实现更深层次的发展，还需要更加高效的技术资源处理能力，云计算能够帮助实现这一目标。与此同时，云计算的创新型服务交付模式也在逐步地完善，让整个过程可以变得更简单，用户选择自己所需的数据单击支付即可，这也推动了物联网与互联网之间的融合，加快了创新性商业模式的运作。

将云计算与物联网联系在一起，两者相互影响、相互促进，可以推动许多应用的发展。物联网主要是由四个要素组成，即感应识别、网络传输、管理服务和综合应用。在这四个组成内容中，有两个都需要在云计算的辅助下实现，尤其是"管理服务"这一内容。因为在各个组成内容中，数据量比较多，规模也较大，经过分析使用云计算能够节省很多的成本，比较实惠。

二、云计算和物联网的融合应用

（一）在智能交通和智能物流中的应用

1. 智能交通

现代城市发展得非常迅速，车辆越来越多，交通问题也越来越严重。城市车辆的增多，对于交通管理部门来说，调和人、车、路三者之间的关系变得越来越重要。想要保证道路的畅通无阻，就需要采取有效的措施来控制交通。

智能交通主要指的是利用电子计算机技术、电子技术和现代通信技术，可以自动地检测道路、车辆的"健康状况"，来保障道路交通的安全，采用这种方式能够缓解道路紧张的问题，避免交通事故的出现。

在应用智能交通的时候会出现以下的一些问题。

（1）信息孤岛。很长时间以来，中国交通行业在管理上都划分为很多个管理部门。各个部门之间都是互不联系、独立的个体，在公路、水运、铁路、航空、城市道路管理等多个系统之间形成了信息孤岛。

（2）系统集成度低，信息共享不畅。每个系统都有自己的特点，在系统架构、数据库设计以及系统管理等方面都有差异，这些系统之间都可以互相操作，并且彼此之间的数据信息都是共享的，在建设智能交通系统的过程中，没有一个一致的标准，水平比较低。

采用云计算技术能够很快地处理上述问题。首先，在云计算技术的帮助下可以解决智能交通物联网海量信息存储的需求，还有对海量数据计算的问题。其次，在云计算技术下建构的平台可以实现各个系统之间的资源共享，用户可以在这个平台上获取交通的路线，从而消除信息孤岛的问题。与此同时，因为平台是一致的，能够解决系统集成度低的问题。

一个比较经典的智能交通系统由多个部分组成，如 GPS 定位系统、移动车载终端、无线网络和 ITS 管理系统。

车载终端其实指的是车辆监控管理系统的前端设备，主要由控制器模块、卫星定位接收模块、无线模块及视频图像处理设备等几个部分组合而成。

车载终端利用卫星定位接收模块来观察具体的道路信息，将道路的基本信息、车辆的基本信息传递给用户。

微控制器主要是双方之间进行信息的互动，这主要是在 GPS 与监控中心之间的互动。一个完整的智能交通系统主要包括以下内容。

（1）包括采集数据内容。主要是采集车辆所处的位置以及视频信息。

（2）包括传输部门。主要指的是传输数据的道路。

（3）包括 ITS 管理系统。

2. 智能物流

在物流领域中，中国的发展是比较晚的，但是规模比较大，从整体上来说发展很快。中国的物流总数在逐年地增长，其物流总额的增长率也在逐步地提高。虽然中国的智能物流发展比较迅速，各方面都在逐步地推广中，但是中国智能物流产业仍处于最初的发展阶段，并且在物联网领域也只是处于起步时期，与其他发达国家的智能物流产业相比，中国的物流产业还是有所欠缺。根据调查分析，中国大约有 90% 的物流公共信息平台还是比较孤立的，并且在物流相关的软件和应用中，与国外相比是比较落后的。

现在智能物流应用在许多领域，如钢铁、医学、汽车、粮食等都应用得比较广泛。智能物流系统在汽车行业和粮食领域的应用极为频繁，并且还可以推动家电行业的发展，将各种各样的物流信息融合在一起，解决资源浪费的问题。

随着云计算技术的迅速发展，物联网技术也得到了迅速发展，物联网应用在物流领域也在逐渐地发展起来。中国"十一五"规划和 2009 年初出台的《物流业调整和振兴规划》给物流领域的物联网应用带来了巨大的支持。当时预测在未来的 10～20 年里，中国 RFID 产业中将会超过一半的份额是在物流领域产生的，在以后的智能物流领域中，可以看到多种物联网技术的存在。

在物流领域肯定是需要进行物流配送的，物流配送将所有的功能都包含其中，就是一个比较小范围的物流活动。物流配送主要包括备货、储存、分拣及配货、配装和配送运输的工作。通过这一系列的步骤可以把货物送给用户。客户需要什么就配送什么。所以，在对物流进行中转的过程中，就需要注意这一点，这可以让物流配送中心成为一个非常重要的管理中心。

（二）在智慧医疗中的应用

1. 智慧医疗的理念与内容

智慧医疗卫生其实就是能够更好地为人民服务，体现了"以患者为中心""以居民为根本"和"以行政为支撑"的医疗卫生理念，利用更深入、更全民的技术来完成居民和医务人员之间的沟通，构建一个全方位的医疗服务体系。智慧医疗卫生需要给小区的居民构建个人的健康档案，利用物联网技术，将已经有的卫生信息资源融合在一起，使其医疗系统更加完善。

智慧医疗卫生领域主要体现在以下四个内容。

（1）对于医疗机构的智慧内容。物联网技术的应用越来越广，给医疗机构带来很大的帮助，研制出许多先进的医疗机构，还可以利用物联网来共享信息。在建立了个人的电子病历以后，借助先进的技术可以共享这些信息，便于医务人员跨机构地了解病人的基本情况。然后综合各种医学专家的知识，应用人工智能等手段来帮助医务人员完成就诊工作，能够更好地保证病人的安全，还能提高医疗质量。

（2）对于公共卫生机构的智慧内容。在公共卫生机构方面，可以快速应急指挥响应。卫生应急指挥系统可以将急救一体化系统、现代血站信息系统，采用相互的技术将系统的资源整合在一起，这时就可以采用一些高科技手段，如 GPS 卫星定位技术、传感技术、计算机技术、现代通信技术等，能够完成对卫生突发事件的营救。

（3）对于公众的智慧内容。随处都可以了解到的全生命周期自我健康医疗服务，让城市任何一个地方的居民，都可以运用高科技来享受"一站式"的医疗服务。这从根本上能够解决居民"看病难，就医贵"的难题，帮助人们更好地关注自身健康。

（4）对于卫生局的智慧内容。智慧医疗卫生领域还有一项比较重要的是，其一系列过程都是经过仔细管理的，在分析之后进行科学的决策，然后优化管理，采集丰富的真实数据，为卫生局对全市的医疗规范、健康教育宣传、突发公共卫生事件的救援等提供帮助。

2. 智慧医疗总体架构

对于智慧医疗卫生信息平台的建设可以分为两个内容进行，其一是智慧云服务平台的建设，其二是智慧云数据中心的建设。而对智慧云服务平台建设的主要内容有基础信息库、目录资源、共享资源等基本信息；对于智慧云数据中心的建设，主要是对基础服务的实现，应保障医疗、卫生、管理三个方面的服务。智慧云服务平台是一体化平台，将城市的医疗信息整合在一起，给医疗卫生行业提供帮助，以备危机之需，实现了城市医疗卫生机构的相互沟通，为居民提供了更高质量的服务，提高医护人员的工作效率。智慧云服务平台能够供给统一的基础服务，来为居民创建个人档案，在电子病历上都有居民的个人信息，实现智慧云服务。在这个平台上可以完成对数据的采集和互换，建立智慧医疗数据中心，实现信息的共享。

智慧医疗卫生在网络方面比较敏感，这就需要许多不同的传感器和传感网关的支持，以此来保证医疗卫生资源的收集，具体可以划分为以下三类。

（1）政府用户。其智能终端有移动通信设备、PDA、摄像机。

（2）医疗机构用户。其智能终端设备有移动通信设备、PDA，还有标签类的终端。

（3）居民用户。其智能终端主要有通信设备、PDA、GPS，其他包括耳麦、衬衫、短裤、运动检测传感器等。

3. 远程医疗监护与日常保健预防系统

在智慧医疗的应用中还需要有远程医疗监护与日常保健预防系统，这主要指的是采用网络将远处的居民的生理档案传递到监控中心，由专家结合那些信息和现在的情况进行分析，给出相应的诊断意见。这个系统包含健康监护服务的全过程，对于监护服务平台的管理、健康预警、用药跟踪、健康干预、健康在线指导、健康数据智能实时分析以及家庭成员提醒。

此系统的主要功能如下所述。

（1）全程监控服务平台。居民用户可以在这个平台上查询自己的健康档案，了解自己的基本信息。

（2）健康预警。监控平台上会有个人信息的一些数据，针对病患的身体状况，以及已经存在的病历分析数据，如果病人的身体出现情况就会发出预警，给医护人员以警示，要迅速地查看病人病情。另外，系统还会根据监控平台提供的信息对病人的身体进行检查，举个例子，当病人在房间内突然倒下以后，要迅速地查看病人的血压、脉搏，系统会给出信息让医护人员去确认。

（3）用药跟踪。对于一些情况比较特殊的病患来说，对于他们的药品，要经过严格把关，采用高科技手段对用药情况进行跟踪。

（4）健康干预。对于医护人员来说，他们需要根据系统发出的信息监护病患的数据信息，并针对这些信息展开分析，如果有特殊的情况，可以利用网络媒介向家属告知病患的身体情况。不同的患者其自身情况不同，所采用的监护也不同，可以按照病人的身体情况制定合适的管理系统。

（5）健康在线指导。医院内的医护人员可以通过网络媒介，给患者及其家人指导一些健康的知识。

（6）健康数据智能实时分析。结合个人的健康信息，在分析之前数据的基础上选择有用的信息，再加上对数据的实时监控，让系统根据现在的医学模型给出个人健康状况的评判。

（7）家庭成员提醒。有一些病患可能自理能力比较差、无法照顾自己，需要被他人照顾，如果出现这种情况，智慧的监控系统将患者与其家人的基本信息联系在一起，系统可以自动地提醒病患的家人，并且还为患者的家人提供一些智能化的服务，如提醒他们要及时地复诊和一些注意事项等，根据这些提醒，系统能够给患者提供仔细的照顾，帮助其更快地恢复病情。

三、物联网与大数据

（一）物联网与大数据的关系

物联网技术发展比较迅速，其下的新兴产业也是应运而生，尤其是在大数据的推动下，物联网受到大家越来越多的关注，并且经过一些研究专家的分析，物联网与大数据之间的关系密不可分。

（1）物联网是在云计算以及互联网技术的推动下兴起的技术，由此会展现出互联网的一些特征，促进大数据的发展。

（2）物联网在逐步的发展中出现了大数据。

（3）大数据的海量性、规模性，给物联网的发展提供了资源，有利于物联网产业的出现。

（4）物联网发展至多功能阶段时，产生了移动智能终端，这个模式也是大数据环境下物联网的应用。

（5）在创建智慧城市的过程中，所使用的技术首要就是物联网，在应用的过程中也可以实现物联网的价值。

由上可知，物联网与大数据之间是密不可分、相互作用的，物联网产业的迅速发展，有利于大数据时代的到来。

（二）大数据与物联网的结合方式

想要将各种事物都联系在一起，这就需要运用物联网技术，将万事万物都联系在一起，有利于人与人之间的沟通和人与物之间的沟通。物联网技术把世界连接成一个网，这个网具体怎么实现其价值，需要借助大数据技术的帮助，让物联网更加充实，也让大家能够顺利地交流、共享信息。在《互联网进化论》一书中指出，互联网在逐步地更新完善，其未来的发展可能将同人的大脑差不多，也是具有互联网虚拟感觉、虚拟运动、虚拟中枢、虚拟记忆的神经系统，并根据想象描绘出一幅互联网虚拟大脑结构图，如图 5-6 所示。

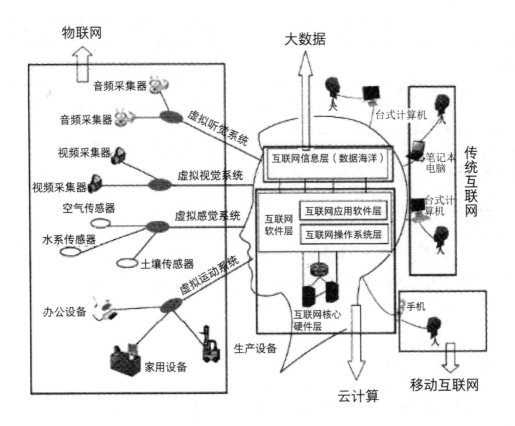

图 5-6　互联网虚拟大脑结构图

从图 5-6 中可以看出，可以认为物联网是一个人的感知器官，它能够让每个器官都单独地感受外部的世界，也能够综合起来感知外部的世界。大数据技术就好比人的大脑，它能够整理融合各种信息，把物联网采集来的各种信息思维整合在一起，综合地进行分析和处理，然后再把最后的结构反馈给物联网。在物联网上采集的信息数据量非常大，但是大数据可以解决这个问题。

大数据与物联网是怎么结合的呢？具体采用了以下三个方式。

1. 单中心的多终端方式

单中心的多终端方式主要是在范围比较小的各个物联网终端，在处理数据的过程中需要遵照云中心的数据进行，终端所获取的信息和数据都需要云中心处理与存储，云中心在处理完毕以后会给操作者一个页面供其查看。像这一类的应用有很多，如现在小区以及家里设置的监控摄像、对公共设施的保护等，都需要借助这类信息的帮助。这一种应用的云中心能够供给海量的信息，满足大家的日常所需。

2. 多中心的大量终端方式

现在有许多的企事业单位没有分布在一起，在区域上有很大的跨度，这种情况就比较适合多中心的大量终端方式。例如，一个企业可能跨多个地区，甚至是多个国家，就涉及很多的分公司，对各个公司的生产流程都需要监控。当然，有一些数据信息需要快速地共享给其他客户端的人员，及时地了解各方面的信息，也可以采用这种方式进行。例如，如果北京地震中心检测到某地将要发生地震，采用这种方式快速地将信息传递出去，能够避免许多不必要的伤害。而且中国联通的"互联云"思想也是在这个启发之下提出的。还有一些比较特殊的情况，如一些机密的数据，企业需要对此安全地保管，还要保证它的正常应用。

3. 信息、应用分层处理的海量终端方式

这种方式比较适合应用在范围较广、信息种类比较多的情况。现在用户可能并不是那么需要处理丰富的信息，面对这种状况，可以按照用户的要求来作调整。

如果有很多的数据需要传送，并且对安全性没有那么多的要求，像视频数据、游戏数据这一类的信息，都可以采用本地云中心处理的方式；如果是对计算要求比较高的，数据的量没有那么多，可以放置在高端运算的云中心里；如果是对安全有很高要求的数据，需要放在具有灾备功能的云中心里。

根据研究专家的分析预测，到 2035 年前后中国的物联网终端将达到数千亿个。物联网的应用越来越广泛，所要面对的问题也是亟待解决的，尤其是物联网的信息安全问题，其实也是大数据的安全问题。所以，物联网对于数据的处理就是大数据处理，保证物联网的安全，也是保证大数据的安全。

第6章 大数据与云安全

如今只要提到大数据，随之就会想到云计算技术。随着大数据时代的不断发展，云计算技术在能够实现 IT 资源的自动化管理与配置的同时，还可以降低 IT 管理的复杂性，并从而让资源的利用效率有所提升；而那些大规模的数据承载或计算，以及数据挖掘等问题主要都是由大数据技术来进行解决的。相对来讲，云计算主要是一种数据存储，或者说是一种计算能力，而大数据却是一种对数据知识的挑战，通常计算都是需要数据来实现其效率，从而通过计算体现出数据的价值。

目前，大数据与云计算结合在一起，着实是现在时代发展的一种必然趋势。因此，本章将针对大数据下的云安全来进行简单阐述。

6.1 大数据的信息安全策略

随着信息化时代的不断推进，大数据也随之被广泛应用，虽然目前人们对大数据都很认可，也十分注重其重要性，但是随之而来的数据缺失对大数据安全产生的隐患，着实给大数据的应用带来了很多问题与挑战。在目前的网络大环境中，不可避免会面对网络安全的问题。不管数据是被黑客监听或盗取，或者是通过恶意代码进行破坏，最后面临的都是安全体系应当怎样建立的问题。

一、大数据信息安全体系建设

（一）大数据信息安全现状

所谓的信息安全管理体系，也就是组织围绕其信息安全目标所采取的管理方法与手段构成的一种体系。通常美国的信息安全体系标准 BS 7779，是各个企业传统上用来进行构建信息安全管理体系的参考依据，这时利用一系列活动来构建信息安全体系的，其主要包括有：确定管理的范围与制定安全方针，还需要明确管理职责，同时在风险评估的基础上选择要控制的目标和控制的措施等。

由于建立在云平台基础上的大数据安全体系本身就具有极大的复杂性，因此并不能完全根据传统标准进行，所以在建立安全管理体系的时候，只可以参照传统的标准，然后再根据实际情况建立相应的管理框架，同时部署其相应的管理策略。对于大数据系统中的安全技术与安全管理来说，它们同样都是在大数据安全体系中存在的有机组成部分，两者之间存在着密切的联系且相辅相成，从而它的安全管理体系框架通常可以根据其安全技术体系框架来建立。

在如今的网络世界当中，黑客或木马还有网络水军与非法网站充斥其中，用户信息也越来越频繁地被它们所偷取，大量的服务器都遭受着严重的攻击。传统的网络防御技术，随着网络攻击技术的不断更新换代与多元化，已经不能再对现今新型的攻击方式进行防御。像那些受到 0day 攻击的案例也在逐年增长当中，而 APT 的攻击方式也随之越来越趋向复杂化，不仅如此，也有很多采取多种攻击并用的方式。

随着现代科技的不断发展，网络 IP 化、IPv6、云计算和物联网等新型技术的飞速发展与应用，给信息安全带来了相当程度的挑战。特别是针对运营商网络，相对来讲这一类网络虽然网络规模大，但网络中的漏洞却很多，这样一来就很容易会受到严重的攻击。国家安全部门在过去的几年里，每一年都能够在运营商网络中发现大量的木马非法置入。根据各种现象说明，中国目前最需要更新的安全体系就是对其维护网络安全与公正。

在目前的网络企业当中，他们普遍都将大数据定义为数据量数据类型，甚至会复杂到在一定的合理时间之内，其不能够通过当前的主流数据库管理软件，将其生成、获取、传输和存储，以及对其进行相应的处理与管理，还有分析挖掘与应用决策与销毁等一系列大型数据集。

数据量相对较大、数据类型繁多、数据价值密度较低和数据处理速度非常快，这四项就是大数据具备的 4V 特征。这些特征在大数据进行计算或分析的过程中，是绝对不能够被忽视的。由于大数据这些固有的特征存在，这对于如今不管是安全标准还是安全体系架构上，或者是安全机制等诸多方面，同样都提出了全新的挑战。目前面对大数据已经有了高效隐私方面的保护，相对高效且轻量级的数据加密也已经研究了多年，虽然这些方法已经被应用在大数据加密当中，但是通过加密之后的数据并不具备可用性。因此，能够保留数据可用性的非密码学的隐私保护方法，也由此而获得了广泛的研究与应用。

这些方法不仅能够进行探究隐私泄漏的风险，还能够提升隐私保护的可信度，但是却有待再深入了解，因此并不适用于大数据的海量性，以及其异构性与时效性。如今，大数据在隐私保护下，其安全计算方面在很多应用领域中的诸多方面都是建立在半诚实模型中，从而来充分实现其研究，通常情况下使用的方法主要有利用电力赋值或遗忘传输，以及同态加密等诸多形式的方法。

（二）大数据云计算安全体系的发展方向

1. 国家加大对大数据时代个人信息安全的统一立法工作

目前针对个人信息安全，由于特别需要能有相关的法律规则来进行完善和保护，国家就应当针对这一点，特别指定一套统一立法的工作，从而利用相关的法律来保护大数据时代每个人的信息安全与隐私。

（1）要加强立法调研工作。应当由国家作为主导，组织进行一些相关法律专家与人民群众或大数据领域中资深的人士，以及科学工作者，从各个环节深入地对大数据产业进行考察，然后从各界人士或人民群众那里广泛征集其看法，问计于民，从而提供根据与可以参考的地方给科学与民主立法。

（2）尽快开展立法工作。当前必须要将权利与义务作为主体，然后去规范政府与企业或个人等诸多方面大数据的建立与使用行为准则，在这个时候首先可以通过调研对个人信息进行立法实践保护，然后在深入研究国外隐私保护与个人信息保护的法律法规的同时，结合国际组织提出的八项个人信息保护原则，从而出台与中国国情相对符合的隐私保护法规，最后在中国公民的权利得到维护的时候，也让公正公平的信息合作交流秩序在国际上获得充分的保障。

（3）完善对于个人违法信息的法规。根据目前的情况，必须要加大惩处力度，同时通过大数据对个人隐私信息的侵害这种严重的违法犯罪行为作出相应严厉的惩处，从而通过这些严厉的打击消灭犯罪分子存有的侥幸心理，以此来让大数据产业规范能够得到保护，从而使大数据产业能够持续性地发展。

2. 大力构建政府监管和行业自监管体系

（1）在国家的领导下建立统一的监管和规范的机构。建立一套良好的机制，对个人信息保护加强监管力度，同时必须要将制度严格统一起来。然后根据实际情况制定出一套合理的认证流程和法律法规，针对企业生产经营活动进行相应的安全监督体制，最后再对数据的存储方式与使用方法进行跟踪评估。

（2）利用国家统一的法律规范和强制的行政监管。在利用好管理法宝作用的同时，将行业自律与互相监管的优势充分发挥，从而制定出适应于各行各业且与相关行业能够贴近的行业法规与规则，促进行业与行业之间互相监督与举报的机制，让兼顾行业能够在国家法律规范得到保障的同时，体现出其权威性与灵活性。

3. 提升公民信息安全的自我保护意识和防范能力

（1）对公民而言。首先要做到的就是，必须加快公民个人隐私保护的各种系统与软件研发的脚步，与此同时，让用户能够从自身保证减少相应的信息暴露。

（2）推广和研发数据加密技术。当然，根据数据隐私建立起相应的保护云或管，以及端安全的模型，促进其自主发现与消灭隐藏的潜在威胁。

（3）基于大数据。针对大数据个人信息的保护，基于其所有服务的流程攻击监测系统与防御系统的发展进程，根据具体情况将那些隐藏起来的非法操作与攻击等，在这海量的数据中迅速挖掘与处理，对各种类型的安全事件作出相应的对策。

（4）加大宣传力度。将个人信息安全相关的法律知识宣传到位，从而加强公民的自我保护意识，在使其提升到一个更高层次的同时，让公民能够了解最基本的安全防范技能。

（5）建立并改进个人信息安全举报和申诉机制。

要加强对社会各界监督与曝光信息安全违法行为的鼓励，尤其是对公民个人而言，还有相关的认证服务机构或新闻媒体等，必须要做到群策群力，让大数据时代的个人信息安全保护能够在齐抓共管的状态之下共同营造出和谐的氛围。

二、大数据存储安全策略

（一）大数据环境下云数据存储安全问题

在当前大数据时代的环境中，企业或个人发展的重要资源早已被云数据所占据。也是由于如此源源不断的数据，随之而来的就是对信息安全的保障，其成为如今首要考虑的问题之一。不仅如此，如今大数据已经成为了互联网当中最为突出的竞争点，这势必会造成大量隐患安全问题。

1. 网络攻击威胁

如果将互联网从数据规模的角度去分析，其主要是运用了分布式数据存储的管理模式，这一模式能够让相关的数据形成一个统一的视图，它是一种不仅在存储的方式上，还在存储保护的相应手段上都比较简单的方式，可以更好地避除更多攻击漏洞的残留，让黑客无机可乘。但是当黑客进行持续性的 APT 攻击时，还是会造成严重的安全隐患问题。

目前由于在大数据环境中，不管是存储客户还是终端客户都相对较多，所受众的群体也相对过于复杂，因此，在这种背景下，系统很难做到实时判断其合法性，这无疑为黑客提供了一种有利的攻击突破口。但是现在的情况是，APT 是一种不定时性的攻击方式，而目前来讲却不能实现实时监测，从而在大数据时代这一环境下留下了相当大的安全隐患问题。

2. 客户隐私威胁

在某种程度上，现今大数据环境中的数据汇集存储，都或多或少地存在着一定的安全隐私问题。所以，如若不能够更好地完善大数据的安全机制，这无疑是导致个人隐私数据外泄的一大弊端，由此造成相当巨大的安全隐患问题。由于大数据需要针对个人隐私进行相应的保护，就必须要加强数据处理分析与保护机制，让数据安全最大限度地得到完善。倘若在管理端并不能形成一种有效的管理机制，那么势必会造成用户敏感信息使用权和分配权会因此而出现相应的问题，这不仅会造成安全隐患的问题，也会使客户隐私泄露问题接踵而至。故能否顺利完成信息提取功能，是在数据信息挖掘采集过程中极为重要的问题之一，一定要在不会将用户隐私泄露的前提下，以及在保证了用户隐私安全的同时进行实现。

3. 数据存储安全

目前，传统数据并不能与现今大数据环境中的数据结构域数据类型相比拟，其在当前大数据背景下的存储平台上，主要表现在云数据是呈现一种非线性的增长速度，它在现在这种不同结构且有着不同类型的数据存储过程中，毫无疑问地会形成一种杂乱无章的运行模式，从而造成数据在进行管理的时候会显得格外混乱，数据在存储的时候也会出现错位的状态。与此同时，目前的数据存储管理系统还并不能够达到海量数据的存储需求，相对而言，管理系统也并没有一些相应的安全机制进行出台优化，在当前这种形式下，再想着事后进行补救，势必会是徒劳无功的。

（二）大数据存储系统的安全性

现在随着大数据时代的不断发展，互联网也在无限制地扩展中，因而数据信息也随之体现出了一种飞速增长的模式。在这种飞速增长的环境下，面临着一项极为重大的挑战，即用户数据的安全性，这主要是由于网络地理位置的分散性与结构的可扩展性。当有一些恶意攻击出现在网络上的时候，互联网在大数据存储系统中就必须要满足四个最基本的特征。

1. 保密性

所谓的保密性，指的就是要求数据内容要有一定程度的机密性，由此可见，必须要对内容进行相应的保护，绝不能让其他用户轻易地就获取相关内容信息，针对这一点，就需要对数据进行相应的加密处理。当然，越是机密的内容，其加密的形式也就越重要。

目前随着网络化的不断普及，不论是存储设备还是存储系统都逐渐转变，加密模式也因此而需要实现网络的共享。虽然网络安全和密码学的领域在当前已经有很多新的研究成果，但是这些新的研究成果还并不能直接应用在数据的加密上，相对这一方面的成果却是少之又少。

2. 完整性

当数据内容进行加密之后，就一定要保证其能够拥有准确无误的表达信息，一定不能让其他的用户进行篡改或损坏，更不能被销毁。目前在世界范围之内，最为主流的要数数字签名与信息验证方式。

3. 可用性

对于数据信息的可用性也是极为重要的，授权用户必须能够随时进行访问，或者修改和销毁数据信息。坚决要避免那些不良情况的发生，任何人都能随意使用数据信息或无法访问个人数据的类似情况一定要避免出现。

4. 系统性

系统性即是一种高效地存储与调用数据的模式，同时也可以看作是一种能够确保数据安全的模式，它们同样都是大数据发展中一直追寻的两大目标。尽管如此，这两种目标却存在着一定程度的互斥性。虽然安全措施能够让数据信息得以保障，但是其运行却需要占用一定的系统空间，由此一来，就会给数据使用造成一定的影响。换句话说，一个整体的系统设计工作，就是要将维持性能与安全体系两者达到平衡状态的这一首要任务实现。

(三) 云环境下的大数据存储安全策略

当前，云计算供应商主要就是来负责云计算数据的存储和安全问题，因而数据资源的相对透明性就会较为明显，由此一来，数据的安全性就不能够获得很好的保障。但是在这众多的用户使用过程中，却有那么一部分信息是不能够被泄露的，因此，就必须要对数据采取相应的加密措施。

如今将对称加密算法和非对称加密算法结合在一起，是在云计算数据存储中所采用的加密算法，其不仅能够实现数据加密后的效果，同时还能够让数据存储获得一定的安全保障。

1. 加密处理

所谓的加密处理就是在这一过程中，首先由一个对称加密算法密钥生成器在随机的状态中形成一个含有校验信息的密钥，然后将这一含有校验信息的密钥通过非对称加密算法来进行相应的加密，最后再将这个经过加密算法得到的数据信息，以及对称加密算法中的密钥密文，同时作为一个数据包存储在云端。这是一种将用户大量数据进行对称算法加密的同时，再针对数据量较小的对称加密算法的密钥，采取了非对称算法的加密，并将这两种加密密钥和密文的数据同时存储在云存储中心，而用户端只需要保持好非对称加密算法与解密密钥即可。由此一来，不仅能够有效地避免了对称加密算法由于采用同一种密钥从而带来的密钥管理问题，同时也很好地解决了非对称加密算法并不能针对大量数据进行加密所导致的存储效率问题。

2. 解密处理

当对数据进行加密的时候，必须要注意两个重要步骤：一是必须充分利用非对称加密算法，以此来对对称加密算法进行密钥解密，从而使其能恢复原本的密钥；二是必须在上一步的密钥基础上，充分利用对称加密算法，对数据包进行解密，从而恢复原文状态。当将这两个步骤熟练掌握之后，再将其重复性操作，就使所有的数据包都可以全部解密，从而恢复到进行加密之前的数据状态。

如今新的科研焦点，早已日渐趋向于云计算理论研究领域的范畴，因此，很多周边相关的应用也随之越来越引起学界的众多关注，信息技术的不断提升与进步，无疑改变了整个 IT 界与电商界，甚至是大众的生活。云模式在云计算的多种有利条件下，越来越多地为客户提供着各种服务，其较高的效率，相对低的成本，以及其可调节性与灵活性等，可以充分满足广大客户的需求。

随着大数据的日新月异，云计算接踵而来，目前越来越多的人在接受并熟知的同时也面临着数据安全的问题，其已经成为了当前首先需要考虑的一大问题。如何才能够让安全策略问题更加完善，不让其一直停滞在"治标不治本"的现状下，就要采取相对的措施，因而新的安全研究方向将成为目前最为重要的一点，应在现存的安全隐患与安全请求中，寻找出最为根本的方法来提升云安全的防护措施等级。

现在由于云计算的基础呈分布式的网络，而在这样一个开放式的体系中，不管是互联网中的哪一个终端机，都能够在这张巨大的大数据网络中找到一个链接节点，因此，可以说云计算就是一把无形的双刃刀。倘若此时安全措施不能够得到有效地运行，或者安全措施还并不完善、有所欠缺，从理论上讲，不管是通过哪一台网络终端，都可以接入整个数据网络当中，由此一来，就导致云计算面临着极为强大的风险。不仅如此，在整个云计算体系当中还存在着对数据传输过程中的损耗，以及数据将如何长期存储与恢复受损数据的问题。事实上，云端的数据安全存储不仅要让数据安全性得以保障，还必须进行高效的运算，其发展空间是在一个极为广阔的领域中实现的。每当客户需要运用云服务的时候，就会运用随机分配的方式，将加密的数据存储到云端中任意一个空间之内。

三、大数据安全管理策略

（一）构建大数据安全防护体系

一个完整的企业大数据信息安全体系，主要包括网络安全系列、终端安全系列、数据安全系列和文档安全管理系列，如图 6-1 所示。

当前中国的大数据发展随着信息化的促进正处于上升阶段，其不仅要注重传统安全所带来的问题风险，还有面临接踵而来的更多安全隐患。目前最重要的问题即是如何才能实现数据自主掌握与处理，让数据应用更加完善，从而得到有效的安全保障。因此，必须要加强中国大数据安全防护体系的创建，让中国大数据在安全且有效的发展进程中突飞猛进，从而给当下数据安全问题创立一个良好的开端。

图 6-1 企业大数据信息安全保障体系

（二）大数据发展面临的主要问题

1. 大而无序

目前，中国大数据所面临的主要问题"大而无序"。针对大而无序这个问题，其最有效的方法就是要使数据安全有法可依。如今不管是在理论方面，还是在实践方面，中国大数据安全应用都欠缺健全，并不能够让其拥有完善的应用规范，以及相应统一的技术标准，同时针对这一点，相关的法律也有所欠缺。由于这种应用领域的界限还不能被清晰划分，或者共用或专用，以及安全与非安全应用之间，都没有指定一套相对严格的划分标准。因此，当欠缺行业底线的制约与明确规则规定的时候，新模式建立初期就会导致数据安全问题层出不穷。由此可见，当前中国必须要针对数据信息安全尽快制定出相关的法律，在同国际上相关标准或公约积极签订的前提下，同时明确中国数据信息领域的主权，积极履行其义务，当然也要时刻警惕部分发达国家利用技术的优势，无形中对中国进行渗透威胁。

2. 大而无力

中国大数据面临的第二个问题则是"大而无力"，这是在如今必须要正视的一种状况，因此，必须要让关键装备与核心领域，以及人才的自主可控性得以实现。

目前，中国对于自主生产的软硬件设备的利用还没有得到普及，以此来进行数据的产生与获取，还有对其处理与存储等问题也没有得到很好的应用，如若这里将数据信息抽象成旅客，那么软件设备就可以看作车，不管是从车到马路，还是说再回到车库，都没有实现自主生产，这是中国在当前的一种现状。如此一来，数据信息就被透明化，完全没有任何隐私可讲。由此可见，必须要加快信息安全设备研发进程，让国民生计或国家安全诸如此类的关键领域都能够具备成熟技术的国产设备，从而提升国产化替代的脚步，在集中力量的同时将核心设备进行相应的研发，促进设备独立自主能够早日实现。由于设备从研发成功到完全能够实现应用需要一段很长的时间，所以必须要坚持应用出发不断发展，并以完善为目标不断发展的原则。

3. 大而无安

对于中国目前的状况来讲，"大而无安"就是其存在的第三个重要问题，必须要对大数据价值的保护高度重视。在目前来看，中国很多关键基础设施领域中，仍然采用着众多传统数据安全理念与技术手段，但是以当前中国的安全防护来讲，绝大部分还停留于被动防御的阶段，根本就不能自主地进行出击。这样一来，就有可能会出现瘫痪的情况，不管是涉及个人隐私，还是商业机密，甚至是政府数据，都必须要加快法律层次的保护。

国家公共服务事业信息都必须要根据其重要性来划分等级，然后再对其做出相应的安全防护措施，主要包括交通或通讯，还有物理或医疗，甚至到国防等，在促进公民提高信息安全意识的同时，发动广大人民群众的力量对信息安全采取相应的防御措施，也称其为"全民皆兵"。由于在信息领域当中，安全问题的隐患并不能只是依赖于专职部门的保护，必须要从根本上对数据进行安全保护，提升全社会安全防护的观念意识。由此一来，这些数据安全保护的应用在日常中建立起来，在对战时就能够保障国防优先，从而使数据安全领域在实现国家网络空间安全等级的同时提升一个更高的层次，实现其又一飞跃。

(三) 大数据信息安全保障策略

1. 企业系统终端安全保障策略

根据国家信息以及安全等级保护的要求，对企业计算机终端进行相应的分类，并实行等级分划管理，然后根据已经确定的等级要求采取相应的安全保障策略。当企业拥有了众多类型终端设备的时候，再针对不同形式的终端，依据具体终端的类型、通信方式及其应用的环境等诸多方面，从而选择出一种适当的保障策略，以此来保证移动终端的安全接入，此时的移动作业类终端将会严格执行企业制度，其办公终端严格遵守严禁将内外网机混用的原则，当移动终端需要接入内外网机的时候，就必须要运用软硬件相结合后以加密的方式进行接入。

2. 企业网络边界安全保障策略

所谓的企业网络其实是拥有分区分层的特点，其可以通过边界的防护来保障信息或资产不会遭受外部的侵害，以此来避免恶意的内部人员跨越边界，从而对外界实施攻击或对内部进行越界访问与攻击的目的，这是一种可以在不同区的网络边界中增强安全防护的策略，其不仅能让外部人员通过开放式接口进入，还能够通过隐藏通道进入内部网络来进行信息的管理。其通过对不同业务等级安全和网络密级的审核，然后在网络的边界采取相应的措施，按照业务网络的安全等级或业务连续性，阻隔保护相应的需求与用途等相对的评价指标，最后利用各种技术对关键核心业务网络进行安全隔离，这些技术主要有防火墙阻隔技术，还有协议隔离技术，以及物流隔离技术等，从而让内部网同外部网在进行访问时能够实现有效控制。

3. 企业网络安全保障策略

目前在各个企业当中，网络是他们能否正常运转的一项重要环节，其不仅连接着物理设备、应用平台和数据基础环节的生产，在企业当中主要还是利用公共网络与专用网络的结合来构建网络结构，将网络专门应用于企业当中，主要支撑他们的生产管理或设备管理，还有调度管理与资源管理等诸多的核心业务，在这诸多不同的业务当中使用专门的应用，就可以享有不同的安全等级与密级，因此就必须要采用不同的保障策略。

所谓的网络弹性，指的就是当基础网络遇到突发事件的时候，就会触发其继续运行并快速恢复的能力。然而其主要是利用先进的网络防护技术，从而建立起基础网一体化的感知与响应、检测与恢复，以及溯源的一种机制。通常情况下可以通过诸多方法来提升企业网络弹性和安全性，其主要会采用的方法一般有网络虚拟化，还有硬件冗余与链路备份等。然后对网络基础服务或网络业务，以及信息流或网络设备等这些最为基础的网络环境进行监控审计与安全加固，还有相应的访问控制与身份鉴别，或备份恢复与入侵检测，以及相关的网络设备等诸多措施，以此来加强对网络环境的安全防护。

4. 企业应用系统平台安全保障策略

企业各个业务应用是否稳定，完全取决于应用系统平台安全，只要针对应用平台去实施信息安全保障，那么就能够有效地避免企业业务中出现的阻断、扰乱或欺骗等诸多破坏的行为，所以就应当针对每一个应用平台去创建与之相对应的日志系统，通过用户操作记录或访问记录等诸多信息，对其进行相应的归档存储，以此来提供取证和溯源数据帮助安全事件进行分析，同时可以更好地应对内部人员有意无意中进行的各种异常操作。为了能够保证企业的应用系统更加可靠安全，因此，必须要在应用系统上线之前进行委托，凭借第三方机构对其进行相应的信息安全测评，也就是针对所谓的应用系统以及其部署的软硬件，进行全面的且更加系统的安全漏洞分析和风险评估，同时制定出相对应的信息或安全保障策略，以此来确保企业中大数据的保障策略完善。

（四）关注未来的安全发展

随着信息化的不断普及，网络安全问题也随之而来，其种类也形态各异。根据病毒库统计，一个病毒库每周都有可能会发现超过 40 万份的新式病毒样本，在这些样本之中，有很多的病毒都带着一定目的来进行隐藏，而且非常秘密地窃取各种数据，不仅如此，它们还在不断地自主提升中。据不完全统计来看，已经有 80% 之多的企业都在面临着高级别的安全攻击。与此同时，随着信息时代的不断发展，安全问题的诉求也在不断的提升之中，这个时候最需要的就是各类型尽可能有效防御新型危险的高新技术设备。接踵而至的是企业在管理方面的复杂度也逐渐加大，当然毫无疑问的，投资复杂度的不断提升也会影响着技术成本增加压力。此时，安全互联的防御方式刻不容缓，由于其能够实时监控，从而获取到更为安全的信息这一特点，因此，其能够更加有效地将安全防御纵深扩大。倘若将这种类型的方式广泛应用其中，就可以更好地提升企业安全防御的等级，从而及早规避那些隐藏的安全风险。

目前，传统模式环境下的网络安全管理系统，早已经不能够应付现今大数据不断涌来的浪潮。在传统模式下的存储方式是扁平式或关系型的数据库，尽管这种形式可以更快速地将数据储存起来，但是这种扁平式的存储方式却存在着一定程度的问题，其索引能力相对较差，这样就很难高效率去进行数据的查询与分析。再说关系型数据库，其拥有高效率的索引能力，完全是由于牺牲了速度才得以实现。因此，在当前大数据时代迫切需要的就是新型的网络安全管理系统，其不仅要具备快速的查询工作，同时还必须要有极其强大的专属数据库。只有这样才能实现上下文信息与数据背景被更多地识别，而且不仅是为了能够实现应用程序的识别；还对下一代网络安全管理系统提出了更好的要求。

6.2　大数据时代云安全的实践与展望

随着大数据时代的不断变迁和云计算的出现，其技术领域也在不断地发展，因此，电子商务工作者就必须要正视新科技所带来的新变革，针对这一点采取了以下策略，以此推进云计算技术在电子政务领域中的应用。

一、大数据时代的云安全实践

（一）政府的云安全实践

当前国家管理工作已经趋于电子化，政府部门也逐渐创建了独立的网站，并提供了有效的信息交换平台，以供政府与公众之间使用。虽然这样一来十分便利，但是由于政府仍然采用的还是传统的 Web 架构，因此，在这种形式下就很容易让网站遭受到各种攻击。尤其是在近几年，就出现了各种信息泄露或网络钓鱼安全事件，同时还频繁出现了病毒入侵或各种的垃圾短信及恶意软件等，诸多安全事件的频频发生，无不严重影响着政府网站信息业务的正常运转。由此可见，政府部门现在首要考虑的事情就是采取怎样的安全保障手段，才能有效地保障政府网站安全、有效而稳定地继续运行下去，只有这样才可以让政府网站实现全面监控，不管是对外网来讲，还是针对互联网出入口和一部分重要信息系统，都能够尽早发现来自各种类型 Web 的威胁或漏洞等，及时进行处理。

目前，跟随云计算诞生与发展的脚步，随之而来的就是安全服务行业的改变。国内很多安全厂商也都基于云计算技术与用户的需求，凭借这一契机来向政府部门提供相应云安全的解决方案或服务。其中云安全的解决方案，就能够很好地对诸多信息安全监测数据进行实时收集，或者对其关联与分析，然后通过相关的专业化支撑平台与先进监测工具，就可以实时发现并识别安全事件，从而更好地掌握整体的安全状况，当充分了解了最新网络攻击或病毒传播，以及异常行为等各类信息的同时，及时全方位进行预警，并进行应急响应与实践调查，从而实现其强有力的支撑作用。

与此同时，在云安全实践的过程当中，这些安全厂商的服务方式也会随之产生变化，其主要是在原本的项目实施阶段有明显的改变，这是一种从原本一次性的服务逐渐转向整个运营阶段的全程动态服务，其进行服务的广度也因此而逐渐增加。其中相关的服务主要包括对云业务系统的信息安全评估服务、信息安全规划服务、信息安全方案实施服务，以及信息安全运维保障服务等。

除此之外，政府部门不仅只依赖与这些厂商进行合作，还可以积极去推进相关的监管政策，再或者通过相关的法律法规来制定并实施，利用这些监管政策或法律法规来约束，或者指导所有的具体业务正常进行，从而让云服务的安全监管能够得以实现。

1. 正确认识云计算

目前，云计算随着信息技术的不断进步，其概念也是层出不穷、形态各异，随之出现了概念泛化等一系列问题。有那么一部分厂商就将互联网数据中心或服务器集群等，通过包装形成云计算的产品或解决方案。也有那么一部分的地方政府，却在没有明确需求的情形下就开始建设云计算中心或基地，这种情况极为盲目且无效。然而政府的性质却恰恰决定了政府云其实是一种私有云，但是在这种形式下对公共云的投资建设，政府却违背了市场的正常规律。因为创建云计算中心并不是像普通盖楼或买一个服务器那么简单，它必须要具备一定程度的面向需求。而对于政府云来讲，也不单单只是局限于技术问题之上，同时还要具有配套的政策法规或管理制度来制约才可以实现。

2. 抓住历史机遇

随着云计算的不断发展，如今中国很多政府部门的计算机等硬件设备，同样都逃不过要面对被更新换代的命运。因此，必须要运用集中采购的方式，以此来重新建立政府云计算中心。通过对规模效益与专业人才的考量，从省、自治区和建制市一级政府进行云计算中心的建设，而通常区县一级政府都不需要进行云计算中心的建设，一般情况都是通过所在的地级市或设区市统一进行建设。自从党的十八大召开之后，政府根据往常的惯例，又重新进行了一次政府机构的改革。当对编制部门进行设计三定方案的时候，建议要设置电子政务集中管理部门负责电子政务，通过规划与统一建设，同时进行统一管理与统一运维。

3. 选好切入点

与此同时，必须要针对国家部委的规划。首先要进行数据大集中垂直系统的推进，然后扩建机房与数据中心，并且将机房与数据中心都升级形成云计算中心；其次在将各类业务应用系统 SaaS 化推进之后，避免重复开发或采购的前提下，提供给下述单位使用。

针对地方省市政府而言，必须要从机房大集中与通用软件 SaaS 化入手，让软硬件统一采购或统一运维能够得以实现；同时通过基于云计算的大 OA 系统或政府网群促进建设，让政府信息共享与业务协同能够尽快实现。

4. 坚持"以用促业"

不仅如此，云计算产业能够健康发展，完全要看云计算的应用效果如何。倘若云计算技术的应用能发挥效果并获得实际的应用，那么云计算产业就可以随着应用对需求的不断提升，从而加快发展的速度。尽管政府对云计算中心进行建设时，需要有云计算产业的支持，但是在这种拔苗助长的形式下，对于云计算产业的发展而言，却由于没有深入考虑到云计算的实际应用而失去原本的意义。如今云计算的发展恰恰与新时期电子商务的发展方向一致，因此，利用政府云计算技术应用作为试点示范，并带动各个产业界的云计算技术进行应用，这无疑对全社会的云计算技术的应用起到了推动的作用，从而有利于中国云计算产业能够健康发展且提供了有效的途径。

(二) 企业的云安全实践

1. 系统安全

目前在众多企业中最为关注的焦点，即是怎样去放置云端系统，才不会遭受入侵。虽然在很多企业中都已经不断地对数据中心的云端增强了防护能力，但是黑客却将这一矛头继而转向了用户端，他们通过各种精密的目标性攻击手段，在企业的终端长期潜藏，然后获取企业内部极为敏感且重要的数据，之后将这些重要数据当作最佳的跳板对云端数据中心进行攻击。尤其是像目标性攻击，这是一种采用了高持续性威胁的手段，其在企业进行系统安全防护方案的过程中，首先要注意的就是在虚拟计算环境下，安全产品能否提供与物理环境一样的防护能力，同时还要注意其会不会带来资源冲突等诸多问题。

对于安全厂商而言，虚拟化环境下的安全防护无疑是对其的一种巨大挑战，如今只有极少一部分的安全产品，可以通过这种虚拟环境来支持安全防护，同时还可以极为有效地避免虚拟环境所带来的资源冲突问题。尽管在云端整体看来，系统安全只不过是其安全防护框架中的一个部分，但是却不能轻视这一部分，通常它确实是企业信息安全能够成功的一项关键指标。

2. 系统管理

通常情况下，云平台强调的都是必须要按照自主服务或灵活的资源进行相应的调度，因此，如今自动化系统的管理，早已经在企业平台中成为了必不可少的要素。其可以通过这种形式的自动化系统管理工具，让资产管理或软件，以及应用监控等诸多功能都可以得以实现，同时进一步地促进企业对云平台安全防护与管理能力的提升。

目前，大数据时代的最新趋势即为终端消费化，在更多的企业当中，其员工已经要求可以使用自己企业自身的移动设备，来收发公司的邮件，或处理相关业务。如今不论是设备的多样性，还是用户的自由度，甚至是对隐私的保护等诸多问题的出现，都将会让企业对终端传统模式的管理进行不断的改进。在一部分企业中，就已经通过对移动设备管理解决方案的导入，使自己的员工有条件地允许其使用公司的移动设备。因此，企业可以针对这一点派发一些必要性的安全策略，或者内部办公所需要的应用软件，同时也可以通过远程锁定或清除的形式，以此来对设备内的数据进行处理，不仅如此，员工选择设备的自由度或企业对数据进行安全防护的过程中，获得了极为巧妙的平衡。

3. 存储管理

所谓的存储管理，主要是针对大量的数据，不管是大型机或小型机，还是终端都转向云平台，对于如今企业所面临的新问题，是怎样才能更高效地将其运用并管理存储，从而降低成本，提升相对效益。

目前在企业云平台中拥有大量的虚拟机，而面对所需要解决的各项问题，怎样才能提出启动是带来的风暴，成为了首要考虑的问题。对于如今这种情况，跨平台的同时支持存储虚拟化的解决方案，对企业而言，是其从传统模式逐步迈进私有云这一过程中能够将存储管理得更加完善的重要部分。现在在公有云的背景下，早已有云服务的供应商存在，其主要是用于提供存储虚拟化软件租用的相关服务，这样一来，企业在公有云中也能够凭借较高效的使用或管理，来租用相应的存储过程。

4. 高可用性

随着信息化不断的推进，现代企业对于信息系统的需求也早已不可或缺，能够拥有较高可用性的信息系统成为了现在企业维持业务程序正常运转的重要条件，同时对于品牌形象也起着至关重要的作用。企业在这种形式下的私有云中，除了要考虑到系统的可用性之外，还必须要关注应用本身能带来怎样高可用性的效果，从而尽量避免那些只能回应请求却早已停止运行的底层系统所带来的风险。针对公有云的应用，企业首先要考虑的就是服务水平协议，也就是 SLA 所覆盖的范围有多大，尽量避免云服务供应商的服务中断而遗留的后续问题。当一个企业在选择第三方云服务的时候，首先要关注的即是供应商的财务状况，还有其所提供的代替方案，以此来尽量避免供应商倒闭或中途停止服务所带来的风险。

5. 备份归档

在企业当中，数据备份是当其遇到重大安全事故问题时，能够最快恢复运行的重要手段。为了能够让存储的使用效益提升，为了能够将第三方云平台的使用成本降低，数据归档已经成为了大数据时代一种必不可少的重要工具。针对私有云环境来讲，企业必须要根据现有的备份与归档工具判断其是不是能够支持虚拟环境。而针对第三方公有云业务的使用而言，企业首要考虑到的就是必须通过合约与服务水平协议，确保数据的备份与恢复，以及归档与销毁各个步骤。拥有一套完善的数据保护计划，是现代企业能够持续保障运营的关键所在。

（三）运营商的云安全实践

1. 主要供应商

（1）中国移动。在中国移动自主研发中，"大云"平台作为其最主要的核心基础产品组件，到现在为止包括云管理在内的四大类 13 项产品，其中有 SaaS，还有分析型 PssS 等各种产品。而 IssS 产品在这其中包括弹性计算系统，还有分布式对象存储系统，以及弹性块存储系统与文件中间件等。分析型的 PaaS 产品则包括并行数据挖掘系统，以及搜索引擎系统与结构化海量数据管理系统，还有商务智能平台等。

中国移动就"大云"系统而言，就有像 Web 应用防火墙之类的安全产品，同时其还对整个系统进行了安全管理监控。不仅如此，中国移动还提出了以下四个方面的端对端云安全解决方案。

（1）虚拟化安全。这一类只包括了虚拟机监控与虚拟机隔离，还有就是镜像的安全存储与虚拟机安全的迁移。

（2）运行时的安全。这一类主要有对静态代码的分析与对内外攻击的防护，以及其程序运行的安全。

（3）对接口的安全处理。主要是为了避免政策的规避以及恶意接口的调用，还有就是对接口调用的认证。

（4）数据安全。这一类是对数据进行加密，还有对安全访问与内容安全的保障，同时对数据进行备份与消亡。

除此之外，中国移动还针对其展开了对可信云体系框架的研究，通过具体内容将云对租户或租户对云，还有租户之间建立信任关系，以此来解决安全技术并不完善或性能相对较低的诸多问题，从而为云计算环境建立可信模型，还有用户隐私保护与数据隐私保护，以及云可信第三方审计等各项事宜。

（2）中国电信。针对中国电信而言，它的天翼云计算体系框架就分为了三个层面，资源云、能力云和应用云。其中云主机或云存储属于资源云，而能力云则是通过通信能力与互联网应用的结合，利用标准化接口实现短信、彩信或定位，还有视频监控或统一通信等各种能力；对于应用云，是一种基于中国电信云计算资源与智能云网络，然后将能力开放同行业应用结合在一起，从而实现面向公众或政企推出的相关应用，主要包括云存储、云邮箱、云桌面和销售管家等各种应用管理。

中国电信战队云安全的实践方面，建立了一种基于云计算框架的大容量 DDoS 攻击防御业务平台，这一业务平台主要是根据云计算框架构建形成的，其不仅运用了全网统一调度，还通过并行处理与就源清洗的处理机制，然后在资源统计的复用基础上，大大提升了防御系统的能力。

与此同时，中国电信还提出了商密云技术体系。这一技术体系主要是凭借国家商用密码技术与产品，从而创建了一种拥有云计算技术框架特性的商密云技术体系，这一技术体系，不仅能够为用户提供身份管理，还能起到安全认证服务的作用，同时还利用商密云进行存储服务；其次，还能够与运营商运营支撑平台接驳，实现数据交互，以此来让云计算应用的安全防护与 SLA 服务指标能够达到要求，从而使电信级云计算应用平台与业务运营安全获得充分保障。

（3）中国联通。中国联通公司自主开发的一种通用型的云计算平台，称为沃云平台。这一平台从全方位提供了云计算服务，其主要有计算、存储或网络等 IaaS 资源服务，还有对数据库即服务或中间件即服务与存储即服务等各种 PaaS 能力服务，不仅如此，其还让 IaaS 与 PaaS 云平台能够综合管理成为现实。

沃云系统针对安全实践方面，不单单只局限在现有的边界部署对传统网络安全防御的设备，以及应用层对用户身份进行认证等基本的安全措施之外，其同时还建立了与联通沃云运营所需求的云安全框架模型。这种云安全框架主要是从四个角度来诠释整个云平台的安全框架和关键技术，其主要包括用户侧安全与云数据安全，以及云基础设施安全与监管域安全，同时凭借其创建了相关的沃云安全管理测试平台。这个平台可以从全方位去监控虚拟化网络通信，不管是虚拟化平台内外通信也好，还是虚拟机之间的通信，都能够及时地监控虚拟化环境中隐藏的威胁，从而让统一配置、集中管控能够成为现实。

1. 运营商的大数据安全重点

在当前运营企业虽然会因大数据的普及而产生极大的商机，但是运营商与互联网企业相比，其不论是在界定与规避用户隐私上，还是在怎样更好地解决用户的数据安全上，这些问题前者都早已经超过了后者。

（1）用户隐私保护。针对用户隐私的保护来讲，运营商曾一致表示，在他们手上出现过的用户信息是绝对高度精密的，并且像手机或电话号码诸如此类，这些也都采用了最便捷的信息传递方式，同样都是凭借大数据对用户进行用户信息的商业拓展，是其保护用户隐私的第一原则与红线。

运营商会在大数据业务的开发中，运用更加全面的技术系统方式来实现，以此来对用户的隐私进一步保护。而全面升级客户资料的档案库，就成为了这种形式下最为重要的一项。不仅如此，还要同时让客户资料管理系统的安全保护措施有所提升，并且对账号加强管理。本地运营商短信中心系统为了能够让用户隐私更好地得到保障，也陆续开始不存留用户短信内容等这些原始信息策略，针对那些垃圾短信的拦截，就会采用系统设置来自主执行，同时其运用更为科学且完善的技术措施与操作规范，从而提供大数据时代的安全应用环境给广大的用户。

（2）数据安全。IBM 针对大数据在其安全应用领域中，推出了一项名为 IBM 的大数据智能新型安全工具，这是一种凭借大数据进行侦测企业内部或外部安全威胁的工具，不仅如此，甚至对于扫描电子邮件或社交网络也都可以，同时还能够标注出那些心存不满的员工，以此来警示企业要格外关注，提早预防这部分员工会有泄露企业机密的可能性。这一类型的工具可以通过扫描来分析近十年以来的电子邮件或金融交易及网络流量，然后再利用模式匹配的检测功能，以此尽量找出可能会存在其中的安全威胁与欺诈。这一工具与传统的威胁检测工具不同的地方在于，其平台主要是依托于 Hadoop，然后再利用 Hadoop 的特长，也就是凭借计算机集群进行处理密集型的数据分析。同时这一平台还有对员工邮件进行情绪分析的功能，为 CIO 提供判断员工是否存在泄漏数据的可能性。该工具主要是通过对员工与同事之间的工作讨论，以及在社交网站上讨论工作时的各种表现，针对每一个员工识别其是否存有对公司积怨的情况，从而能够更好地避免公司信息泄露的可能性。

（3）云平台保护。目前，由于云平台即是大数据长期赖以生存的处理平台，因此，所谓的安全重点，不管是对大数据来讲，还是对云平台来讲都是同等的重要。有很多的调研都觉得如今在云服务提供商中，电信运营商是其中发展潜质最大的一个，对于云计算而言，也会随之成为未来运营商不断发展的垫脚石。由此一来，在大数据时代运营商首要关注的问题也将成为对安全防护的重要举措。

2. 运营商的大数据安全战略

针对当前大数据的安全保障策略，其在某种程度上其实指的就是对云平台的保障策略。现在很多的国内运营商都已经认识到了这一点，逐渐开始了对云安全业务的实践过程，如中国电信就根据云计算框架，从而建立了大容量的 DDoS 攻击防御业务平台，这一业务平台，主要是基于云计算框架而实施构建的，其主要遵循了统一调度、并行处理和就源清洗的处理原则，从原本的资源统计复用的基础上，经过构建大大提升了其防御能力。

倘若从整体层面去看，电信运营商针对云安全的业务发展所制定的规划与设想包括：一是为了能让云安全业务的运作得以实现；二是要从两个方面的平台共同进行统筹考虑与建设，也就是所谓的云安全基础设施与云安全业务。对于云安全基础设施来讲，只要满足两个方面的要求，就能够通过 SoC 运营管理平台将其实现，第一个方面就是对网络安全运行的维护，而第二个方面即是为电信客户提供云安全的服务。对于云安全业务平台建设方面来讲，运营商首先要关注的就是怎样利用好第三方的云安全平台，如那些安全厂家所提供的防病毒平台等，要利用好资源引进，不论是对内部还是外部都要充分发挥资源融合的作用，凭借这种资源池化的效应，进而从整体上让信息安全基础能力与服务保障能力有所提升。

倘若从技术层面去看，就必须要关注云安全端到端解决方案的实现，其主要是从以下层面的安全分析：一是虚拟化安全，这一类只包括了虚拟机监控与虚拟机隔离，还有就是镜像的安全存储与虚拟机安全的迁移；二是运行时的安全，这一类主要有对静态代码的分析与对内外攻击的防护，以及其程序运行的安全；三是对接口的安全处理，其主要是为了避免政策的规避以及恶意接口的调用，还有就是对接口调用的认证；四是数据安全，这一类是对数据进行加密，还有对安全访问与内容安全的保障，同时对数据进行备份与消除。

倘若从运营商层面去看，要从三个角度去看待云安全未来的发展：一是针对云计算的提供者，首先要考虑到的就是服务质量是否能够保证安全问题；二是针对云计算的使用者，首先要考虑到的就是对信息数据安全的保护问题；三是针对云计算的管理者，主要需要考虑的是在安全监管方面会遇到的问题，像如何制定云安全法规、相关政策与云安全的标准等诸多方面，以此同时，还必须要对服务提供商有针对性地进行监管。

二、大数据时代云安全展望

（一）大数据时代云安全现状

1. 云计算安全标准研究现状

目前，云安全联盟已经完成了很多相关的研究报告，其中包括《云计算面临的严重威胁》《云控制矩阵》以及《关键领域的云计算安全指南》等，与此同时，还一并发布了云计算安全的定义，这些报告不仅强调了云计算安全的重要性，还很好地保障了安全性应当考虑到的相关问题与相对应的解决方案。

国际电信联盟 ITU-TSG17 研究组会议于瑞士日内瓦召开，并成立了云计算的专项工作组在，在这其中最为重要的一项研究课题就是云计算安全，同时还推出了包括"电信领域云计算安全指南"等各项标准。

对于结构化信息标准促进组织而言，云计算被其当作是 SOA 与网络管理模型的一种自然扩展，从标准化的工作层面上，OASIS 致力于在目前标准的基础上构建云计算模型与配置文件，同时还扩展了相关的标准。

近几年在分布式管理任务组中，早已启动了云标准孵化器工程，其中参与成员将会通过对开发云资源管理协议及数据包格式与安全机制的关注，从而促进对云计算平台间的标准化交互，并努力实现开发一个云资源管理的信息规范集合。在这一组织中最为核心的任务，即是对虚拟化格式标准的扩展开放，从而使云计算环境下的设备部署与管理能够更加便捷。

目前，首要考虑的问题就是对云计算安全的实现，这也是建立以评测为核心的云安全标准的目标，同时也是对其测评体系的一种实现。所谓的云计算安全标准，其实指的就是如何度量云用户安全目标，以及如何判断云服务商安全服务能力的尺度，换句话说，就是对安全服务提供商进行创建安全服务的重要依据。因此，云计算安全平台系统，就根据云计算的动态性及其多方参与的特点，提供了与之相对应的云服务安全能力的计算与评估方法。

2. 云安全测评体系

当前，云计算安全标准与其测评体系将要面临着以下三点内容。

（1）云计算安全标准必须要支持更加广义的安全目标。也就是说，对于云计算安全标准而言，其不仅要局限于对用户描述其数据安全为保护目标，并制定其所属资产安全保护的范围与程度，同时还应当支持用户的安全管理需求。

（2）云计算安全标准必须要支持对灵活的、复杂的云服务过程所做出的安全评估。其标注应当根据云计算中的动态性及其多方参与的特点，然后提供与其相应的云服务安全能力的计算与评估方法。不仅如此，标准还必须支持云服务安全水平的等级，这样才能够方便用户直观去理解并作出选择。例如，像是在不同企业中的 PaaS 平台，其不管是提供的数据加密算法，还是其强度等能够保证数据安全的技术，都会存在着不一样的地方，也就是说，在不同企业当中的 PaaS 平台，都是为了实现相同功能而选用技术本身的多样性。然而此时安全风险评测方法与标准的制定，必须要同时建立在统一评价标准的前提下才能实现。

（3）云计算安全标准必须要制定目标，统一云服务安全目标验证的方法与程序，其验证的核心也必须是在服务商提供了准确无误的执行证据之下再进行，如可信审计记录等诸多条件。

3. 云计算安全技术研究的现状

目前，在 IT 产业界中各种形式的云计算安全产品，以及对应方案早已层出不穷。在 EMC 或 Intel 及 Vmware 等各个公司中已经联合宣布了一项关于可信云体系架构的合作项目，同时还提出了一个相关概念证明系统。

然而微软也针对云计算平台的 Azure 筹备了代号为 Sydney 的安全计划，以此来实现企业用户能够在服务器与 Azure 云之间进行数据交换，从而更好地解决了虚拟化与多租户环境下存在的安全问题。此时，开源云计算平台 Hadoop 也相继推出了安全版本，通过对 Kerberos 安全认证技术的引入，来增加认证和访问控制，为共享商业敏感的数据用户作了保障，有利于组织那些非法用户对 Hadoop Clusters 产生非授权访问。

早已经被甲骨文公司收购的 Sun 公司，也发布了开源云计算安全的相关工具，其能够提供良好的安全保障，尤其针对 Amazon 的 EC2 与 S3，还有虚拟私有云平台，在工具中还包含了 OpenSolaris VPC 网关软件，其是一种既便捷又简单且帮助客户建立通向 Amazon 虚拟私有云的一个安全的通信渠道；而针对 Amazon EC2 所设计的安全增强 VMIs，其中包含非可执行堆栈和加密交换与默认情况下启用的审核等；其中的云安全盒选用的是类 Amazon S3 接口，它是一种将内容自动性地将其进行压缩或加密与拆分的模式，以此来对简化云中加密的内容进行管理等诸多方面。

从目前情况来看，不管是什么形式的云安全计算产品，还是相关技术方案，它们所提供的基础设施云，同样都必须要跟大数据与云计算结合在一起的主流趋势相一致，这样一来，不仅可以灵活地提供计算环境给大数据，还可以将快速且自主的云计算扩展特性充分发挥出来，从而支撑来自海量数据的需求。这里主要从以下四个层面来简单介绍一下。

（1）对敏感数据加密。在云基础设施中，一般情况都是选用云加密措施作为首选的方式，但是这种形式的措施面对所有安全问题的时候，并不能充分发挥其作用，有那么一部分的加密措施必须要通过本地网关才可以实现，这会在无形当中形成一堵看不见的墙，从而造成在云计算环境中这种措施并不能让大数据正常运行。不仅如此，还有那么一部分的解决方案其本身就隐藏着一定程度的安全风险问题，像是那些由云服务提供商来对数据进行加密的方案，就让终端用户被迫去相信密钥持有者。

近几年相继提出了一些加密技术，如分裂密钥加密，这种技术就适用于云计算环境的应用。用户不仅可以利用基础设施云解决方案所提供的服务，同时还能够将密钥存留在自己的手中，从而让密钥能够在一个安全的状态之下。因此，应当使用分裂密钥加密，以此来实现云计算环境中能够得到更好的加密解决方案。

（2）采用能够扩展结构的云安全措施。不仅是在大数据的结构之中，每一个组件都应当具备扩展能力，在云安全的解决方案当中同样也要具备扩展能力。当进行云安全解决方案的选择时，必须要在所有跨地区云部署点中，保证这些方案能够将作用发挥到最大。不仅如此，还必须要在大数据基础设施当中拥有极其高效的扩展能力。可以通过专门的云计算和大数据，去设计相对符合的云安全解决方案，以此来实现必要的扩展性，其中安全性可以是等效的，也可以是超出基于硬件的解决方案。

（3）实现最大程度的自动化。在传统的加密解决方案中，通常都需要有 HSM，也就是硬件单元。毫无疑问的是，硬件部署并不能让自动化成为现实。因此，为了能够让自动化在云安全策略中尽快成为现实，用户就应适当地选择一些虚拟工具的解决方案，而绝非是硬件的解决方案。此外，用户必须要明确可用的 API，尤其是空前的 API 最佳，其可以说是云安全解决方案中的一部分，由此一来，虚拟工具再加上可用的 API，就可以为大数据应用提供其必需的灵活性与自动化。

（4）数据安全无捷径。由于在进行云安全部署的过程中，所要面临的是极为复杂的配置，同时在各项设置之间互相又有着密切的联系，因此，就形成了一个完整的数据安全防护体系，由此可见，在进行规划与部署的时候，就要求相关的管理与技术人员必须缜密，因而就会需要大量的人力与物力投入其中。

此时，由于这种情况的出现，安全防护意识的薄弱且存在节约维护成本等各种因素，有那么一部分的客户就会选用一些更加方便简单的所谓的"安全途径"，基于此来进行防护体系的构建，还有一部分客户就会利用那些免费的加密工具，然后将密钥保存在硬盘之上，而有那么一部分客户可以甚至直接使用任何的加密措施。虽然这些"安全途径"在实际应用中比较便捷且较为简单，但这显而易见地存在着一定程度的安全隐患问题。

针对大数据的安全性而言，首先，此时用户必须要根据数据的敏感程度进行相应的分类，然后再根据其选用适当的保护措施。但是事实上，并不是所有的大数据基础设施都能够保证一定是安全的，倘若是一些极为敏感的数据正处于威胁之中，再或者是一些管制数据处于威胁之中，那么，用户就很有可能要重新寻求能够代替的方案去解决。

（二）大数据时代云安全的发展趋势

1. 趋势科技——云安全

目前，云计算早已成为了 IT 行业中服务模式的一种新趋势，同时其还重构了世界信息产业格局：①像美、日、韩、欧等诸多国家，都早已将云计算归纳到了国家战略产业的范畴当中；②很多跨国 IT 企业也都纷纷在云计算领域中投入了大量资金，只为了能够在云市场中占据先机。因此，云计算在中国也被视为国家战略性新兴产业体系，同时在北京、上海、杭州、深圳、无锡这五个城市中，已经进行了先行试点示范；此时在中国知名 IT 企业中，也蜂拥提出云计算发展战略，以此来谋求战略转型。

当下云时代将迎来一片美好的未来。虽然如今更加便捷的时代应当是一个欢呼雀跃的时期，但是还有那么一部分人，也就是那部分病毒产生的始作俑者，他们利用这一时代的美好云，以此来谋取他们那偏激的利益，怎样更安全地使用云，将成为时下云发展的关键所在。

（1）"云"变"雨"的隐忧。在早些年，亚马逊的简单存储服务（即 S3）曾经被两次中断，这两次的中断严重造成原本依赖于网络单一存储服务的不少网站因此被迫瘫痪。亚马逊曾经对此是这么解释的：这两次的中断完全是由于坚定请求的数量不断增加所致，而 S3 的问题却阻止了新虚拟机在云计算上注册，从而当时有部分虚拟机不能正常启动。针对那些仍然处于初创期且公司的用户黏性并不显著的企业而言，网站的瘫痪严重打击着他们对该网站的信心，这致使人们对于云计算的可靠性产生了实质性的疑虑。

与此同时，谷歌 Apps 在线办公软件为认为能够取代微软 office 等传统应用程序的中断服务，此时的用户文件只能存在于云中；随后，谷歌的云计算服务又相继出现了严重的问题，而 Blogger 与 2012.0257Spreadsheet 等诸多服务也都处于长时间的当机状况，Gmail 服务甚至出现了两周之内三次停摆的情况，因此，有不满的用户纷纷会到 Twitter 网站上抱怨，此后经过谷歌调查得出，这一现象的出现完全是由于 Gmail 所用的联系人系统存在储运损耗问题，所以才致使 Gmail 邮箱不能够正常运行并下载数据。

目前，云计算模式下的所有业务处理都将会在服务器端来完成，这样一旦服务器出现了任何问题，都将造成所有的用户应用不能正常运作，而数据也因此无法访问。虽然网络工程师可以及时将其修复，从而解决云故障的问题，而且没有花费太多时间，但是这却给云计算提出了一个严重的警示。由于这些云服务的规模是一项浩大的工程，当有问题出现的时候，就会造成网民对云计算模式的质疑，从而动摇用户使用云服务的信息。因此可以看出，倘若不能更好地解决云计算中可靠性与安全性的两大问题，想要让云计算真正地普及，还需要走很漫长的一段路程。

（2）安全在"云端"。如若从理论的角度去看，云计算那强大的数据运算和同步调度能力，不仅能够让新威胁的响应速度有所提升，还可以在第一时间内将补丁或安全策略同时分布到各个分支节点之上。

针对传统模式的反病毒厂商来讲，对云计算的引入，能够大大提升他们对于病毒样本的收集能力，从而将威胁的响应时间缩短。而企业就应适当利用云计算的特征，以此来收集并应急响应恶意代码的侵袭，同时全球范围部署的蜜罐与网格计算之间相互结合，还能够更加及时地应对新型攻击行为的不断出现，因而为其规则库的更新及时提供强有力的支持依据。

如今，要想更加快速且高效地收集用户的安全威胁，是云计算安全首要考虑的问题。通常可以根据对云计算的实施数据分析，以此来针对用户的安全需求作出相对响应，但是要采取什么样的方式来确保用户异常信息的收集，将成为云计算安全实施的一大难题。只有利用新的方式，或者选用新的服务提供商，提供相应的安全控制与功能给客户，就可以实现在云计算中大规模的升级处理、存储和带宽能力。

目前，由于云计算正处在初级阶段，在其中仍然会存在或多或少的安全风险问题。尽管如今并不是让用户不去使用云计算，对于用户来讲，其实加强云计算环境中的安全意识是至关重要的一点，同时清楚地认识到其存在的风险，并运用相应的防范措施来保证其安全。

2. 云安全发展趋势

随着信息安全问题的不断增加，在这日趋恶化的情况下，更好地完善云安全解决方案是云计算成败的关键所在。

现下信息社会正处于一个面向云计算框架发展且不可逆转的趋势，不论是对于个人还是对于企业的提升，同样都是不可或缺的一项服务，云计算在改变了原本传统的信息技术消费模式的同时，还将信息安全行业中旧理念与应用模式完全颠覆，形成如今信息时代的新模式。

尽管在 PC 时代，人们通常都会认为信息安全与信息技术，其效率与体验是由一对矛盾体存在的，越是这样强调安全管理与安全技术，用户的成本与体验就会随之变得越高、越差。但是在目前大数据时代，信息安全早就成为了云服务中重要的组成部分，而信息安全的支出成本也已经转向云服务，作为品牌与产品的一部分信息安全越好，其安全技术与服务就越能为其带来更好的用户体验。因此，在电子商务与云计算服务提供商中，云安全的保障也成为了其核心竞争力的关键，在这种形式下所转变的价值观念，将提供强大的驱动力，并推进云安全技术的飞速发展。

（1）下一代防火墙的智能化。目前，安全厂商随着大数据时代的发展，也在逐步地开发着能够覆盖整个数据中心的云环境，还有对应各种数据节点的相关安全技术。如今在市场上就可以看到有层出不穷的物理的及虚拟的安全一体机的出现，它们都是运用最新的安全引擎，或者扫描出来进程，以此来构建更多的安全保护层。尽管如此，数据安全层可视化的要求也随下一代防火墙技术的发展有所提升。在未来的几年里，像 Palo Alto 或 Checkpoint 还有 Fortinet 或思科等各个厂商的安全平台，都将会逐渐发展成链接数据中心与数据之间的一个智能框架。

相对来讲，虽然亚马逊是在互联网上最大的在线零售商，但其也是独立开发人员和开发商提供云计算服务的一个平台。在进行远程云计算平台中，亚马逊是最早一个提供服务的公司，他们将云计算平台称为弹性计算云。亚马逊不仅从主机系统的操作系统和虚拟实例操作系统纵火客户操作系统，以及防火墙和 API 呼叫诸多方面给 EC2 提供了安全措施，其主要目的就是防止亚马逊中 EC2 的数据在尚未经过认可的系统或用户中被拦截，同时在确保用户要求的配置灵活性不被牺牲的前提下，提供更大限度的安全保障。

在 EC2 系统中主要包括以下四个组成部分。

（1）主机操作系统。这一系统可以进入管理业务，必须在管理员的要求下采用多因子的认证，以此来获取目标主机的接入。

（2）客户操作系统。虚拟实例主要是由用户完全控制，并且对账户或服务，还有其应用具有完全的根访问与管理控制能力。

（3）防火墙。也就是亚马逊 EC2 所提供的一个完整的防火墙解决方案。

（4）实例隔离。这是一种运行在形同物理机器上且能够运用不同实例进行 Xen 程序的相互隔离。除此之外，AWS 防火墙是处于管理层之中，也就是物理网络接口与实例虚拟接口之间。

（2）移动云计算。所谓的移动云计算，就是将云计算应用运用到移动生态系统上，当然也可以通过扩展平板电脑与便携式掌上电脑等之类，只不过这些设备的处理与存储能力相对局限。移动设备处理存在网络稳定性或设备的访问等各种问题之外，还会相继带来一部分安全或隐私的新问题，最为突出的一个实例就是由于遗忘或丢失移动设备，从而导致数据的泄露。

到现在为止，还没有任何一个移动应用开发平台可以通用各种语言在 Android 与 IOS 相结合进行研发。目前，网络的未来被视为是云计算技术。根据相关统计得出，在未来的几年里，中国的云计算服务将会在市场规模中逐年增长达到 90% 以上。但云计算的发展并不只是限制于 PC 当中，随着信息化时代的不断发展，移动互联网日新月异，云计算服务也随之逐渐涌入了手机移动终端之中。对于当前社会来讲，移动云计算已经成为了人们日常生活中必不可少的一部分。

移动互联网不断推动着移动云计算发展的步伐，移动云计算也随着 3G/4G 技术的不断普及而飞速发展。根据 2014 年末统计的数据来看，2G 移动电话的用户已经相继减少了

1.24 亿，这与上一年相比净减了 2.4 倍，在移动用户中的比重也由上一年的 67.3%降至 54.7%。而 4G 用户的发展速度却远远超出了 3G 用户，新增的 4G/3G 移动电话用户也随之分别增长了 9728.4 万与 8364.4 万，然而其总数已经高达 9728.4 万和 48525.5 万，相对移动电话用户的渗透率而言，其已经达到了 7.6%与 37.7%。在这其中 TD-SCDMA 与 TD-LTE 用户比上年净增长了 4000 万，总净增达到 1.43 亿用户，这在用户增量与总量中的份额也已经达到了 79.1%与 57.4%。

通常在商业领域中，移动云计算都是围绕着远程办公开展的。在常见的应用当中，其主要内容一般有工作派遣与日常安排，还有内部邮件与工作流程等各个相关移动企业管理服务。除此之外，还有像是后勤或仓存控制等各项移动商务应用。一般情况下，移动云计算在个人用户的应用中，可以通过移动网络的接入来进行交流、通话和视频聊天等，既为生活中购物或支付带来了便捷，又能提供诸如游戏或看电影之类的娱乐，还可以进行查询等个人行为，其所涉及的方面包括吃、住、行，以及游、购、娱乐等诸多方面。

不仅如此，政府也在公共服务或军事等各个领域采用了移动云计算。例如，电子政府、电子健康服务、旅游业中的电子地图导航或旅游定位服务，以及智能交通或环境监控，乃至战时通信等。

移动云计算主要可以从三种模式来看：

一指的是移动云计算设备接入云；

二指的是秭微云；

三指的是国云端为移动设备增效。

通常一台独立的计算机主要具备的功能包括计算与存储，以及操作与现实。像是播放一段视频，首先必须有一定的存储空间来存放这段视频；然后必须计算出所需资源来进行解码；最后要有显示器与键盘才能将影像输出并供用户进行操作。而在云计算的背景之下，以上的各个功能就会由性能不同的多台机器来分别负责并实现。

（3）加密和密钥管理算法。目前，由于在云中数据的地理位置尚未获得，而在各个国家中的法律也有所不同，因而导致数据在进行加密或密钥管理的时候，其在云计算中显得尤为复杂。倘若要进行数据加密，那么就必须要从多个位置来进行，例如，在数据中心内或数据中心之间，再或者是公共或私有云之间，同样都需要有那么一个解决方案，以此来为用户提供控制与使用数据的各个问题。

（4）Adhoc 云。现有的云计算模型主要含有的是数据中心模式，也就是说，在计算机集群中运行云基础设施软件，但也会有那么一部分资源并不能充分被利用。Adhoc 云在企业获得资源的同时，还能让基础设施软件分布其中，不仅如此还带来了更多的有利之处，如可以尽量减少备用基础设施的数量等诸多问题。因此，这种方式就必须要有新的云计算架构来支持，还需要一定获得控制云会员机制，以此来维护新模型中的可伸缩性。

（5）数据溯源技术与隐私保护的平衡。在不久的将来，数据溯源技术就会在信息安全领域中占据重要的位置。前几年在美国国土安全部中，其《国家网络空间安全报告》里就提出了能够保障国家关键基础设施安全的三项关键技术之一。但是在数据溯源技术的应用中，针对大数据安全与隐私保护就有如下挑战。

1）数据溯源与隐私保护之间的平衡。针对这一点，从一个层面看是在数据溯源的基础下进行大数据的保护，首先要做到的就是必须通过分析技术从而获得大数据的来源，只有这样才可以增强安全策略与安全机制工作的大力支持；而从另一个层面讲，通常一些隐私敏感的数据恰恰就是数据的来源，然而用户并不希望这部分的数据被分析者获得。目前，尽量平衡这两者之间的关系是首要研究的问题。

2）数据溯源技术自身的安全性保护。如今针对数据溯源这一技术，其忽略了对安全问题的考虑，像是标记自身是否正确或对标记信息与数据内容之间的绑定是否安全等诸多情况。但是在大数据背景下，其特点就更加突出了这个问题，主要是其大规模、高速性多样性等特点。

不仅如此，在大数据时代中，还有很多类似信息安全的课程有待进一步去探究，像新类型的服务，还有高性能计算，以及在云上构建虚拟专用网，或者是云计算的 Security as a Service 等，诸如此类都属于新兴的概念，要想在大数据时代让云安全真正得到保障，就必须要大量开展相关的研究与实践工作。

第二部分　基于大数据的企业财务管理研究

　　现在，计算机网络不断的普及和推广，物联网、云计算技术迅猛的发展，都表明大数据时代已经来临。大数据时代的来临，将会给企业带来许多的冲击，各行各业在大数据影响下的机遇和挑战也是前所未有的，当然，企业财务领域也不例外，也会受到大数据的影响。

　　企业管理的关键内容就是财务管理，在大数据的背景下，企业所获取的数据信息越来越多，也越来越复杂，从眼花缭乱的数据中选择有用的信息也变得很困难，使得传统的财务管理已经不能满足企业发展的要求，因此，创建新型的财务管理模式，使用精细化、全面化的数据分析平台是适应发展的必然过程。将传统的数据处理方式摒弃，获取更加完善的数据信息，与此同时对财务信息数据能力的要求也变得更高。加强对财务管理的研究，预测企业经营活动，给提高企业的经济效益带来帮助。

　　本部分是围绕大数据背景下的企业财务管理研究讲述的，首先需要了解大数据对企业传统的财务管理带来了哪些深刻影响，带来了什么挑战；其次，介绍了大数据时代下的企业预算管理、大数据时代下的企业投资管理、大数据时代下的企业财务决策管理、大数据时代下的企业财务战略管理，以及大数据时代下的企业财务预警管理。通过从这几方面的分析，来提高企业的经济效益。

第7章 大数据对财务管理的影响

大数据时代的来临，为企业的财务管理提供了巨大的支持，大数据对财务管理的影响非常广泛。与此同时，大数据还可以帮助企业更快地了解市场发展走向、分析市场等，给企业的财务带来积极的影响。本章主要概述大数据对财务管理的影响，介绍了大数据对财务管理工作的影响、大数据与财务信息化内容，以及大数据时代下的企业财务管理的创新研究。

7.1 大数据对财务管理工作的影响

随着大数据时代的来临，对企业的财务管理工作有很大的影响，尤其是在财务汇集、预算管理等方面。并且在大数据时代背景下，企业可以根据科学化的分析，预测市场的发展走向，将市场上各种各样信息综合起来，选择对企业有价值的数据，还可以拓宽企业资金的筹集范围，给企业的财务管理工作带来很大的影响。

一、大数据对财务管理工作的影响

在信息领域，大数据的应用越来越广泛，它的容量非常大、内容非常丰富、速度也非常快，由时代的发展也可以看出，传统企业的经营方式必将改变。大数据推动了企业创新，特别是对企业财务管理工作方面具有很大的影响，既带来了一些机遇，也带来了挑战，使得企业在财务管理中的理念、方法和技术都发生变化，提升了管理水平。

大数据是信息发展的必然产物，给传统企业财务管理工作带来巨大冲击，使其在财务信息的收集、处理、反馈方面都不得不作出改变，由此也可以知道，企业的财务管理工作正向着积极的方向发展。

（一）提高财务数据处理和信息获取的效率

之前财务管理工作主要是采用手工记账的方式，这种方式就会存在很大的问题，会浪费很多的时间、准确度还不高、数据在处理方面也会经常出现错误等，这些问题不仅使得成本花费较高，也会影响财务工作的运营，导致企业内的信息不准确，没有将财务数据的功能表现出来。另外，财务数据还具有传导性，因为流程极其复杂、工作量特别大，使得数据的处理工作没有什么成效，这也间接妨碍了其他部门的工作，使得企业所花费的成本增多。在大数据时代，可以利用数据的整合能力以及先进的处理、分析技术，提高财务数据的处理效率，让企业可以实时、有效地分析财务数据，并将这些数据上报相关部门。还可以运用云端的计算和存储能力，让企业内部的财务信息形成合理的框架，让这个数据看起来更标准化，提高财务信息的准确性。

(二) 改善财务分析和预算管理的能力

在企业的实际运营过程中，进行财务预算管理是非常重要的，企业绝对不能忽视对这一项的管理。财务预算管理指的是将企业内部的资金流整合在一起，分析其外部经营环境，还需要对下一个阶段财务的使用和管理情况作好报告，预估企业当下的财务实力，为未来的融资规模预测等财务计划提供依据。近几年中国的经济在逐步低发展，发展增速明显放缓，企业资金的流动性变弱，使企业的预算管理变得很难。另外，还有好多企业预算管理没有一个有效的指导，缺乏一定的规划，这也使得数据处理的准确度变得很低；在分析数据的过程中，其技术也比较落后；在管理的控制过程中，其信息化的方式不够，就会使得财务预测的水平比较低，不能给企业提供一个较高的财务信息，实现财务资源的合理配置。

在大数据时代，可以采用先进的科学技术手段处理财务信息。一方面企业可以获取更多有价值的信息；另一方面企业还可以借助大数据、云计算等科学技术创建企业财务预算管理系统，能够快速地、准确地获取数据，并且还能够在这个前提下分析、预测企业未来的资金流向，为下期预算编制提供可靠的基础，能够有效地提升企业的预算管理，改善财务部门的预测分析能力。

(三) 加强企业财务的风险管理和内部控制

在现代企业经营管理中，企业风险管理越来越重要，占有非常重要的地位，由于许多外在因素的影响，加上现在市场环境的复杂性，对于企业来说，如何应对财务风险是极其重要的，企业必须重视这个问题。现在企业所面临的风险非常众多，内外部环境都不稳定，企业必须采取有效的方式争取资源，完善内部控制机制。对于企业财务风险管理来说，内控机制是基础，把两者有机地结合起来，能够有效地应对财务风险中的问题。在信息化时代，大数据技术的应用以及信息平台的建设，能够给企业带来准确的、真实的财务信息，并且还可以采用智能化的处理系统帮助企业有效进行风险识别和判断，防止风险的出现。

对于风险的识别和判断，可以从以下两个方面进行：①风险预警和防控。通过大数据的处理系统，能够随时随地地观测财务信息，还可以追踪财务信息，利用智能分析来观察企业的资金走向，能够防控企业财务风险的产生。②风险管理。利用大数据技术和信息处理系统，在发生财务风险以后，能够及时迅速地解决问题，将影响范围缩小到最小，把成本损失降低到最小。

(四) 促进企业财务人员的角色和职能转变

从传统的企业财务管理的角度进行分析，财务人员的工作主要是在会计的基础上记账核算和财务报表分析，在管理上并不是特别的卓越，反而会存在一些不足之处，其实也是企业经营者直接命令执行者。现在是大数据时代，其数据的数量是无法想象的，对于财务管理工作人员的要求也更高，其专业知识必须牢固，还需要拥有对数据的分析和处理能力，将财务工作与其他工作联系起来，实现企业财务管理的职能转变，朝着管理型会计的方向发展。现在对于市场的竞争越来越激烈，谁能掌握资产，将企业的价值发挥出来，谁就可以在日益激烈的市场中稳步地前行。在财务管理工作中运用大数据技术，不仅可以帮助财务人员解决繁杂的数据，处理财务工作中遇到的麻烦；还可以充分地认识财务数据与企业之间的联系，掌握基本的财务信息，让企业能够及时地发现一些财务问题，并迅速地解决问题。

（五）提升财务管理信息对企业决策的支持力度

对企业来说，财务信息是一个比较重要的概念，企业可以根据自己的基本情况制定财务准则，根据这些准则，可以确认企业的资产以及经营情况。然而在分析企业的财务信息时，也会因为一些其他的问题，影响财务信息基本的情况，为了解决各种各样的问题，也就出现了后来的管理会计，能够更好地运用财务信息。在大数据时代下，企业需要获取各种各样的信息，这就需要把财务信息和其他信息结合起来形成一个数据库，便于企业的决策管理工作。举个例子，互联网企业能够运用客户数据分析体系，分析单击和购买客户的地域分布、年龄结构、消费习惯等，以此来判断客户对于产品的需求和爱好，从而根据客户需要制造产品，增加企业的收入。

（六）为企业发展提供经济效益

信息技术的发展和大数据时代的来临，能够推动企业财务管理工作的开展，提高企业在财务管理方面的工作。大数据时代中企业要追随时代的步伐，在财务管理工作方面也要顺应时代的发展利用先进的技术来提高企业的经济效益，有利于降低企业的成本，保障企业的经济效益，让企业为了适应时代的发展，制定科学合理的工作模式，提高工作效率。每隔一段时间，企业都要统计分析数据，从过去的数据中分析企业过去一段时间的经营情况，找出经营不好的原因并解决这些问题，使得企业朝着更好的方向发展，也为企业在以后的发展中提供一定的数据基础。在信息化时代，信息的传播非常快，并且其在时间方面的要求也非常高，但是传统的数据统计却没有达到这方面的要求，这也就限制了企业财务信息的发展，使得企业财务信息的统计不是那么的高效。所以，在大数据时代可以为企业的财务数据提供保障，从而在整个过程中实现丰富的资源模式。企业在未来的发展中，可以根据大数据的财务发展过程，有步骤有计划地进行信息处理，从而将资源合理地安排在企业内，让企业能够更便捷地选择数据信息，从某种程度上来说，有利于企业未来的发展。

二、大数据对财务工作的风险挑战

大数据技术的应用，可以帮助企业更快地处理数据，使得企业财务信息得到高效的应用，提高企业在财务预算管理方面的能力，让企业能够更清楚地掌握自己的内部环境，有更强烈的风险意识，财务工作人员也在尽自己的努力转变职能，提高企业财务管理的信息化水平。当然，大数据在带来一些优势的同时，也会带来一些风险和挑战，具体方面如下。

（一）财务管理的价值内涵发生变化

在大数据时代，许多技术应运而生，企业在财务管理工作方面的理念也发生了转变。传统的财务管理工作主要指的是票据核算、报表分析和记账预算等内容，而在大数据时代，其财务管理工作逐步扩展，企业的许多部门都设计财务管理内容，甚至在整个行业之中都开始为财务数据分析作准备，企业将财务数据作好准备，能够为企业的生产、研发、销售和流通等领域提供更有决策性和价值性的财务信息。除此之外，随着信息科技的发展，信息资产在企业中所占的份额越来越大，企业越来越重视信息资产要素，财务部门的职能也在逐步地转变，从最初的服务性、辅助性职能部门向集财务风险管理、成本控制、融资等于一体的综合性管理部门转变。这不仅有利于企业将各种信息整合在一起，保证资金流的稳定；还推动了财务管理对象的范围，加大了财务管理工作的内容，与此同时，这些挑战也对财务管理工作人员提出了要求，是否能够转变传统的财务管理理念，适应大数据时代发展的需要，提升企业的经济效益，增大企业财务信息处理的能力，这是企业在未来的发展中需要着重注意的地方。

（二）财务管理机制和组织结构变革

所谓的财务数据，指的就是企业在进行财务管理时的基础与核心部分，其主要是通过对企业资金的收支情况进行详细的记录，从而将当前企业的经营状况体现出来，同时在经过充分处理与分析的情况下，再进行对企业财务风险的识别，因此进一步来促进企业的决策和决定。

在目前大数据的时代里，由于财务信息的收集与处理存在着一定的复杂性，这无疑在很大程度上为企业财务管理带来了极大的挑战。主要体现在以下两个层面。

（1）对财务数据规模的膨胀、收集和处理的难度大大增加。在如今的大数据环境中，财务数据的来源极为广泛，同时其类型也极为复杂多样，变化的速度也相当迅速，怎样才能确保数据的整理且能够有效将其分类或处理就成为了当前管理机制中出现的新问题。

（2）财务信息与业务信息的融合，以及其延伸的关联广度。目前，财务数据不仅可以从传统的会计信息中获得，还必须从各个业务部门或各行各业，以及社会中各个层面的信息纳入到数据体系当中，从而导致财务管理工作的工作量大大增加，因此，必须要进一步地将财务管理问题从根本上得到解决。不仅如此，财务部门由于大数据技术的影响，其内部分工也在不断地日趋精细，这也为组织结构的调整带来了相当程度的改变，所以就必须要明确岗位需求与各个人员的责任，以此来为财务管理水平提出更高的要求。

（三）财务管理的技术难度增加

伴随着信息化时代的不断发展，大数据的多样性与复杂性也随之为企业财务管理提供了掌握更多信息的便利，从而提升了数据处理的效率。只不过在这个时候，大数据由于自身的规模极其巨大、类型具有多元化、价值密度相对较低等诸多特征，在进行企业财务信息的关联与技术水平方面也随之提高了挑战要求。其主要是从以下两个层面体现出来。

（1）财务数据不仅来源较为广泛，结构也相对复杂，并且在进行信息收集与挖掘技术的时候难度也相对较大。在大数据时代环境中，财务数据还打破了国家、行业和地域等各个方面的限制，其来源渠道显得更为多元化，同时也将网络化与层次性特征更好地体现出来。语义或语态等诸多方面的变化，也会造成数据结构的复杂性增大，怎样才能在这海量的数据资料中收集与挖掘财务信息，是当前是否能提高技术水平的重要环节，同时促进更为动态且智能化的分析方式不断发展。

（2）大数据的价值密度不仅相对较低，而且其信息的准确性也十分不尽人意，同时针对财务数据的辨别技术也需要有所提升。目前，企业的战略决策与发展方向在很多程度上都受到了财务数据的真实性与准确度的影响，如若不能够及时辨别财务数据的真伪，就会导致企业丧失了在市场中的竞争主动权。由于大数据的价值密度相对较低，因而也提高了对企业财务管理技术的要求，因此，必须从创新工具分析，然后利用新技术的手段进一步地解决这一大难题，从而提供依据为企业作出准确的决策。

（四）财务管理信息的安全性降低

眼下针对传统的财务管理来讲，必须要采用实名制来对财务数据进入使用和处理，必须要通过对个人信息的验证才可以进行到系统，或者应用数据当中利用痕迹对用户实现实时追踪，只有这样才能够让财务数据保证极高的安全系数，从而降低可能被窃取成功的几率。

由于在大数据时代中如互联网等各项技术的广泛应用，因而财务数据也由此获得了丰富的来源，以及复杂多样的类型特点，再加上如今开放使用，还有突飞猛进的更新速度与增加环节，这无疑导致信息失真，同时还为企业财务管理的安全性带来了极大的风险指数。其主要体现在以下两个方面：

（1）目前用户信息的获取方式较为简单。在大数据时代环境下，当用户应用互联网或电子信息设备等进行收集或使用数据的时候，在无形当中就可能会将一部分个人的关键信息泄露，而此时数据供应商就有可能会钻这个空子，无疑会为企业带来财务方面的威胁。

（2）财务信息可以破解的难度降低。由于大数据的频繁使用，造成财务信息流的交互不断上升，当在进行交易的过程中，就很容易导致源代码流失或密码被轻易破解的情况发生，再加上企业的防火墙等各种信息软件在不断更新，从而致使企业财务管理中的信息安全性大大降低，因此，就必须要注重对创新安全工具与防护软件的关注，同时着重关注对企业财务信息安全的维护措施。

三、大数据在财务管理中的作用

（一）可以更快地了解市场走向

如今在大数据时代中企业通过对大数据技术的应用，就可以及时迅速地获得市场的动向与趋势。从而可以对企业及时地进行相应的调整，然后再通过大数据技术，促使企业从中提升信息分析和处理的能力，以此来帮助企业在运行中发掘隐患或威胁。当财务人员在分析结果中获得相关财务信息的时候，就可以从这些数据中轻易地发现其转变带来的异常情况，然后再进一步地去探究其原因，与此同时，还能够从中得知目前企业的运行是不是会存在一定的风险与隐患。不仅如此，还可以通过对管理的转变，以及技术方面的改革换新，对内部管理及时作出相对应的调节措施，这样就可以让企业内部管控和财务管理水平得到改善。

（二）可以迅速地对市场信息进行综合

现如今企业可以通过对大数据技术的应用，在市场中对信息更加快速地进行综合，然后从中获得较为明显的企业投资收益。在不少企业经营的过程中，他们除了会依赖其自身存在的发展来获取更大的经济效益之外，通常还会善于把握时机，从投资方向上再次获得更大的经济效益。对于大数据技术来说，其不仅能够为企业的财务管理带来更好发展，且更为精确的投资信息，还可以让企业在适应当下市场环境变换的情况下，实施相应的投资策略，从而实现企业投资回报率最大化。

（三）可以拓宽企业资金筹集的渠道

通常情况下企业在进行财务管理的时候，再加上大数据技术环境中信息的共享特性，都会使原本只依赖于借贷筹资的方式有所改变，从而形成现有的多样化的资金筹集方式。如今一般数据信息都是通过资本市场从相对应的信息共享平台中获取而来，通常都是运用债务转股权或重组合并等各种不同的方式，从而让企业可以开拓资金筹集渠道，最终在降低了资金筹集成本的情况下，给企业带来更多的经济效益。但是目前在这种情况下的信息共享性质，已经明显突出了信息不均衡的现象，这无疑促进了企业可以从更多的方向进行财务决策。

7.2　大数据与财务信息化

现如今，在这科学技术飞速发展、信息产业化不断推进的时代，对传统企业经营来讲，从某种程度上无疑是一个很大的冲击。特别是在大数据时代的环境中，倘若企业想要获得相对的稳定，倘若企业想要能够持续发展，就必须要从传统的经营理念上有所改变，从对传统经营理念的改进中促进企业发展并适应于新时代的发展脚步，尤其针对财务管理方面，就必须要不断做出相应的改进与调整，只有这样，才能够让企业获得更好的发展，并促进其进步。

一、大数据时代下的企业财务信息化

（一）企业财务信息的挖掘与转化

1. 企业财务信息的挖掘

针对企业中对财务信息的挖掘，通常可以从企业内部与外部两个方面着手考虑。

（1）从企业内部去分析。所谓的企业财务信息挖掘，就是通过企业财务部门、业务部门及管理部门等，从这若干部门中的各种形式的数据信息着手，采用各种形式的挖掘途径进行挖掘。只不过其中最为重要的一点，就是要找关键信息的提供者与信息部门。

（2）从企业外部入手，也就是所谓的外部途径。由于外部环境会直接影响着企业，因而在外部市场或社会中进行数据挖掘就会存在一定程度的必然性。通常情况下，企业财务在进行数据挖掘的外部途径包括：政府机关的政策安排与相关计划；资本市场的宏观经济数据，或者来自市场竞争与资金流向等诸多财务信息；不仅如此，还会存在社会媒体与信息中介机构的信息，或者是客户市场信息与顾客的反馈与需求信息等各个方面。

2. 企业财务信息的转化

目前，针对财务信息的转化这一问题，一般都会在大数据的分析改革或数据的传输与共享中有所体现。首先，在如今这海量的大数据背景下，必须将财务信息化设定为前提条件，然后从根本上去判定时效性相对更为有效的有用数据。其次，由于当下处于纷繁复杂的数据海洋之中，数据的整合作为一项最基础的准备工作，就可以对财务信息化信息基础的数据进行分析。在此就必须要适当进行必要性的数据处理，以此来对有效的企业财务信息进行转化，然而对于数据的处理，其实就是对数据分析的结果，还有对数据进行优选与组织的问题。最后想要进行企业财务信息转化，就必须要提前明确转化过程，并确定其中每一个步骤与具体程序，再有针对性地对企业财务信息进行相应的转化。

（二）企业财务信息的运用与累积

1. 企业财务信息的运用

对企业财务管理方面而言，其主要会从业务层面、经济管理层面和战略层面划分。其中战略层面在当下大数据时代对于企业战略决策来讲，企业财务的信息化是至关重要的一点，由于企业未来的发展方向完全取决于企业的战略决策，其牵涉的范围极其广且存在一定的不确定性，从而促使企业财务信息必须可以提供相对合理的预测数据，故而企业战略层面在这大数据时代下，对财务信息化的要求就随之增高。而针对企业经营管理层面与业务层面来讲，业务层面的财务信息化要求相对较低，是由于其通常都是有针对性地对业务具体考察，经营管理层面相对而言就会略为复杂，不只需要直接的财务数据，同时还必须对数据进行处理才可以获取财务信息结果，因此，在这一层面就必须要遵守一定的财务数据综合与推测的要求。不管怎么说，企业财务信息在大数据时代背景下，其应用将会变得更为明显且尤为突出。

2. 企业财务信息的累积

对于企业财务管理而言，其本身就存在着一定程度的成本支出，因而在大数据时代环境中，就更加应当将财务信息化管理成本与效益问题考虑在内。首先，数据在大数据时代中存在的特性，也就是数据的共享性，其有利于数据成本的节省，可以说是一项极为有效的手段，而信息的共享性就成为了大数据时代的一种产物。其次，由于大数据时代的不断推进，企业财务信息也随之日益增长，但是相对而言对于财务信息的有效利用，就会从而增加财务信息的价值和意义，企业也会由于这些有价值的财务信息的不断积累，从而提供良好的决策支持。最终，只有让财务信息数据不断进行传输且有效转换，才可以保证其存在的价值。总体来讲，在当下大数据时代中，首要考虑的就是尽量加快企业财务数据的积累频率与传输速度。

二、大数据时代对于企业财务信息化的影响

(一) 财务信息化逐渐变成会计工作中的重要工具

在最近几年中，大数据的交易规模日益增长，会计核算与管理的信息化也随之成为了势不可挡的必然趋势。由于企业在以往的创建中，会计制度和会计核算的模式及信息化的系统，早已不能够满足时下企业的交易和发展需求，然而信息化管理只不过是会计核算中对财务信息化的一个部分，其并不能使业财融合成为现实。因此，企业必须同时兼顾财务信息化，不仅要格外重视，还必须加强投入建设力度，从多角度、全方位进行思考与规划。特别是要根据大数据时代的会计核算数据量大、处理周期短等各个特点，从而制定一套适用于企业会计信息化的发展方案，以此来处理企业会计及企业交易在大数据时代中的特点与存在问题，之后通过对信息化技术的应用进行优化，从而加强企业的核算能力，促进财务信息处理的及时性，同时确保会计信息的准确性、真实性、完整性和可靠性。

(二) 企业财务信息的收集变得十分简单

企业财务管理在很长的一段时间里，其主要是通过人工来进行操作的，但是当期执行各个经济活动任务的过程中，就必须要有一定的项目数据作为基础才可以展开，因此，必须及时收集相关企业的财务信息，只不过对于企业来讲，通常这一环节都是相当困难的，运用传统的模式进行人工收集是十分困难的，不仅是对人力物力的一种极大的消耗，同时还有可能在某种程度上阻碍了企业发展前进的脚步。

在大数据时代来临之后，企业的财务信息数据收集就不会像之前那样困难，只要利用各种的信息收集工具，就能够科学快速地将其完成，同时其实效性还相当可观，一般情况下，运用这种方式收集回来的数据都存在极高的准确性与全面性，恰恰可以提供实际的依据为下一步的决策所用，从某种程度上也提供了极其高的科学性，帮助财务管理进行决策。当下由于企业财务管理和经营环境之间存在着一定的直接联系，而在大数据时代下交易方式也在不断地推进优化中，可以通过交易的过程获取很多交易信息，因此，对于企业财务信息化的发展而言，就必须要以其实效性促进对财务信息的处理，然后通过网络平台积极收集相关交易数据信息的同时实时对其进行分析，从而提升财务管理的有效性。

(三) 新经济模式下财务信息呈海量化的发展趋势

目前，在传统的经营模式与新经济模式之间，通常会存在着一定的差异。例如，时下的制造业供应商通常都会在企业的内部进行，而对于企业会计核算和相关管理与决策，一般都会在企业闭环环境下完成。通常会计信息都是按照日算月结的方式，但在如今新经济的模式中，一般企业都是采用实体店进行销售或布点的方式，从而创建实体门店经营模式，让企业实体运营模式可以逐步趋向于网络经营模式。在这之中，其海量结算还有采购及供货，就将企业经营交易的海量化或大数据充分体现出来。

三、大数据时代下财务信息化中存在的问题

(一) 财务信息化数据的管理难度越来越大

现如今是大数据时代发展时期，在企业当中对数据资源的获得远远超出了过去任何一个时期，不仅如此，数据资源仍然处于飞速发展的阶段这种结构分散且规模相对较大的数据源，无疑对企业财务工作的要求提高了。

(1) 企业第一步要关注的财务工作，就是对数据源可靠性的判断，确保其可行性，但是由于数据规模的不断增长，对数据源的判断也随之增加了难度。

(2) 通常企业的财务部门都必须要有固定的时间，在这个时间段将财务数据管理工作完成，但是由于信息的蜂拥而至、系统的处理效率相对较低等各种条件的制约，造成财务管理工作不能与大数据的要求相一致。

(3) 在企业中对于内部信息数据而言，也在无形之中增加了交换压力，这大大增加了对企业内部交流的条件。

(4) 企业必须要从整体入手，不管是对国家，还是对行业与市场，乃至是企业本身，都必须对财务数据进行相关的关联与分析，从而可以看出，针对企业财务工作具有相当大的难度。

(二) 财务信息化建设的方向不够明确

通常如若财务信息化的建设方向并不明确，就会导致大数据时代中企业财务工作会存在一定的问题。如今一般在企业财务信息化的方向性建设中，主要会存在以下两个问题。

(1) 在企业的财务制度中，其建设通常会有一定程度的滞后性，根据调查研究得出，在绝大多数企业里都是先建立才会信息化，然后再着手去制定相关的财务制度，但是往往这种情况下的财务信息化并不有利于对其进行控制。

(2) 很多企业并没有根据自身实际情况来对财务信息化进行合理建设，由于更多情况都只是追求于先进的技术，还有对设备与系统的追求，就严重造成其在成本费用上的大量投入，然而由于员工的能力和财务系统的状况，并不能让财务工作达到预期的效果。

(三) 财务工作中信息风险防范能力有待提高

现在在大数据环境中，对于企业的财务工作而言，其信息风险的防范能力无疑被推到了一个更高的阶段。但是在实际的工作当中，黑客却盯上了大规模的有价值的财务数据，对其产生了更高的攻击欲望，倘若企业中信息风险能力相对薄弱，或者出现了漏洞，那么就会遭受到大批量的病毒或木马及黑客的侵袭，因而会导致企业遭受到严重的财产损失。针对这一点，可以清楚地看出，企业当中对于财务信息风险的防范能力是至关重要的一点。

(四) 财务人员的职业素质有待加强

企业财务人员目前正处于大数据环境中，其职业素养还必须要增强。由于传统的财务工作与现如今财务信息化工作大有不同，此时财务工作又在大数据化的推动下需要满足更

高的要求，企业中的财务人员不单单要具备优质的财务能力与管理能力，同时必须要具备极强的数据分析和信息化操作的能力。但是在当下中国企业财务人员的综合素质还有待提升，他们在大数据背景下对企业财务工作的要求还并不能完全得到满足。

四、大数据时代下提高财务信息化的策略

（一）建立健全财务信息化管理制度

在企业管理中，针对管理制度的建立就是其核心部分，不仅如此，拥有良好的执行制度和信息化存在着密切的联系。企业在大数据环境中，通常情况下都是从财务信息的平台、网络信息的环境和财务制度这三个方面，从而完善财务信息化管理的制度。

（1）互联网信息的环境是一种开放性环境，不仅互联网信息环境必须要在政府部门中进行净化，而且对于财务信息化管理制度的制定也是至关重要的，在进行财务制度制定的时候，不仅要突出其中的重点，还必须要统筹兼顾，这样才可以建立出一套十分全面的适用于会计信息化的管理规范。

（2）在企业中必须建立一套统一的财务管理制度，只有这样才能让各个部门出现的违规操作尽量降至最低，通过这种制度的信息化，从而降低内部可能出现的威胁，以此来对内部进行相应的控制。例如，可以从资金管理方面统一规划，或者将资金结算的速度提升等诸多方面着手。

（3）企业应当在大数据的时代背景下建立一个财务信息化平台，然后尽最大努力对财务数据以及业务数据进行集成，让企业业财融合成为现实，有利于企业高层管理者对各种信息充分掌握，同时可以第一时间对各种业务数据进行分析，得到其在经营中产生的影响。

（二）强化大数据的财务管理队伍建设

在大数据时代中，企业必须要聘用那些不仅了解信息化的专业人才，其同时还要具备财务管理的能力，尤其是对财务数据进行分析的过程中，就急需这样的专业人才来建立财务数据的分析模型。只不过如今在企业中并没有能够满足其需求的人才储备，那么，想要对企业财务数据建立分析模型就十分困难。故而企业首先要考虑的就是怎样壮大专业的建设团队，只有这样才能让企业发展与人才发展相一致，特别是在大数据整理与分析的财务人员配备上，不只是可以通过内部来进行优秀人才的选拔，再对其进行相应的信息化与财务方面的相关培训，还可以同校企合作或通过招聘的方式来选择适用于企业的专业性人才，由此一来，不仅促进了企业不断发展与进步，同时还增强了企业在市场中的竞争力，从而提升企业的经济效益。

（三）提高企业管理层的财务信息化水平

财务信息化管理的建设在大数据时代的推动中，必须要大力增强宣传力度和操作技能，让企业管理层从根本上提升财务信息化的水平。由于当前企业财务信息化管理建设水平完全取决于企业员工和管理层的财务信息化水平，尤其是那些高层管理者，就更需要充分了解财务的信息化可以为企业发展带来什么样的作用，然后增强企业财务信息化管理建

设的投入力度，以及其资源整合力度，以此来让企业财务信息化建设的顺利进行得到保障，同时获得更好的应用，最终让预期的信息化建设中规划的目标成为现实。

（四）完善企业信息化与财务信息化之间的配套建设

除了上述之外，企业在大数据时代下还必须充分了解财务信息化建设的重要性，而企业信息化建设的核心内容则是对财务信息化的建设，企业经营管理水平就完全取决于此。故而必须要将业务端和财务端的信息化建设不断完善，以此来让企业各个部门都能保证其信息共享成为现实，从而避免信息孤岛现象的出现。

首先，必须要充分做好硬件准备。必须将相关的财务数据融入到企业会计信息化体系当中，然后再建立计算机互联网系统，并将其运行在各个部门之间，以此来保证信息数据可以共享。

其次是对软件的开发。应适当在企业中建立动态预算管理，以及财务查询系统，让数据可以在供、产、销过程中的流动得到保障，从而确保财务数据传输的准确性和及时性，同时凭借信息技术再创建一套查询系统，更加方便之后的远程跟踪。

除此之外，在大数据环境中要想实时地对财务进行监督控制，就必须创建相应的预算管理系统，这样不管是针对财务预算事前，还是针对财务预算事中，甚至于财务预算事后都能得到控制。

7.3　大数据时代下企业财务管理的创新

目前，社会信息化与科技化的发展在不断加快脚步，同时人们的生活环境也处在快节奏的信息获取中，因此对它们实效性的获取也增加了难度。计算机应用技术与互联网也在突飞猛进地变化着，而此时信息的获取也逐渐转变成为数据信息，它是一种新型的且十分便捷的信息反映与处理方式，其主要是借助发达的计算机与互联网技术将信息转换与处理完成，充分证明了大数据时代的到来。由于在企业财务管理当中获取信息时对高效性的要求相对较高，故而需要改变传统的企业财务管理思路，必须从企业财务管理工作过程中尽早寻求到新的模式与方法，以此来为企业提供更为科学且适当的财务管理体系，这也是对于企业财务管理人员来讲十分重要的核心问题。

一、企业财务管理在大数据时代下创新的意义

如今随着时代不断的变迁，多元化的市场环境为企业的发展带来了更大的发展空间与发展市场，但是有利也有弊，企业同样也因此而面临着更加强大的压力与挑战，尤其是现在科技的不断进步，以及市场体系不断完善健全，再加上市场格局的应时调整，这些都在很大程度上影响着企业并改变着产业的结构，这让企业必须不断进行自身内部的变革与创新，只有这样才能让其管理模式与管理方式更加完善，从而让企业在市场中的竞争力有所提升，使企业可以更加健康且不断向良性发展。

但是针对某个企业来讲，尽管财务管理在企业中处于极为重要的位置，也必须将发展

观念始终贯彻下去，必须跟上市场发展要求，从更长远的发展理念中不断增强自身的改革与创新，这对企业能否适应现代化的需求、企业能否应对市场压力与挑战，无疑是指明灯，可以为其明确自身方向并促进其不断发展。

二、大数据时代下企业财务管理创新的策略

伴随着当前全球经济的日益密切，国内的市场环境也随之日新月异，而企业的生产与竞争压力也接踵而至。再加上信息化时代与技术变革的速度突飞猛进，而宏观经济环境的复杂化与企业结构也在不断地调整之中，这无疑为企业的管理模式及其管理水平与管理技术，不仅提出了更高的要求，同时还提出了更多的挑战。在企业中，财务管理不单单只是企业管理的核心与重要组成部分，还对其战略决策与长远发展起着决定性的影响。随着大数据时代的道路，财务管理也必须适当对管理理念与方法作出调整，而且还需要改变其管理模式，并创新管理技术，从而提升企业财务数据收集、处理和应用的能力，在这信息化时代中不断适应其变化脚步，故而提升企业的竞争力与发展原动力。

（一）转变财务管理思维和理念

在大数据时代，从一个层面上看，信息在不断地改变中逐渐提高了数据的广度与深度，促进其成为了企业经营中一项重要的资产与信息财富，同时企业竞争的核心着力点也是经济活动的重要投入因素，以及商业模式转变的基础。然而另一个层面上，大数据技术又被广泛应用着，在某种程度上成为了企业管理中创新与经营模式必不可少的技术支持，促进企业管理的信息化与科学化。

在企业中，财务管理作为最核心的职能部门，通常都会在具体经营与长远战略规划中占据着重要位置。如今企业中的经营者与财务管理人员，必须要适应信息时代并主动转变其管理观念，从而建立新思维——大财务，将大数据的价值重视起来，以此来为企业更加有效地提供信息支持。其主要体现在以下两方面。

（1）必须积极树立大数据的应用意识，通过大数据理念和财务管理相互结合，运用大数据对财务数据进行处理与分析，并促进企业财务管理向不断精细化且具备智能化的发展方向。

（2）必须打消对大数据创造利益不确定性的顾虑，同时必须充分利用大数据进行信息挖掘的优势，重视其在企业决策中所处的位置，在获得商机的同时适应市场竞争趋势，从而让财务数据的使用效率有所提升，并积极应对环境变化所带来的挑战。

（二）创新企业财务管理组织结构

在企业当中，组织结构不仅可以支撑产品生产与技术改进，还是经济活动与其他企业活动中运筹的体系，它是企业中重要的组成体系。在传统的企业中通常财务管理组织结构都是职能部门化，一般都会有财务部、会计部和资金部等诸多部门。而大数据时代的到来，无疑为企业财务管理组织结构提出了适应性的变革，一般体现在以下三个层面。

（1）针对原有的财务管理组织结构，需要在原有的基础上从财务管理组织内部适当增添专门的部门，以此来对财务数据和非财务数据等各个大量的商业数据进行管理，从而更好地管理财务大数据中心的开发平台。

（2）必须要关注传统财务人员其本身能力的局限性，然后适当地在财务管理专门部门中加配一定比例的数据分析人员，从而在利用统计学分析、商业智能化与数据分析处理等各项技术的同时，在这海量的数据中将那些潜在的、有价值的且具有意义的信息挖掘出来，以此来提供准确的数据支持为企业管理者所用。

（3）大数据的接踵而至促进财务管理抛弃了之前孤立的工作观念，逐步向各部门合作发展，然而财务部门和企业其他部门之间一般都会存在着一定程度的密切联系，因此相对而言，财务数据的数量就会相对较大，其类型也会呈现多样性，而其来源也会更为广泛，从而可以得出，企业需要全员都积极参与到大数据下的企业财务管理当中。

（三）加强财务管理的信息化建设

信息的更新速度在大数据时代非常之快，并且突出其爆炸式的发展特征，其不仅为企业经营与管理提供了有利的信息补充，同时还提升了信息化建设的要求。若针对企业财务管理者而言，要想提升企业竞争力，必须将信息共享平台建设得更加完善，通过对内外部信息的双向流通与交叉互动，从而应付新技术改革带来的挑战，实现最初的经营目标。故而企业不仅要对其更加重视，还应增强对财务管理信息化的建设。通常情况可以从以下三个层面具体分析。

1. 建立财务管理信息化制度，打造信息共享平台

所谓有效的制度，其实就是为了让财务管理信息化能够成为现实的基础。首先，企业就应将财务数据的收集标准、处理流程及其分析方式和报告模式进一步地规范起来，让财务信息可以高度整合成为现实，从而进一步提供依据给企业使用。然后再对应其建立相关的信息共享平台，统一地将财务、业务及战略决策融入到信息体系当中，从而使财务信息的透明化有所提升。

2. 完善财务数据管理系统，升级并开发财务软件

企业必须要结合实际情况与自身存在的行业特点，继而创建一个可以有效且更加完善的财务管理系统，以此来提升其自身收集、处理和进行分析数据的各项能力，从而将财务信息中潜藏的商机挖掘出来。与此同时，还不断对财务管理软件进行升级与开发，从中更为有效地获取并利用财务数据，由此一来，不仅可以为财务信息扩展容量，还可以打下坚实的基础以供信息化平台的建设。

3. 净化内外部网络环境，维护财务信息安全

在企业当中必须随时关注内部网络环境的变化，然后通过对财务信息网络安全的建立，从而及时避免病毒等诸多因素导致的信息外漏，同时尽可能对财务数据的安全与准确性进行维护。

（四）构建财务管理智能系统

目前，虽然大数据环境中涵盖的信息价值非常之大，但是其密度值却相对较低，因此，大数据主要的关注点在于怎样从海量数据中将具有价值的信息挖掘出来。然而当下的商业智能就是通过对数据仓库、数据分析和数据挖掘等各项先进科学技术的利用，然后将这海量的数据更加及时且迅速地转化成为知识，以此来支持企业的决策与战略发展。因此，大数据中的核心应用即是商业智能。

时下由于大数据时代的到来，接踵而至的是信息大爆炸，如若一个企业想在这竞争激烈的市场中占有一席之地，毫无疑问必须要提升决策速度与准确度，对于企业管理的核心——财务管理而言，也会因此直接将企业的经营现状反映出来。因此，将商业智能应用到财务管理当中，然后利用新技术方式及时且迅速地对财务大数据进行转化，并提供具有价值的信息来进行决策。而将财务管理智能系统建设得更加完善，成为企业中极为重要的一部分，并将企业财务管理与商业智能成功结合在一起。

这里针对财务管理智能系统从以下三个层面来进行简单的阐述。

1. 财务分析

通过以往企业中的财务大数据，以及如今企业中的财务大数据，通常财务分析系统可以利用数据挖掘分类计数与预测技术等各项技术，从更深层次为其加工与整理，并分析与评价，继而从中更加全面且准确地掌握企业筹资活动或投资活动，还有相对的经营活动偿债能力与运营能力，以及其盈利能力与发展能力等情况，提供企业以往的状况，让企业投资者或债券者及经营管理者与其他一些关注与企业的组织或个人有所了解，然后通过对企业现状的评估来预测企业未来的发展趋势，从而更加精确且及时地提供信息依据进行决策与评估。

2. 财务预测

一般财务预测的内容都包括资金的预测、对成本和费用的预测、营业收入的预测和销售额的预测，以及其利润的预测等多个方面，这着实给财务人员提供了参考依据，以此来判断未来的不确定性。当前大数据时代背景下，对于财务预算系统的建设，无疑可以更加及时地对财务预算的执行与完成情况进行监控，继而让企业更快适应于现下经济市场环境中的变化，然后通过对财务预算方案的不断调整与完善，来提升企业应对突发状况的应变能力。通常财务预算系统都是运用商业只能种的回归，以及神经网络等各项技术，不仅可以不断将其完善，还可以快速且更加准确地对企业未来的财务状况与经营成果进行预测。

3. 财务决策支持

所谓的财务决策指的即是选取或确定财务方案与财务政策，它主要是为了更准确地决定出一套适合的财务方案。通常财务决策的内容包括筹资决策、投资决策和股份分配决策等，以上这些决策内容一般都可以通过财务决策系统来完成，与此同时，再利用现今高新的商业智能技术就可以从海量财务数据中轻松地获取到相关的数据，然后再对这些数据进行相应的联机分析处理，以此来提供支持管理层进行决策。

（五）提升数据管理水平

企业拥有的数据其实是至关重要的资源，但是那些之前的数据价值也会因此而被遗忘，由于在企业中其领导或员工并没有意识到这一点，就会忽略企业未来进行竞争决策性的法宝——大数据。倘若一部分极为重要的数据并未被及时处理并汇集起来，就会导致企业在决策时受到影响，然而企业时下缺少对数据统一分类的标准，这无疑在数据进行整合时提升极大的难度，像以往出现大量数据丢失后续利用价值等诸多问题。但是伴随大数据时代的来临，人们逐渐意识到数据的重要性，并创造出新的财务管理模式，也就是在将数据收集、存储分析与应用能力不断增强，从而让数据管理水平有所提升。

1. 数据收集

目前，大数据背景下的财务管理活动一般都是依赖于数据，数据成为了其主要的表达方式，财务管理的基础即是能否拥有强大的数据资源。在以往的财务管理活动中，经常会有决策并不能因当下掌握的数据来决定，这无疑造成了决策效率受到影响。由此必须要从数据收集开始加强，从更广泛的数据资源中获取到财务管理活动所需。通常情况可以从两个层面进行。

（1）政府必须促进企业会计信息化实施工作的开展，并在给予企业技术层面支持的同时，帮助企业让数据收集与利用更加完善。

（2）不仅只依靠政府，企业本身也要让数据规划的工作更加完善，根据实际的情况对数据收集框架体系进行建设，从这一基础上再进行数据收集活动的展开。

2. 数据存储

伴随着大数据环境日益趋势，数据也随之迅速膨胀，无形中就形成了大量数据的不断涌入，由于企业在进行数据收集时，在其中获得的数据也随之扩大，目前在企业中进行数据存储的软硬件已经不能够再满足现状。毫无疑问，进行数据分析或应用的效率与质量会大大降低，因此，就必须要从数据库的建立着手，让其也可以更加完善。首先，必须做好硬件保障，主要利用包含大数据技术在内的先进存储服务器，然后根据企业实际情况做好其数据库结构的规划设计，并统一制定一套数据要素分类标准。

3. 数据分析

针对数据分析而言，大数据隐藏的信息价值其实就是它重要的意义所在，而对于数据挖掘而言，可以同时对数据进行分析，让热门更有效且及时地深入到数据内部，同时将数据精炼并挖掘其价值。如今已经有大量的数据在财务管理活动的数据收集，还有数据存储阶段中获得，之后所要做的就是怎样利用大数据分析与挖掘技术，在这庞大的数据规模中找寻出更加具有价值的有效信息，在需求者能够更适应于现在变化的同时，从而作出更加高效且明智的决策。

4. 数据应用

现如今大数据的应用在企业当中逐渐普及，在未来数据资源也将会成为企业竞争的关键所在。在企业经营活动中，财务数据与相关的业务数据不只是其记录的一种符号，同样也是企业价值创造的助推剂。应当将大数据的优势在企业财务管理中充分发挥出来，并在对大数据进行分析与挖掘的同时，获取具有价值的信息，从而帮助经营管理进行决策，在无形当中帮助企业增长业绩。

（六）构建综合型财务管理人才队伍

构建所谓的财务管理体系，其主要还是依靠财务人员的建设与推动。而在很大程度上，财务团队的素质决定了企业财务管理工作的质量。特别是在现在大数据时代，大多数传统的商业模式与经营理念在逐渐更新换代，只有将其专业化且成为综合型的财务管理团队，才能够实现高水平且信息化的财务管理。其主要可以从以下四个层面来进行简单介绍。

1. 提高财务人员的综合素质，树立新型财务管理思维

目前正处于信息爆棚的大数据环境下，财务人员在这一时代当中，不单单是为了打好

坚实的专业基础，还必须要掌握系统并完备现代化的信息技术知识，在树立财务意识的同时运用目前先进的管理方式，让财务数据能够更加有效地得到处理，并让其信息可以被准确识别，以此来为企业决策提供更多的智慧。此时，企业不仅必须不断提高财务人员的综合素质，同时还必须要培养财务人员战略性的思维方式，从根本上创建财务管理信息化条件。

2. 合理配置财务部门人员，明晰岗位责任

在大数据时代的企业中，必须要根据自身的实际情况适当地对财务人员的配置比例进行科学性的调整，以确保财务信息与非财务信息可以有效进行整合。不仅如此，还必须要明确财务部门人员的职能与责任，创建一条合理的全人员管理机制。

3. 加强财务人才储备，实现精准化培养

时下在大数据时代下综合型财务管理人才在市场中还处于供不应求的阶段，而企业应当注重人才强化培养意识，通过对高校定向且准确化的合作，确保企业财务管理方面的人才，可以拥有充分的储备资源。

4. 完善绩效考核，强化内部审计

由于大数据时代的推进，企业财务人员已经掌握大量且核心的数据与信息资源，因此，企业必须制定出一套有效的绩效考核与评估机制，让财务人员从内部进行监督得以实现，让财务工作可以更加规范化，并为财务决策提供有价值的依据。

第8章 大数据时代下的企业预算管理

大数据时代的来临，无疑为企业带来了信息化的变革，企业通过对硬件平台先进技术的建设，再加上对云计算所带来强大分析功能的利用，让实时监控成为现实并及时调整战略部署。由于大数据时代的，人们可以在第一时间了解到企业的最新动态，在从中找出自身薄弱部分的同时，有针对性地进行及时改进，并在最需要的地方及时应用预算管理。

8.1 预算与企业战略的关系

如今大数据的普及早已经成为了移动互联网背景下最为常见的词汇，也会有更多的企业随之利用各个种类的互联网技术，其不仅可以进行数据的收集和挖掘，同时还可以对海量数据进行相应的分析与使用。企业在大数据时代当中，身处于这浩瀚的数据海洋里，怎样充分利用好数据并利用数据进行全面预算管理，成为了时下企业应用大数据最常见的方式。像是很多企业都会利用其进行预计利润表，将产品销售收入进行穿透性分析，然后再运用全面预算管理进行解决，以此从不同产品类型或不同时期等诸多方面获取信息以便于企业使用，尤其是在进行对比预算数据与实际数据的时候，从而找寻相应的对策进行解决。

一、基于企业战略的全面预算管理的实际意义

所谓的企业战略，也就是说企业未来起着主导地位的决策，其可以在不断探寻中获取维持企业竞争优势的方式，同时从全局上决定着企业重大的筹划与策略。伴随经济全球化的发展趋势，信息技术也在突飞猛进地更新，更多新型的经营方式也蜂拥而至，从根本上改变着信息交流的进程，在时下这种激烈竞争中拥有一个好的企业战略，能为企业应对更多的信息化挑战，对于企业而言，其也起着至关重要的作用，为企业能够长期且稳定的发展奠定了坚实的基础。

（一）预算管理是保障企业战略规划得以实现的有效工具

时下大部分企业的财务理论都是以将目标价值最大化为主，也就是指将资本价值避除风险调整之后的最大化，当然对于目标自身而言，其价值最大化就存在着对风险因素的考虑。不仅如此，风险管理还是治理公司的一部分，它在降低风险的同时还不断增进着公司的价值目标。而且通过交互式的有效沟通与功能的调节，在企业经营活动中再利用预算的

方式，选择合理的规划、预测和监控，运用这种形式的预算管理促进企业在制定目标时更加明确，最终企业战略发展可以通过更高的管理效率，还有更优质的发展质量以及更加有效的资源配置加以实现。

（二）预算管理可以更好防范公司风险

针对这一点，首先要做到的就是利用好市场，促进企业价值的实现，而管理者就必须凭借市场预测来进行预算管理。由于市场在预算管理中具有较为显著的导向性，其体现出来反风险性，而这种机制又体现出来主动性与流动性。因此，倘若换个角度去看，尽量减少风险或将交易成本尽可能降低，是预算管理中的一种潜在机制。通常借助预算管理就可以初步了解到企业在下一个年度中其预计所经营的大致状况，通过预算结果可以反映出预测中潜藏的风险点，因此可以及时采取相应的风险控制加以防范，最终及时避除并化解风险。

二、全面预算管理的机遇

（一）增强全面预算管理体系的实际效果

在绝大多数企业当中，根据当前的状况来看，它们在进行预算编制的过程中通常都缺乏科学性的依据，而且在进行数据处理时其过程也同样不科学；同样地，大多数情况下都只是依赖于简单的数据处理技术，在预算分析过程中进行较为简单的分析，导致其分析结果往往跟实际情况不一致；而由于缺乏系统化的控制体制，还缺乏信息化的处理方式，在进行预算控制的过程中就会造成其控制范围与力度并不到位，而且最终效果也并不显著。如今大数据技术的不断普及在无形中就推动着企业积极创建全面且系统的预算管理平台，这样一来，就能很好地解决上述出现在预算管理过程中的各种问题。

伴随着信息化处理平台的出现，企业不仅可以从中获取更多更加真实的当前数据，还能通过预算的数据进行比较，从而制定出一套极为有效的预算管理报告。然后通过这种预算报告就能够及时且有效地进行下一期预算的调控，由此一来，可以形成更加贴合实际状况的执行计划，以及确定其运营目标，同时还能更加高效地调节并协调各部门工作，促进企业运行效率有效提升。

（二）动态化全面预算管理体系

所谓的预算管理，也就是将企业所制定出来的经营目标，通过货币的形式体现出来，同时还将企业整体目标分别划分到各个部门与员工之中进行落实。在大数据环境中，预算人员必须要将预算管理系统与大数据相结合，才能应对每天产生的复杂且海量的数据，以及那些动态实时预算的需求。在大数据时代背景下，其预算通常都是动态且实时的。而企业在进行编写预算的时候，都必须经过审批后再将预算项目存储到云端，当执行运算的时候，就可以利用云端上不断更新的数据，让云会计下的系统同步计算出实际状况与预算存在的差异，并及时作出相应的预算调整。

通常预算系统在有效的数据分析软件的帮助下可以更加及时地进行预算管理，像是对位数据分析技术的运用，在大数据时代下，其预算系统就可以利用这一技术更好地支持海量数据并作出分析，同时也增加了智能编写能力。而对于大数据时代下的预算系统而言，就可以先让 IT 部门来制作标准模型与参数表，利用这些同预算模块中的具体数据创建动态联系，然后通过自定义计算功能，让预算管理人员将预算模块每一个数据之间的联系实现，不仅如此，预算人员也可以通过自己编写与维护或更新业务规律，来促进预算要求更加明确，同时更加有效地体现在预算模块当中。

三、全面预算管理与企业战略管理的内在联系

中国在近几年里已经相继出台了会计准则国际趋同，还有会计信息化建设与企业内部控制等诸多方面的新制度或新指引，这无形之中促进着中国会计管理与会计国际化的规范，在其中起飞丰至关重要的作用，与此同时，将管理会计推向了公众视野当中，使其一度成为了企业与社会所关注的焦点。而对于全面预算管理而言，也随着其在管理会计中的基础位置而备受关注，在大数据时代的来临之际，全面预算管理的发展也将迎来崭新的契机。因此，不断搜寻大数据时代背景下企业的全面预算管理发展趋势，无疑存在着必然的实际意义且尤为重要。

由于对全面预算管理以及企业战略管理的掌握，明显可以看出企业实际的目标即为规划，而规划无疑反映着预算结果。由此可见，这两者存在着密切的联系。

（一）战略管理为预算管理提供长期的方向性指导

在企业中，其预算管理基本方向的确定完全取决于战略要点的选择。而预算方案不仅体现出企业最具有权威部门的经营理念，同时还是对各个部门决策一种数量化的说明，不仅如此，还是制约各个部门责任指标的依据所在。因此，必须要确定目标才能持续促进预算编制的进行，以此来提供有效依据让企业的收入与成本，以及利润与投资中心进行目标预算，在执行的过程当中同时进行刚性化的关联、分析和评价，以此来促使最终预期的结果能够实现，利用依据使其可以更加长远。

1. 从战略层次分析

在公司中选择什么样的经营业务完全取决于公司战略如何，从而引导企业进入相应的领域，并决定着企业的发展方向，让企业价值可以最大化实现。所谓的竞争战略，其主要是为了选定适合的领域，并与对手展开相对有效的竞争，从而让企业价值实现最大化。而相对而言，职能战略则主要是针对企业中的不同职能，像是营销，或财务，再或生产等诸多方面，通过不同的职能促进战略更好地服务，以此来有效提升效率。相对而言，全面预算管理就必须以企业的战略为指导方向，然后通过相应的预算编制与执行，经过调整与监控，并通过考核一系列的过程来直接服务于职能战略，无形之中就会对职能战略产生一定程度的影响。

2. 从战略管理过程分析

通常一个完整的战略管理过程都包括三个环节或阶段，即战略分析、战略选择、战略实施与控制。

对于全面预算管理来讲，其必须要深入到战略实施与控制阶段当中，并服务于企业战略管理。此时，全面预算管理的第一步就必须遵循战略方案的需求，然后对企业所属的战略资源进行计划并分配，再调整组织结构；同时经战略目标通过全面预算进行固化与量

化，促进资源在不同经营阶段与不同职能部门的合理配置，获得最佳效果。第二步必须要对企业进行战略控制，通过对信息反馈的实际绩效同预算作比较，倘若它们之间存在明显的差异，就必须及时纠正，让监控职能充分在全面预算管理中发挥出来。第三步，如若遇上分析不当或判断错误的时候，再有就是由于环境因素而导致的变化使其出现偏差的时候，就必须要对其战略进行相应的改革，从而促进战略管理进一步实施，当然也必须作出相应的调整以用于全面预算当中，促进全面预算管理进入新一轮的进程中。

与此同时，必须要实行全面预算管理。在企业内部各单位中明确各项预算指标体系，从而制定一套客观的企业发展战略依据。

3. 从战略目标出发——基于战略导向的全面预算管理

所谓的战略目标，就是企业在进行企业战略经营活动时，预期可以获得的主要成果所产生的期望值，其不单单是企业使命的具体化与数量化，同时还包含了经济性目标与非经济性目标。它是以战略导向的全面预算管理为基础，摒弃了会计编制的制约性，同时编制了财务指标体系与非财务指标体系，它不仅注重了企业经营盈利的能力，还注重了挖掘企业内在潜力，同时注重了企业持续发展的能力。从纵向上观察企业战略目标体系，可以将其看作是一个树形图；倘若从横向上审视企业战略目标体系，它是一种根据各领域战略目标，并以战略导向为全面预算管理创建与其相对应的财务和非财务指标体系。

（二）实现战略目标是企业预算的起点和目的

通常将企业战略作为基础的预算管理，都将有助于预算指标与企业战略相结合。其一，企业可以通过明确的战略目标，从而进行各部门预算计划的编制，然后详细描述出其战略需求与资源投入，还有业务活动安排等诸多方面的内容。其二，整合企业全面预算管理制约下的资源，引导全体员工增强企业内部控制，以此来有效提升管理成效，让战略目标在所有合理的操作之下实现执行。

（三）全面预算管理是企业战略的实体化和程序化

针对企业经营活动而言，全面预算管理就是一系列细化与量化的计划安排，其可以按部就班地让计划有效进行。让企业在全面预算编制的帮助下从纵向与横向进行沟通，从而让员工加深对整体战略的了解，并有助于其积极配合和协作。在企业进行经营的过程中，促进企业宏观上进行战略规划，并不断向微观运营计划靠近，将整体的战略目标通过局部战术进行相对的指标分解，从而进一步编制预算，让战略规划顺利转化为预算管理可以成为现实。

8.2　预算管理的思想与思路

在市场经济的推动下大数据时代逐渐来临，在各行各业当中不单单只是数据资源日趋上升，其数据也变得越来越复杂化，而其规模也随之不断扩大，企业怎样才能从这海量的数据资源当中挖掘出具有价值的数据信息，将成为企业目前首要的战略决策因素。当企业进行数据信息管理的时候，也不只是进行数据的整理与收集，在将数据信息进行充分挖掘的同时，还会在预算管理中运用其精确的数据信息，以此降低数据信息的低频性与滞后性，从而保证企业各项经营活动都能顺利展开并有效进行组织，进一步让企业战略目标成为现实。在当前大数据环境中，因而不断增强企业全面预算管理的变革将是必不可少的一步。

一、建立全面预算管理目标体系

要创建一套完善的全面预算管理目标体系，首先要做的必须是在企业战略目标的基础上，再建立企业的全面预算管理目标体系，并将企业全面预算管理作为前提条件，将企业战略目标作为基础，再加上与时下市场环境的结合，充分掌握企业目前经营的发展状况，并从市场层面与顾客层面、生产供应与销售渠道及管理与技术等诸多生产运营环节来进行定性或定量的分析，最后在企业经营中促进全面预算管理经营目标可以逐渐实现。必须根据由上至下与上下结合的流程，以此来对企业制定预算方案，并将海量数据充分进行分析，然后通过对数据资源的优化整合，从而保证信息集成与共享，最终让预算编制方案的精确性有所提升。

二、优化并创新全面预算管理的方法

（一）为传统方法提供可靠的数据基础

随着大数据时代的到来，伴随网络信息技术的不断发展，结构化数据也随之日益增长，当进行销售预测的时候，仅仅依据传统销售数据的统计分析，也只不过体现出了过去客户的购买状况而已，根本不能准确地预测出未来客户的购买趋势的，因此，倘若能利用网络上用户大量的评论，企业将其搜集并存入数据仓库之中，然后再利用数据挖掘技术从这些数据中提取有用信息，毫无疑问就可以有针对性地对下一代产品进行改进，同时也帮助企业指出了销售预测的预见性。

大数据在预算管理方面，可以在进行大量历史数据与模型的基础上，为其建立全面预算合理编制与实时执行相应的控制，同时还可以提供超出预算管理的重要依据。大数据在实施责任成本的会计企业中，还可以帮助其改善作业成本管理。由于作业成本只可以对成本进行更加精确的计算，却不能利用其复杂的操作与成本动因的不确定性进一步来对作业成本更好的普及。但是管理会计人员确定成本的动因却可以通过数据挖掘技术的回归分析，还有其分类分析等多种方法来实现，从而实现增值作业与非增值作业的区分，让企业可以及时采取措施消除非增值作业，进而实现完善企业价值链的最终目的。

（二）及时响应市场变化

在大数据时代下，不仅可以创造出更加高度细分的市场，还可以通过精准调整产品与服务来满足这些需求。通常营销部门会记住社会媒体信息，然后通过将以往进行的抽样分析转化为从全数据进行分析，根据人们的特征细分市场逐渐转变成现在一对一的营销模式，不仅如此，还将历史数据的长期趋势预测不断转变成针对突发事件实时处理的反应。从而可以看出，通过企业在不断满足客户差异化的需求和提供前瞻性的服务等诸多方式，创建与客户更加亲密的关系。

对于企业未来而言，全面预算是在一定时期内的生产经营活动进行相应的计划安排，一般情况都是将以往数据作为基础进行制定预算的。但是由于成本核算通常是针对企业经营进行加工处理的一个过程，而传统的成本核算只是产生于生产过程之后，那么会计人员就必须在一定的时期之内将生产经营的费用总额进行相应的核算，并通过产品生产的实际情况来分配费用。如今企业凭借大数据技术，就可以轻松将成本数据从多种渠道中获取，然后在根据实际生产数据分析情况，从而制定一套生产工艺流程标准与材料用量标准。

一个企业营销活动的成败，其主要在于能否将顾客价值更加精准地判断出来，但是往往会因为现有客户需求存在着差异性，而且竞争行业又存在着不同程度的随机性，再加上行业技术在不断发展中改革的脚步，就进一步增加了企业有效预测的难度，但是由于大数据的来临与不断推进，促使其可以逐渐进行更加精准的预测。尽管大数据时代会为信息带来巨大变革，此时海量的数据资源也促进管理不断趋于量化，不过大数据背景下的营销决策，无疑是数据驱动决策的一个重要特征。

三、加强信息化管理

通常要增强信息化管理就必须要做好以下几点。

（1）必须统一规划财务预算管理制度，让企业资金流动加速的同时提升运营管理效率，从而促进统一化的核算与管理，并最终使资金分配目标成为现实。

（2）必须要明确在在大数据时代中改革全面预算管理的发展方向是财务共享，其可以借助互联网与信息技术的发展趋势，从不同地点或不同企业中进一步将财务数据与财务业务进行整合与共享。

（3）必须创建一套财务共享体系，将企业各部门或各层级的业务功能集中处理，并促进企业实现规模效应。

四、实施动态预算管理

所谓企业预算管理的动态化管理，指的是将企业战略作为导向，然后由上至下对其进行预算管理的一种模式，以此打破企业传统预算中的固有定位，从而促使企业可以实现集中管理，此时通过重新对企业预算管理工作的定位，以此来制定出相对长、短期战略规划的实施系统，不仅奠定了企业战略目标进行资源配置的实现基础，同时还有助于企业战略目标能够成为现实。

由此可见，企业要想顺利进行动态预算管理，首先必须增强企业对价值链的分析，从而确定动态预算管理思路，然后利用平衡记分卡、作业成本法和经济增加值等各种方式，并运用其对企业预算管理手段进行对应的评估，在确定了战略制定、执行、预计评估等每个阶段需求的同时，利用云平台与财务共享中心再对企业的销售渠道、供应商、企业内部价值链和竞争对手进行实时的预算分析，同时创建更加完善的预算管理体系，可以让信息更加及时且有效地进行传递与反馈，并不断完善企业运营流程。

不仅如此，企业还可以将平衡记分卡与作业基础预算相结合的方式增强对作业基础预算的考核与控制，并利用定性与定量分析结合在一起的考核方式，进一步确定财务指标与非财务指标所产生的影响，保证企业可以更加持久且长远的发展。

除此之外，还可以通过以下三点来简单分析动态预算管理。

（一）通过编制预算明确企业经营风险目标与风险承受能力

目前，企业一般都是通过经营计划的配置资源，还有其发展战略与年度经营目标，来确定企业将要承担的经营风险范围。还有对风险控制与化解的方法，在及时预测并防范风险的同时，根据上下结合与分析编制及逐级汇总的程序，从而进行年度全面预算的编制。

所谓的经营指标，主要指的是企业进行任免经营者的基本条件，该指标极为重要，所以，通常经营者在进行预算编制时，为了能够获得经营的资格，一般都会将预算往高里编报，同时建立一套适用于理想措施的预算目标，以此来提升预算审批部门的信任度。尽管在预算编报单位中十分清楚如何定位，但由于各种不对称信息等诸多因素，通常管理层都不能提出一套合适且可行的方案。

也正因为如此，在进行全面预算的过程中，不仅要将企业战略目标更加详细地进行数据化与细化，还必须提前预想到在经营过程中会出现的风险，并适当添加一些可以控制风险的过程性指标。另外，必须要对年度经营结果进行进一步分析，并根据风险因素更加精确地进行定量分析，像那些不能进行定量分析的风险因素可以对其针对性地定性描述。最终再确定企业应当运用什么样的对策与措施来进行上述风险的描述与分析。

（二）落实风险监控点与具体责任人，加强预算执行力度

当企业进行全面预算编制之后，首先必须在企业各职能部门与岗位，或者各个具体的人员当中分解下发。一般情况下，企业全面预算都是由总部与各部门经理签订预算合同，然后再利用合同的形式，由部门经理将其逐层下发到具体的预算执行人手中。其次用文件的形式规定权限与程序，进行审核批准之后将其预算指标逐层分解，并在企业内部各个部门或各个环节与岗位落实，同时保证预算的刚性并规范预算执行。只有这样才能明确预算目标，同时也可以确定所要采取的风险监控措施，以及风险控制所需程度。

由此可见，执行预算管理的时候，就可以在不同部门或不同岗位，乃至不同人员那里下发预算指标，因而从不同的层面与角度更好地控制企业经营中存在的风险。

（三）预算与绩效管理相结合，建立考核激励机制

通常在企业当中进行绩效管理是预算管理的基础，将预算与绩效管理结合，让各个部

门与员工在公司通过考核，能够真正做到"有章可循、有法可依"。目前，在全面预算编制中最为重要的一点，即是预算执行结果的考核与激励。因此，企业必须要严格执行预算考核奖惩制度，必须将公正、公开且透明的原则坚持到底，让奖惩制度落到实处，以此来促进企业预算管理目标早日成为现实。由于企业必须创建并实施绩效考评制度才能实现绩效考评控制，因此一般都从科学的角度来制定考核评价指标体系，并利用考评结果作为依据来确定企业员工薪酬，还有相应的职务晋升与评优，以及降级等各项事宜。

8.3　大数据对预算的影响

在传统的全面预算管理体系中，由于没有充分利用好大数据进行高效的挖掘与使用，因此也不能充分发挥出企业的价值，然而伴随着大数据时代的到来，全面预算管理也随之有了新途径、新工具和新方法，这无疑促进企业全面预算管理系统可以更加高效地顺利运行与展开。目前，企业可以通过大数据进行相应的筛选与分析，然后利用可视化或信息化从整个产业链中洞察现状，从而制定出一套契合实际且可行的预算决策与经营策略。

一、大数据对预算基础数据的影响

随着信息化的不断推进，大数据在数据规模上所提供的数据支持，早就已经远远超出了传统数据，而且其所传递的数据信息也更加准确；倘若从数据类型上看，大数据除了依赖传统预算中的财务数据之外，还包含音频与视频或地理位置与实践范围，再或者温度与湿度等各种数据信息，然后对各类数据进行挖掘，从而制定更加全面的预算；如若从数据更新速度上看，由于大数据具备了实时采集且实时更新的特性，与传统数据相比就已经远远超出了其限度，因此，可以让预算实时控制与调整成为现实，从而让数据信息的滞后性与信息的不对称程度有所降低；而如果从数据关系的挖掘角度观察，除了大数据在进行数据分析时的表面现象，其还可以通过挖掘不同数据之间存在的关系，从而发掘出潜藏在数据表面之下的信息，以此来提供新的思路进行预算编制。

二、大数据对企业预算编制的影响

目前，企业中的预算编制水平可以通过大数据来进行强化。在传统的企业中，不管是预算计划的制定还是预算审批的展开，同样都是通过人工来管理的，使用这种形式的方法不仅增加了企业预算编制上所耗费的时间，还会造成预算编制的准确性和实效性的误差。由于大数据时代不断的推进，企业可以通过互联网来实现信息资源共享与信息集成，这无疑奠定了企业应用上下相结合预算制定方法的基础，其不仅可以利用互联网平台来进行企业年度财务预算目标，还可以将其和诸多数据资源相结合，以此来保证在预算编制过程中所需的参考依据。除此之外，通过对不同信息平台的使用，企业内部各个部门可以将从中获得更加复杂多样的预算政策与规定，在结合企业需求的前提下，从而制定出新的企业预算方案，同时把预算方案传到企业内部的信息平台上，并最终达到降低预算时间的目的，从而让编制效率也有所提升。

当前，大数据在数据范畴中一般所能掌握的数据较以往的要更多且更加准确，因此在进行编制预算的时候也会更加精确；然而由于数据的多样性，大数据除了依赖于传统预算中的财务数据之外，还包含音频与视频，或者地理位置与实践范围，再或者温度与湿度等各种数据信息，与此同时，还可以实时更新数据，从而第一时间掌握行业内的资料。当进行数据提取的时候，数据表面的现象显而易见，因此，可以通过对各种数据关系的探究，从而获得潜在数据表中的重要信息，以此来提供一个新的思维方式给企业全面预算使用。

一般情况下，传统的企业预算都是可以利用预算执行的反馈结果来进行编制的，然后再进一步由上至下传达与执行，但是这样一来，不单单只是在预算准确性上受到一定程度的影响，同时还会导致预算时执行效率大大降低。时下在大数据时代背景下，通常都可以从数据平台中获取财务或资金，以及业务与管理能力，然后再进行编制预算，当将下一年度的预算信息合理预测之后，就可以通过大数据平台中的各种信息在预算编制过程中做出实时调整，因此，在企业运营过程中，促使全面预算管理体系可以将作用发挥到最大值。

三、大数据对企业预算流程的影响

由于现如今企业经营时期的市场需求，可以通过企业全面预算管理的开展反映出来，因此，将企业现有的资源与经营发展目标作为基础，就可以建立起点企业经营活动相对应的预算目标，以此来确保企业可以进行全面控制，同时及时调整企业内部各个部门之间的经营活动，换句话讲，就是对企业的资源采取规范管理的手段即为全面预算管理，其可以通过对全面预算管理的利用，确保企业能获取更多的经济效益。

当下大数据时代主要依赖计算机技术的使用量，再加上目前在各个领域中数据资源的增长量也逐渐增加，并呈直线上升的趋势，还有其复杂程度也随着数据量的增加更加复杂多变，呈现量化进程。因此，对于全面预算管理而言，它不仅可以确保企业战略目标的实现，还是支撑企业战略发展的重要依据。在大数据时代可谓是提供了坚实的基础，以此来保证全面预算管理的开展。

在传统的预算流程当中，由于其并没有创建一个有效的信息化互通平台，因此就会在标准化控制方面有所欠缺，往往会有审批进程较为缓慢或会有繁杂的状况出现，这样一来，就造成在控制层面上的预算流程会有一定程度的偏差出现。但是大数据时代的来临让企业可以依赖互联网平台，这样就可以将企业内外部环境的多重数据全面利用起来，从而建立一个相对更强的分析模型，以此来确保预算管理流程与内外控制制度可以更加完善，与此同时，企业业务上的需求再利用分层级的定制化服务实现，并且必须将企业中的标准化流程渗透到信息化系统当中，最终达到预算管理流程标准化建立的目的。

四、大数据对企业预算执行的影响

在传统的预算过程在某种程度上无疑造成企业信息技术在相互联系方面的效率低下，从而造成规范化管理的短缺，预算流程的繁琐，以及后续审核缓慢出现缓慢现象等诸多方面的问题。

当企业应用大数据之后就依附于计算机平台，从一个层面上其很好地利用了数据的内部环境，还有对创建战略分析模型与优化内部管理的利用，并且在信息系统治理的过程中实现高效的管理预算；而从另一个层面上必须要在预算执行与调整的过程中，不断提升企业自身的数据管理能力，只有这样才能尽可能地降低人为因素在企业预算过程中产生的影响，最终让企业可以相对降低风险，从而精确地掌控预算的下达与执行，以此来确保预算执行效率有所提升。

五、大数据对预算管理体系构建的影响

在传统预算体系中，除了在收集数据的方式上会受到一定的局限，同时在获取数据类型上相对较少，然而由于数据获取途径的局限性与所获取数据类型的单一性等情况存在，在进行预算管理体系的建立时，在进行平衡记分卡与资产负债表系统使用过程中，对于平衡计分卡财务与运营模块运用就只会局限于各类财务指标的堆砌与定量分析上。而针对客户与成长模块的了解程度而言，也仅仅只是用日常监测、问卷调查、访问定点等局限形式来对客户与员工满意度进行分析等，这严重造成其结果过于薄弱，而且主观性较为强烈，就会轻易地遭受到人为控制，这无疑会增加信息的不对称性，从而使分析结果的可靠性有所降低。

然而目前正处于大数据时代背景下，此时利用平衡记分卡就可以让企业获取到更多的数据，同时可以使用的数据类型也会因此而更加丰富。例如，那些可应用在财务模块与运营模块中的产能利用率，以及其产品生产周期与合格率等多种数据源，不仅如此，还有可应用在客户模块与成长模块中员工与客户的经济行为，或者是言论与习惯等诸多数据；可以通过对上下游企业经营行为的相对分析，以此来确保订货周期与销售周期可以更加具体，在利用资金链上投融资人需求的分析，从而制定一套更加合理的投融资计划；还可以通过对员工与客户的行为进行相对分析，制定更加合理且有效的产品设计及推广策略，让企业文化建设可以更加完善。

目前，通常都是利用信息节点管理与实施反馈，在建立预算管理体系过程中利用实时的数据平台，从而让信息更新速度加快，同时增加信息的透明度，还可以通过战略的需求，利用动态调整预算管理以及对所有业务活动进行偏差与资源的配置，能够及时将预算流程进行改进并让其更加完善。

由于大数据时代的推进，促进了企业预算数据中心的构建。而传统的预算管理实践通常都只是聚集在企业内部数据中，然后由财务部门进行独立完成，这就会存在一定的内部数据局限化，还有其分析结果会相对滞后等各种问题。如今在大数据时代发展的推动下，企业建立了预算管理数据中心，还有相应的数据管理处理中心。这样不仅可以促进企业从众多数据中进行共享、多层次分析和散步式处理，同时还可以让企业中的横向行业数据同历史数据相结合，既全面又充分，以此实现企业预算管理可以真正运用到企业当中。

六、大数据增加全面预算的弹性

（一）提高了滚动预算结果的准确度

时下，由于滚动预算不断促进整个企业经营效率的提高，大数据也更好地应对着如今

繁杂多变的经济形势。利用大数据来实时滚动预算，不仅可以让整体的运行效果在经营中进行演示，还能够有针对性地对市场、成本和人工进行合理的控制，让估算在外部数据分析的帮助下，能够更加有效地与市场相结合，以此来实现信息获取的可靠性，从而达到预算不会由于数据失真而导致其失败的目的，使其可以发挥最大的作用。

（二）使滚动预算的涵盖范围更加广阔

与传统的滚动预算相比，大数据背景下的滚动预算非付费范围会更加广泛，并且利用大数据在一定程度上可以将预算时间缩短，这无疑会让运营风险意识有所提升，从而提升数据处理的关注度，这样一来，就更好地促进企业管理层更多地利用交易市场，根据其反应情况来进行滚动预算的编制，致使企业从分析视角上可以更加广阔、更加趋向于外部化。

（三）数据使滚动预算的功能发生了改变

通常在以往的预算管理中，主要是从两个模块来进行区分，即预测计算和能力管理。一般都是利用预测计算来分析并确定未来经营动向，然后相对增加管理与内部节制，再利用内部的数据来进行处置阐发，通过内控来提升此过程中的经营效率。而对于大数据与互联网的结合，利用其产生的强大数据分析管理进行滚动预算，不仅可以将数据进行有效处理，还可以让企业找寻出更有利的标准化模式，从而获得更加科学的管理手段，从而提升运营效率且降低成本，与此同时还起到了鞭策企业成长的作用，帮助整个数据生态链定位所处的环境与位置，进而能够更加实时地调整运营战略。因此，利用大数据来进行滚动预算的编制，既将市场作为主体地位的营销运算构成了阐发模式，同时可以促使其预算结果更加趋向于市场需求。

8.4　大数据时代下全面预算管理体系的构建

目前，企业在大数据环境中必须要建立相应的大数据管理中心，以此来负责大数据的采集、筛选以及分析，而且还要积极参与到制定战略目标与预算编制，还有预算执行、预算评价和预算调整的闭环全面预算系统当中，以此来提供更加全面且高效的数据支持，并进行全面预算管理。

传统的预算管理模式通常都存在着预算编制相对并不严谨，执行过程也不那么流畅的问题，其评价体系中也会存在着一定程度的漏洞，这严重造成全面预算管理不可以同企业战略目标相结合，致使最终不能达到预期的全面预算效果。但由于在大数据背景下的全面预算管理体系可以从多方面去完成其与信息技术的结合，主要是从实时性与数据多样性等诸多方面着手。故而将全面预算管理在大数据环境中进行分析，同时在传统预算管理体系进行优化的前提下，必定能建立一个新的全面预算管理体系。

首先通过大数据所提供的行业发展水平与企业发展水平，以及对产能利用率等各个内外部数据进行 SWOT 分析，以此来确定企业中总体的战略目标；其次通过信息化平台将总体的战略目标传达至每一个部门，然后每个部门再利用大数据管理中心所提供的相关数据来对制定部门进行预算分析；最后通过信息化的平台将各个部门的预算进行及时反馈，再由预算中心根据各部门的预算，对总体预算进行相应的调整并做出最终的决定。

一般一个企业的预算总体管理都会将企业性质作为基础，然后通过目标与制定方案将其同预测、监督融为一体，从而保证复杂化的管理活动顺昨实现，这在某种程度上帮助企业能够更加有效地进行资源合理配置。由于通常综合预算与绩效管理都必须考虑成本费用的问题，以此来确定预测资金与利润的需求，从而使管理战略性目标得以实现。但是企业在实际的管理过程中，绝大多数都是采用成效并不明显的综合预算管理方式，由于这一问题的出现，就必须要利用信息技术来建立一个综合的全面预算管理系统，以此来对预算编制与预算执行进行调整，对预算评价等各项工作进行优化，从而达到全面预算管理与企业管理充分且有效的目的。曾有理论学者就吸取了之前大量的理论与实践，并将全面预算和信息管理融为一体。不管是利用 ERP 系统的结合而创建的预算管理系统，还是利用 Hyperion 对预算模型进行假设，同样都在全面预算管理中起着至关重要的作用。

一、预算编制体系的构建

（一）构建预算目标

在企业预算编制中，企业预算目标的制定起着十分重要的作用，也就是说，是企业预算编制的关键所在。对于全面预算管理的制定，就是为了能让企业资源都获得最大化被利用，以此来实现企业的战略目标。通过预算来将战略目标进行具体化的实现，同时使其形成更加有效的预算管理，同样都取决于一个准确且完整的预算目标。

如今正处于大数据时代背景中，可以通过信息化的平台在制定企业战略目标的前提下，从多个角度来分析企业内外部环境，从而保证其预算目标可以更加精确完整，同时利用预算目标的编制与执行，以此来对企业预算管理过程进行规范。

（二）规范预算编制流程

目前，全面预算管理模型在以信息化为基础的条件下，一般都可以凭借互联网技术将预算组织结构及时进行相对的调整，然后根据企业内部不同的部门需求编制预算方法。传统企业中的预算编制通常都是由上而下，再由下而上的方式来对预算流程进行编制，但由于现在处于大数据背景下，一般都会凭借对信息化平台的利用，为预算编制进行重新构建并完善，这一方式基本上都是针对其过程中不同的预算方案，或者是预算项目等诸多方面来进行的。

与此同时，在进行下一阶段预算目标的制定时，利用预算数据的反馈信息进行相应的调整，从而尽可能降低一部分不必要出现的环节，然后将串行转化成为并行，让预算流程可以更加完善，不仅如此，还将预算流程编制的运行质量大大提升。这样一来不仅让预算编制能够在有效的推进下成为现实，还可以无形当中使预算编制流程更加严密，最终使企业经济效益能够获得保障。

二、预算执行体系的构建

针对预算执行体系而言，目前大数据的环境实时地为企业提供了更加便捷的有利条件，当企业开始进行各部门预算执行工作的时候，大数据的管理中心也与此同时对所有预算执行的数据开始进行数据采集，并实时对其进行监控与分析，如此一来，只要有与原本预算不一致的差异现象出现，就可以及时将差异的原因进行相应的分析，并进行及时的反馈，然后各个部门通过反馈回来的数据，再同实际的情况相结合，第一时间进行相应的调整，最终将这部分反馈数据传达至关联部门，以避免各部门之间出现不对称信息的情况。

在全面预算管理模式中，一般利用 ERP 管理系统进行创建，当对预算管理制定企业战略目标时，就可以将实时监控实现。在凭借互联网形成的闭环管理系统中，通常在各个主要部门会形成一个有效集成，其主要包括采购部门、财务部门、销售部门和人力资源部门等，这样就能在不同的预算执行部门中将全面监督控制与信息的及时反馈充分实现。

一旦市场这个大环境或政策出现变动，大数据管理中心就会根据实际的变动现状，对预算管理部门与预算执行部门作出及时的反馈，导致他们要及时做出适当的调整；倘若遇到数据的差异性相对较大，或者发生突发情况，再或者经营环境中出现异常，大数据管理中心也会及时地作出相应的预警提示，以便可以更加及时地进行相应的调整。

（一）预算审批

对于预算审批而言，第一，必须针对风险的节点进行严格控制，并明确划分好责任；第二，必须要及时应对一些重复审批或越权审批状况的发生。不仅如此，还要在充分利用大数据的同时，让企业从整体预算审批过程中增加公开透明度，与此同时，实时监控预算审批的全部流程，以此来应对极有可能会发生的突发情况，然后利用审批权限中转移的方式将意外状况的发生尽可能降至最低，并保证可以顺利进行预算审批的全部过程。

（二）预算控制与分析

在预算管理工作中，预算控制是必不可少的一项，其可以直接影响着预算执行的最终效果。而全面预算管理在如今大数据环境中，无疑对企业项目管理的环节起着预算控制的作用，不仅如此，还可以将预算分析工作在整体流程中进行展开。但是由于全面预算控制的开展在一定程度上与全面控制细节的定义存在着差异，必须凭借重点监控的方式才能实现预算目标并应对较高的风险环节，而会选择监控简化的方式来应对风险较低且相对简单环节中成本的控制。

（三）调整预算

在大数据时代的推进下，企业财务预算的准确性和及时性等诸多方面都有着不同程度的改善，在这其中也不乏包括了许多需要改进的方面。由于企业在大数据环境中还不具备完全掌握数据信息的条件，在加上从主观意识上其相关预算人员还有待提升，当遇到一些无法避免的情况时，就会导致预算编制等在大数据时代中产生影响。因此，必须要根据这众多出现的问题进行与之相对应的调整，并及时提出反馈建议，以此来尽可能地将风险降至最低。

如今在进行预算编制的实际过程中，通常都会将预算目标作为制定基础从而编制预算方案，并及时采取措施对其产生的风险或存在的问题等各个方面进行调整，使保证企业可以进一步将编制预算的目标方案实现。不仅如此，还必须要找寻出导致差异出现的因素，及时调整那些不合理的预算指标，并在一定的时间之内借助计算机平台将其传达到相关部门当中，最后监督其开展进程。至于那些可能产生预算差异性的节点，就必须对其数据及时进行相应的跟踪并指定定位负责人，以此来为企业提供有效依据、进行绩效评价和优化监督措施。

三、预算评价体系的构建

将企业中日常业务与预算管理相结合，是全面预算管理当中最为突出的一个特点，继而形成一套预算管理体系，其主要包括了战略目标、全面预算和绩效管理。在这其中用以确保预算编制与执行能够顺利展开的前提条件即为预算考评体系，拥有一套好的预算考评体系，不仅可以让各个部门都能将积极性发挥到最大限度，同时还可以使预算流程控制得当，并保证预算管理体系可以将企业总体的战略目标有效实现。

在企业预算评价体系中，最为关键的一项指的就是对预算考评体系的创建，其可以借助平衡积分法这一考评指标，从财务、客户、内部流程与学习和成长这四个层面对全面预算管理考评进行考核。而在这其中对于企业所有部门中全体员工的考核，则是考评体系中尤为重要的一点。在当下由于大数据平台的不断普及，其动态数据可以及时进行更新并实时进行监控，再加上将其与平衡记分卡中多个维度相结合，在预算评价体系前提下的企业员工考评将会更加客观且全面，同时还能根据不同部门的不同需求，然后及时调整指标的数量与权重，促使预算评价体系可以更加合理有效，并将员工的积极性激发出来。

通常在预算期末进行预算评价考核都会从两个部分将其划分，其主要包括预算执行结果评价和预算执行过程评价。

（一）预算执行结果评价

一般情况下会从平衡记分卡的四个维度来对预算执行结果进行考核与评价，其主要有财务、客户、运营和成本四个方面，通过对四个层面指标的执行结果分别与预算目标进行对比，然后从中分析其差异性，同时将其与行业平均数据和企业竞争数据进行相应的比较分析，从而获得预算执行效果的最终评价。

（二）预算执行过程评价

目前，在执行预算的过程中，由于大数据管理中心会在企业中对每一项活动过程的数据进行实时采集。因此，可以通过预算执行过程中，把存在的各项数据进行评价预算执行的情况与执行效率相结合。例如，利用预算的实施情况来分析预算完成周期或预算可信性，以及各部门预算执行能力等诸多方面；还可以利用预算之前期间的各项调整记录，或者突发事件的处理数据，来分析企业的预算执行调整能力和危机应变处理能力，以及其预算预警机制与适时调整机制是不是较为完善等各个方面，进而提供更多的数据依据来进行接下来的全面预算编制调整。

时下大数据平衡记分卡模型提供了更加可靠的数据，以支持整个全面预算体系可以更加有效的正常运转，继而让全面预算管理的效率有所提升，同时获得更加准确且完整的评价结果。只不过因此也会导致数据的使用者和数据管理系统遭受到更加强大的挑战。尽管大数据时代背景下的数据已经将其潜在价值最大化地挖掘出来，但是面对这庞大的数量规模，致使其数据价值的密度相对较低，此时就必须要求数据使用者自身具备十分强大的数据挖掘与分析能力，从而获取真正对企业本身具有价值意义的数据，显而易见的是，数据管理者面对这样的形式必须具备极强的逻辑思维，并从海量的数据当中深入挖掘，获得更多来自不同类型数据之间的复杂联系，以此提供更有价值的信息为企业所用。不仅如此，还必须要使数据管理系统具备更加强大的实时史新能力，第一时间将最新数据采集来，并将大数据的价值在全面预算体系中充分发挥出来。

8.5　大数据时代下全面预算过程应注意的问题

一、全面预算的制定应注意的问题

目前，介于环境存在着一定程度的不确定性，而中长期均衡也存在着某种程度的影响，因此，对于财务战略管理而言，就要求管理者必须制定出相对长期的企业规划，而绝非只是局限于年度预算。实施全面预算管理最大的作用就是企业未来经营成长能够合理进行预估并判断。然而在财务战略管理框架之下，对于资源配置即是战略规划的核心所在，其主要是将核心竞争力是否可以发挥作用且能够运用的强度大小作为依据，进而运用相对明确的财务指标，以及相对较高的其他战略方案的资本报酬率，以此来确定评判标准。

倘若将其同战略规划作比较，那么通常都是利用财务或非财务术语进行表达，从而对预算相对较短的企业经营进行预期，最终预算目标将会成为业绩评判的基础。由于预算是如今预算管理控制中被广泛应用的一种手段，首先要做到的就是和企业总体战略与职能相互适应，并和各个管理层与其特性相结合。而预算编制则必须要将企业中经营管理目标充分体现出来，并且必须明确责任，当进行预算执行的时候，就必须考虑到环境的不断变化并及时作出相应的调整，从而让预算可以更加贴合实际情况，同时及时或定期将预算执行的情况进行反馈。

如今中国的绝大多数企业，都对财务系统、采购、销售与人资，以及生产与库存等各个系统都作出了相应的集成，从而将企业内部的信息壁垒打破，使其形成一个共享的数据平台，继而提供了数据支持来进行企业管理层的决策。由于大数据时代的来临，促使财务信息化呈现焕然一新的局势。其不断促进着企业信息化的创建，此时，企业全面预算管理的发展趋势将被预算信息化管理平台而取代，由此一来，让企业全面预算管理工作有所改变。然而倘若将预算化信息平台与大数据的特征相结合，就形成了动态业务系统的一种，其可以随时反映企业预算执行现状与预算分析报告。对于财务大数据而言，就可以让跨部门共享职能成为现实，并通过预算编制工作人员全面获取第一手数据，从而及时了解到企业经营现状与战略目标的关联效率，最终科学地制定出相对短期的预算目标，以及相对长期的预算目标。

全面预算管理通常都以分配或考核，还有控制作为核心内容进行实施，其主要针对的是预算在企业内部各单位以及各部门中的各种财务和非财务资源，从而让各项生产经营活动可以更加有效地进行组织与协调。企业在大数据时代背景下，一般都是利用预算大数据管理平台的创建，来对应各种出现在全面预算管理中的各项问题。大数据的基础一般都是以企业历史数据为主，再根据企业目标利润从而制定符合各项作业的指标，然后利用预测生产量或销售量等各项关键的因素，来对企业未来特定的时期制定相关的各项生产活动计划。企业可以通过大数据的管理平台来获得本期的实际数据，再将其和预算数据进行对比，同时生成相应的预算执行报告。此时，企业管理者就可以凭借预算执行报告进一步调控下一期的执行计划，从而制定出科学且合理的经营目标，然后进行各部门作业活动的调控，最终达到经企业日常经济活动有效监督控制的目的，并完成各部门业绩情况的考核工作。

二、全面预算的执行应注意的问题

目前，企业的财务战略管理不单单只是局限在对企业运营成本和生产成本的控制上，而其更需要实现的是企业资源可以进行科学配置。在企业当中成本是其生存的关键所在，因而必须要将成本控制得当，不仅如此，其也是在企业利润中占据着至关重要的位置，而对于财务战略管理而言，其就是成本控制的一种重要的手段。如今由于财务战略管理的出现，让企业实现了对资源继续分析与配置，同时还可以精确地计算出本期成本中应当计入的费用，以及其生存资料所转移的应有价值，从而让企业中的财务状况可以更加规范。

在大数据时代的不断推进下，财务管理也随之不断扩充领域与范围，不仅如此，在很多跟传统财务管理范畴并不相关的业务或内容，如今也有大数据时代的财务管理深入其中，因此，也可以将这种现象称为——综合财务管理。由于有大数据作为综合财务管理的主要支柱，一方面可以利用大数据来对企业内部各个数据进行采集或挖掘，然后让财务管理人员可以通过这些进一步掌握全面且更多的有用信息，除此之外，这些信息还有利于企业更加深入了解生产经营活动状况，从内部了解企业所要面临的风险，以此来让企业能够正视现状并充分把握好未来；从另一方面来看，在财务管理人员对相关数据进行分析的过程中，大数据可以有助于及时洞察到企业生产经营活动中的异常现象，并及时传达给企业领导人，让其可以尽早采取相应的措施，以此来尽可能规避各种漏洞，同时尽可能降低损失的可能性。由于大数据时代的来临，让财务管理的领域与深度不断扩展，其主要是从企业所处的国内外形势和行业现状与前景，以及企业的竞争能力和企业有形或无形的资产状况，再加上产品价值的优势与自身财务状况为起点着手出发，进而对其更深层次且更加精细地进行分析与评估，这才做到了真正意义上的知己知彼。

在大数据时代背景下，信息化以突飞猛进的速度不断发展，而对于企业财务来讲，其不但遭受着大数据环境中所有外部信息的交换压力，同时还必须正视从内部大数据信息中交换处理的各种问题。由于大数据的不断推进，促使信息化面对着高度的分散与非结构化的数据源，因此，就提出了更高的要求来制约着财务信息化，以及财务信息与业务信息在内部的配合。同时，大数据又可以有助于财务快速地创建分析工具，以此来让高精准成本分析和生命周期分析的产品成为现实，从而提供更加有效的信息来支持企业产品的不断发展。尽管如此，大数据也会在企业内部信息产生滞后现象，有的时候甚至还会造成信息的混乱。换句话讲，就是怎样利用好大数据就是其关键所在。由此可见，大数据技术提供了确定成本动因与精确计算成本的可能性，从而让针对结果的分析可以转变为基于过程的管控得以实现。同时财务人员可以将相关数据及时进行采集，并利用控制系统对其进行成本分配以及分析生产费用所构成的因素，进一步让业务活动的绩效可以得到实时评价，并实现成本控制的在线化与过程化。此外，大数据的分析还必须要企业投入大量的软硬件设备才可以。而面对如此海量的非结构化数据，企业要想加快分析有效数据的速度，就必须有一个复杂的数据分析系统，但是对于目前阶段的数据分析系统而言，其需要相当巨大的经费投入。

三、全面预算的考核应注意的问题

在当下的企业当中，必须要将企业价值作为基础来创建预算管理，并建立基于价值链的全面预算管理体系。

（1）必须要将战略目标作为导向，将战略目标从更长远且更综合的特性中逐层分解，并在具体的业务规划当中落实具体的责任中心与经营期间，让战略目标具有可操作性。

（2）必须要在价值活动中开展围绕增值活动预算管理，并从中找寻出增值作业中关键的驱动因素，然后对企业中关键资源配置进行增值作业。

（3）在预算管理中，不单单的要在每个环节中覆盖价值链，还必须要将不同活动之间的业务逻辑充分体现出来，同时强调业务的驱动预算，最终使预算的闭环管理可以成为现实。

（4）预算管理必须要紧跟企业的经营环境，以及其价值链上各项活动的动态变化，同时将预算或业务活动及时进行调整，以此来保证战略目标能够顺利实现。由此可见，通过预先确定以财务指标为主的一系列财务战略目标即预算控制，然后将其作为依据进行评价执行结果的控制过程。这种形式的组织内部控制机制不仅具备了会计数字管理的特征，同时集中体现了财务战略管理的权利与功能。

如今在大数据环境中，促进全面预算管理在企业中可以将战略、业务、财务和人力这四项真正实现，而且其具有极其有效的方法，但是这四位一体主要还是通过全面预算管理来作为根本目标，从而使经营目标可以统一地被企业各部门所认识，进而形成了战略协同效应。由于在战略管理和全面预算管理之间，其存在着互相促进的作用，因此，基础数据对于企业全面预算管理的实施过程中也起着至关重要的作用，倘若此时的基础数据不够准确与不够透明，而且还不对称、不集成，此时整个预算过程就会成为无源之水，对于企业高层的决策者来讲，在获取准确信息时就会极为困难。

财务部门在大数据环境中，其定位将会从根本上产生一定程度的改变。大数据时代的到来，不单有利于企业价值的提升，同时还对企业传统盈利模式提出了挑战，因此在新的形势之下，职能部门的角色定位也由于盈利模式的改变而提出了更高的挑战。企业财务部门的定位由于大数据时代背景的影响，已经从原本的成本中心逐渐转化为利润中心。企业不仅创建了共享服务中心，同时还有助于企业资金大集中管理，由此一来，就能够让财务部门在企业内部树立话语权。

目前随着大数据时代的推进，在组织创造的同时存储更多数字形式的交易数据，已经成为了实时或接近实时方式收集的一种更加精准且更加详细的绩效数据，通常组织都会安排相应的对比试验，以此来利用对分析所获得的数据进行更加完善的决策，例如在很多零售商中，就会将流量与销售相结合，然后通过试验论证来进行相应的价格调整与促销活动决定制定方法。

第9章 大数据时代下的企业投资管理

在大数据发展的不断推进下，企业在市场中面临的竞争也随之越演越烈，同时企业提供了海量的数据，以此支撑其制定相对合理且科学的投资管理。在企业当中其最为关键，并能作出决策的内容之一即是投资策略。其实为了能够让其预期的投资目标成为现实，通过某些特定的程序再加上科学的理论、方法和手段，对投资活动中重大的问题进行相应的分析与判断，同时选择符合的方案，以此来提升企业利用大数据而获得的投资决策能力。

9.1 企业投资、投资项目与项目管理

所谓投资可以说其涉及的范畴相当广泛。但是在这一范畴中却存在着各种各样的投资活动，不管是对中央政府而言的国家性投入，还是在人们日常生活中的购买记账来讲，只要是从不同的角度观察，就可能会有不同的依据来对应相应的投资。

企业投资也是如此，倘若将投资看作是一种系统的社会经济互动，在这个系统中最主要的基本要素就是基于投资概念的规定。通常投资目标都在于长远的收益，利用系统投入的货币及其等价物，让资本系统产出，其必须要经历一个相当漫长的转化过程。

一、投资项目特征

所谓的投资项目，其实就是投资与项目，投资指的就是将一次性投资活动，运用一种基本形式与方法将其落实；而项目指的是一种特定的项目，其主要是将投资内容作为核心。因此，投资项目就是投资与项目的一种结合体，其主要包含了以下四种特征。

（一）一次性

由于任何一个投资项目都具备着一个独立完整的特定系统，因此，一次性的特征通常与常规性的投资活动存在着一定的差异。一般情况在这种系统中都会存在着自己特定的内容与使命，而绝不会在另一个系统中存在或重复。从本质上看，投资项目是一种个体化的系统，而针对管理项目的主要任务，其主要是为了让这种投资项目中特定的系统有所认识，并将其鉴别与界定，一般都是针对其范围与内容，以及目标与限定条件等来进行。

（二）目标性

这种特征会导致投资项目的成果性目标与效率性目标很难结合为一体，换句话讲，只

能将这两者同等看待，将其归结为经济效益目标，由于在投资项目中，其主要的目的就是达到两者都最佳的适应效果，因此不能对任何一个有偏句或单纯性的强调。在投资项目管理中就必须要同时注意两点内容：第一，就是必须在项目保证合理功能的前提下，让项目投资尽可能地降低；第二，必须要让项目在一定的项目投资前提下，可以尽可能地提升合理功能。

通常项目的使用功能与项目的运营效益有所不同，其主要是为了将项目投资效果反映出来。一般的投资项目所涉及的领域极为广泛，而参与其中的主体也相对较多，是专业性能也相对较强的复杂活动，因而要想落实投资目标就有些困难。倘若不能实现目标，在进行传递的过程中，就会出现变化或误解，也可能会遇到失真的情况，这无疑导致投资失控，因此，将目标明确并简单化就很容易让人理解并将其落实；不仅如此，还必须要及时地进行检查评价并落实项目管理的责任，从客观的测度方法用户标准出发，从而避免出现主观随意性或猜测性的现象出现。

（三）周期性

让项目活动有明确的起点与终点，同时在整个过程中还会存在阶段性的变化特性，通常被称为项目的周期性，这也是在项目活动中，其与持续性活动存在的不同之处，这也是最主要的一个方面。

（四）限定性

不管是什么样的项目，都具备着一定程度的限定条件，而在某种程度的限定条件下才能将项目目标实现，一般都会有时间限定或投入资金的限定，再或者是质量标准的限定等诸多限定。当然在不同的项目当中，其限定的条件也会略有不同，而限定的尺度也会略有差异，此时管理者就应当灵活地并有重点地进行相应的管理。

二、项目管理思想和项目管理方法的主要体现

（一）投资项目前期市场需求管理的基本思路

通常在项目投资前期市场需求管理都是积极运用市场经济规律，首先根据科学的方法方式，针对前期的投资项目拟建阶段，通过分析其主要需求并从中获取能够满足于市场的需求，从而系统认真地对相关需求的各种表象来进行调查与分析，以及预测与管理。然后利用前期研究项目中拟定未来满足市场需求的载体，其一般在管理活动中的营销方案都是怎样进行的，以此来实现市场需求管理进行项目前期的拟建规划。由此一来，可以看出最关键的市场需求活动管理，主要是由于一开始对市场需求认识的确立，必须要在探索与分析并选择相关需求等各种基础的前提下，再从认识市场到找寻出其需求逐步着手，利用市场细分进行相应的需求选择，从而有针对性地确定具体目标在市场中的特定需求，以达到利用满足需求的产品或服务作为载体进一步经市场管理后，不仅可以使需求双方共赢成为现实，同时还可以通过终极目标让社会能够平稳可持续地进行发展。

（二）制定项目管理目标

一般都会从四个方面的要素来考虑项目管理的目标，其主要包括工作范围、时间、质量和成本。所谓的项目就是在工作范围之内完成的，就是在一定程度的制约下，通过一定的时间、成本和质量而来完成一件事。倘若项目工作范围内的工作通过 TQC 的制约能够完成，那么也就是说这个项目完成了。

（三）进行任务分解

通常不管是任何形式的项目，不管其是否繁杂，同样都可以对其进行相应的任务分解。一般都会将一个简单的或较为复杂的系统逐层进行分解，一直分解到不能或不再需要分解的时候停止，最终再将这些利用工作分析结构图体现出来。利用这种形式的任务分解，不仅可以将一些较大的项目系统转化成逐个小的任务单位，同时还将一些较为复杂的问题变得更加简单，此时就会让事情更加具体化且明确化，从而对该项目所要实施的具体工作更加明确。

（四）分配责任

在企业当中，通常一件事都是需要一个团队来共同完成的，因此管理者针对这一点，首先就必须要善于利用人力资源配置，让任务可以更加明确，并让每一个员工都能充分发挥主观能动性，根据权责明确的原则，确保每一个人都可以在每一件事情中分配到具体的工作，只有这样才能大大提升团队绩效与工作协作能力。然后利用网络图将工作的先后顺序与相互关系表达出来，并从中将关键的工序与路线找出来，最后通过对网络计划不断的改进从而找出一个最佳的方案并加以实施。一般在计划执行的整个过程中，利用有效的控制与监督，就可以合理地确保人员或财物的使用，最终促进其可以按预定目标完成。在此之后，通常就会开始计划时间与成本，以及其质量问题。一般都会运用甘特图，也就是 GANTT 图来进行简单的时间或进度安排。这种 GANTT 图在早期是由美国的管理专家 Gantt 率先提出的，有时也称为横道图，其主要是用来标注任务的名称，同时通过横道图的标示来进行时间的开始与完成。由于 GANTT 图可以很好地将任务罗列出来，从而达到任务计划可以一目了然的效果。

最后，就是要进行控制与调整时间、成本及其质量。通过监测与检查，分析项目的时间或进度，以此来对整个计划的完成情况有所了解，并及时作出相应的补救措施。而针对费用的开支，就必须要注意到预期支出的状况，倘若出现了支出费用过快的情况，就必须要及时作出调整，对其进行相应的控制。有理可依，在整个工作过程中必须要按照预期的质量要求来完成工作，倘若在这期间出现了质量问题，就必须要及时作出相应的补救措施，最终确保目标能够达到预期效果。

（五）进行后评价

当一个项目完成之后，就必须要对其进行相应的评价。此时通常都会委托相关独立的第三方来实施评价，当然有的时候也可以自己进行评价，以此来从中找出不足之处，进而总结经验与教训，有助于在日后的工作与生活中更好地借鉴项目管理思想。

三、企业投资项目内部控制与管理的建议

（一）让项目管理思想融入企业管理者的生活与工作之中

目前正处于信息化与全球化的时代环境中，企业每一个管理者每天都面临着同一个问题，也就是信息的处理数量逐渐增加，而需要管理的事情也在不断增长中，相对而言，就会存在很多比较着急的事务需要处理。在企业中最常见的就是管理者，尤其是经理的办公桌上会有各种各样的资料在等待着审核或批阅，再或者等待决策，不仅如此，还有很多突发事件需要管理者解决，并随时做好上级领导的检查工作，同时布置新的任务。由此可见，通常管理者们都会因此而陷入一种怪圈当中，相对地也会有很多事情并不能及时处理且会越来越多。因此，在很多企业当中，管理者由于这千丝万缕的事务存在，而显得格外力不从心。有那么一部分的管理者会因此而对自己的能力产生怀疑，有所困惑或会感到相当的疲惫，甚至会对自己的职业定位有所疑虑从而进行重新的审视。

在中国有那么一部分的创业者与其管理团队就会将工作当成一种乐趣，将工作看作是一种生活方式，倘若能将项目管理思想作为前提，将其与企业管理者的工作与生活相结合，那么就会在这些企业家之中产生一种新的生活方式。换句话讲，人是相当丰富的，而且也是鲜活的，因此人们不能只局限于僵化式的生搬硬套，而应适当地凭借项目管理的思想将其与企业管理融合在一起，让企业的管理者可以从生活或工作中改观其现状。

（二）企业进行项目投资时要作好项目的可行性评估，建立完善的内控流程

通常在项目进行投资时，会针对其进行准确谨慎的项目可行性研究与评估，同时聘用相关的专家以此作为该项目中的咨询对象，倘若出现了超出企业领域不能够了解的状况，就会利用聘请人员来进行技术或领域的评估，以此来让企业投资项目尽可能地将前者风险降至最低。一般运用科学的决策或评估体系，可以将企业当中所面临的风险更加有效地控制在一定的范围之内。但是还会有那么一部分的企业在经过了项目投资可行性评估之后，在进行项目投资时依然会失败，这完全是由于其内控流程还没有更好地将其完善，企业必须要将这些内部控制更好地完善起来，才能确保企业投资项目能够更加优质，其项目投资能够顺利进行。通常都会从项目投资之前的可行性评估，还有项目开始之后的内部控制流程，以及项目结束时的盈亏平衡进行分析或跟踪流程分析，以上这几个步骤都是企业在进行内部控制流程中必须要做好的设置，只有这样才能使项目能够顺利进行且在预期的范围之内获得更多的投资回报率。

（三）项目管理的工作与生活方式给企业管理者带来绩效改进

由于在企业日常管理中渗透着项目管理的思想，因此，管理者的工作与生活也都在有条不紊地变化着。不管是做任何事情都必须要有目标，还必须要有计划，同时要分工明确，按照计划进行每一个事项，并实时地对其进行相应的控制与调整，此时企业管理者就可以从这千丝万缕的事务中脱身处理，并转变成主动地进行工作安排。

一般情况只需要利用很少的时间就能将每天的项目管理计划完成，让其能够通过可视化进行相应的管理。而这样的工作模式，并不会让管理者感到疲惫，同时还能使其在主动

工作的情况下获得更大的满足感，让管理者在轻松愉悦中将工作顺利完成，从而有效地提升了工作效率。

如若是在投资项目或事务性的项目管理计划进行时，就必须要按照项目管理的工作方法，根据项目管理计划制定每一个环节，再对其进行一定程度的相关内容安排。当明确了这一系列的步骤之后，就可以很顺利地进行任何一个事务。在整个执行的过程中，必须要将计划作为基础条件，然后再将项目管理目标定为导向，在团队成员各司其职的情况下，通过对其进行相应的控制与调整有条不紊地将一件重大的事情顺利完成。

除此之外，项目管理中的危机管理也是至关重要的一项。倘若是针对每一天的项目管理计划，那么就可以更新应急预案，然后规定一定的时间进行突发事件的解决，最后对预先时间或进度进行相对滚动式的调整；倘若是极为重大的项目管理，就必须要制定相应的应急预案，确保有组织保证与人员安排，同时制定出处理方式与措施。

（四）合理设置投资项目的岗位分工，确保项目实施过程中职责分明

通常对于项目投资过多的企业而言，就必须要创建相应的投资部门与企业发展部门，还有内部审计部门与税收策划部门等各种部门，然后再利用这些相关的部门进行投资项目中企业的统筹工作，同时将项目进行之前的评估做好，还必须要做好项目进行后的跟踪分析与监控，再有就是对项目完成之后的清理工作，必须对项目及时进行权衡评估，以此来保证企业面临的投资风险处于可控范围之内。与此同时，以这个为基础，必须要保证企业能够在合理分配的情况下，每一个相关人员的责任都明确，而他们相应的岗位也必须符合该企业投资项目中的实际状况，其主要是对项目可行性的研究与评估，还有对项目进行监督与管控。

在目前的企业中，其不只是局限于某一个具体的领域当中，通常都会牵涉很多的领域，而且还要求这些投资部门的人员必须具备专业素养，同时涉及像财务或法律，以及金融或投资等诸多领域，只有这样才能确保企业投资项目能够顺利地进行下去。不仅如此，企业还必须要针对项目的审批授权创建相对的程序，通过这些程序来设定相应的专业投资人员，然后凭借实践的论证，以此来让应有的职能更好地发挥出来。尤其是针对投资项目中的监督问题，以此来让投资建设的整个过程得到保障，并在投资部门的监督之下能够顺利完成。

（五）企业负责人应当关注中国的宏观经济环境和相关政策，及时更新投资观念

企业中管理者与领导者决定着其能否更加长远地发展下去。企业的领导者与管理层必须要用前瞻性的眼光，同时要对企业进行战略性的部署，只有这样才能确保企业对外投资项目能够在预期中获得投资收益。通常企业外部的竞争状况都是取决于国家的宏观经济环境，倘若一个企业并没有对宏观经济环境进行相对的分析与认知，那么就会导致企业在进行战略性部署时会有一定程度的差异，这无疑会使企业未来的发展趋势，以及其宏观经济发展遭受到一定的影响。

如今国家颁布的政策决定着未来经济发展的趋势，因此必须要事前了解这一趋势才能更好地掌握自身的战略发展。由于投资模式与投资理念也在不断地更新换代中，企业管理者就必须要顺应这一局势适当对自身的投资理念进行改进，并在进行项目投资的时候积极

采用新的投资模式，以此来将获取到的投资新知识运用到企业当中，并让其在行业之中能占据领先地位，并且在拥有了行业领域中前瞻性的同时，促进企业在各种形式的投资项目中及早发现具有前瞻性的投资项目，从而提供有利帮助，促进企业净利润能够通过投资收益有所提升。

9.2　大数据时代下企业投资决策竞争情报的需求与服务

在大数据时代背景下，对于企业竞争情报的获取与存储，以及组织与分析，还有决策需求的提升，无疑造成竞争情报的模式不再局限于传统的情报分析型服务，而是成为当前的情报预测型服务，同时还逐渐转换成了情报智慧型服务。

一、大数据给企业竞争情报能力的提高带来机遇

由于信息化技术的发展速度突飞猛进，尤其是在现如今大数据与云计算的推动下，中国的经济与教育乃至民生等诸多层面，同样都受到了深刻且全面的影响，这在全球众多的发达国家中，无疑对大数据时代的发展趋势有所认识。对于中国来讲，其主要就凭借大数据的竞争战略，让中国在未来成为世界一流的科技水平提供了一个很好的途径。但是倘若将大数据与竞争情报结合在一起，那么在企业或各种组织当中，就会获得新的数据共享与价值分析体验，不仅如此，还会因此而为情报服务的理念与模式，以及其方法与技术提供新的思维方式，同时提供了有效的决策支撑，有助于中国的企业发展与竞争。

通常由新技术再到理念的创新都会体现在以下三个层面。

（1）大数据给企业提供了各种各样且具有极高价值的竞争情报来源。大数据的整合具有各种类型的数据，因此就具备了较强的关联性与结构性，由此一来就提供了更加多元化的来源为竞争情报所用。一般企业都会在分析挖掘中获取需要的信息，以此来促进竞争情报工作者能够及时获取用户情绪变化，同时更好地了解到市场时下走向，进而让企业更加主动地进行市场营销战略的制定。

（2）大数据的运用让企业在分析产业竞争情报时，存在一定的真实性与准确性，同时也进一步提升了其实效性。通常大数据都涵盖了诸多来源不同的数据，而这些数据一般都会从不同角度对情报进行相应的分析，并提供了基础来确定其真实性、精确性和实效性。换句话讲，大数据技术的存在，为企业竞争情报研究提供了更加真实的来源，让数据质量的准确可靠性能够通过多层次或全方位的情报搜集得到保障，从而尽可能减少云计算技术应用中带给企业分析的压力。

（3）由于大数据的不断推进，促使竞争情报更加贴合企业时下的需求，同时还为企业提供了不少商业机会，因此，必须要制定相应收集或使用，以及对其数据保护的计划，才能保证企业在这海量的动态异构数据中能够获得及时的挖掘与分析。

二、大数据环境下企业对竞争情报的需求

(一) 企业制定竞争战略的需要

企业要想在如今竞争激烈的市场中保持优势,首先要能正确地判断出市场当前的变化,同时对其及时进行相应的竞争战略调整,由此一来,才能让企业在这日趋激烈的市场环境中能够一直占据优势。因此,企业必须要格外重视竞争情报的工作,同时在当前的市场环境中制定相应的竞争战略。利用大数据的分析,就能够提供重要的参考依据给企业竞争战略所用。

(二) 企业实现创新与发展的需要

在企业中必须要不断进行创新与改进,才能够使其更好地得到发展,因为企业的发展离不开创新的推进。因此,从国际上去观察,目前苹果公司正在飞速的发展进程当中,其离不开强大的创新能力。由此可见,将新技术应用到企业当中,将新产品开发应用到企业当中,必将脱离不了竞争情报对其的支持作用。通常企业通过对竞争对手情报的收集与分析,就能够从中及时找出与其的差距所在,并通过创新改进找到突破点,从而获得更好的发展。

(三) 开拓市场的需要

通常市场决定着企业的生存与发展的进度,当企业针对市场制定开拓策略的时候,就必须要将自身产品的实际情况与之结合,然后对获取来的竞争情报进行相应的产品定位,并制定市场开拓决策,因而企业利用竞争情报的支持决定其战略决策的制定。

(四) 企业寻求合作发展的需要

企业之间的合作交流在经济全球化的形式下已经逐渐增加且日趋繁杂。此时,企业就必须在进行合作发展之前制定相关的合作策略,与此同时,必须要做的工作就是对竞争情报的收集和分析,因此在企业双方的合作过程中,能够顺利发展并获得共赢,使其处于至关重要的位置。

三、大数据时代下企业投资决策竞争情报服务

(一) 大数据下的竞争情报服务模式

目前在大数据时代的不断推进下,吕慧琳的情报研究方法就采用了将事实数据与工具方法及专家智慧相结合的形式,利用工作实践的结合并举例介绍了这种方法在实际应用中所获得的成效,同时还从未来发展方向的层面进行了思考,从而探索出一条大数据时代下进行情报工作开展的新路径。而张兴旺等就提供了一种新型的竞争情报服务模式,其主要针对面向企业竞争情报,以及在大数据基础下企业所提供的各种按需求的服务等。

如若从内容研究去审视,这些类型的竞争情报服务凭借的都是现有的数据处理分析方

式或工具，以此来提供情报需求服务帮助企业创建新型竞争情报服务模型。一般情况下服务模型都会牵涉三个部分的情报领域，分别是网络竞争情报、企业竞争情报和产业竞争情报，由此可见，现下的研究中已经存在着一部分理论基础。尽管如此，由于现有的数据挖掘技术与信息处理技术还并不完善，其不能够精确地获取处理用户服务需求，同时在平台的监管与信息安全及服务选取程序的开发等诸多层面也相对过少，必须要有一定的平台支撑，才能顺利创建竞争情报服务模式。

（二）企业竞争情报创新发展的策略

1. 系统化改进以往情报搜集研究与综合服务模式

这种模式主要体现在阶段开始的时候，通过对特定的企业核心产品市场的销售情况进行观察，并在同类型产品上运用现有的投资管理模式，然后再对其进行管制且实效考察验证，而这种模式从整体上就与分散动态模式的竞争情报分析工作领域相似。此外，在相关的企业当中，当在今后方案环节进行多元化投资决策的时候，就必须将内外部环境数据信息及时地加入其中，有需要时就可以采用将非结构数据与创新工具方法及专家智慧相结合的方式，并以云计算为基础单元来进行相应的构建。不仅如此，还可以从以下五个方面来进行简单的分析。

（1）提高情报部门的数据处理能力。通常在大数据中，存储的问题是在其处理过程中最为重要的一项，在如今大数据时代环境中，其存在的信息量最少的也已经是 TB 级别，因而这无疑提升了数据库软硬件的要求。同时在这种情况下，不再像以往那样局限于传统数据库对非结构化数据的分析，而是有实效性地提升了情报分析能力，并从中获得非结构化数据之间的关联与潜在联系。时下要想让专业人员的技能有所提升，也不单单只是对 IT 人员或信息专家个体而言，已经转化成将这两者结合在一起，然而大数据时代背景下的专业人员，也必须要具备多方面的技能与背景，这其中包括生态学或统计学，也有可能会是社会行为学等诸多方面，只有这样才能够及时从中找出其潜在联系，从而对数据结构进行合理的构建，最终达到提供准确情报信息的目的。

（2）创新情报搜集研究方法。在当下对于信息的分析是大数据产生价值实质性环节中最为重要的一点，根据大数据目前所拥有的全新特征，可以看出传统的竞争情报研究必须作出相应的改变，将其从原本单一的领域情报研究当中逐渐转化成为五个层面的内容，其主要把控有全领域情报研究，还有就是综合利用多种数据源，再有就是强调情报研究的谨慎性与情报研究的智能化，以及注重新型信息资源的分析。例如，从市场情报角度分析，大数据时代的不断普及，让其从原本单纯地对项目产品市场的调查，逐步扩展到代替产品或同类产品，对分散的动态竞争情报进行了更多的分析，不仅如此，还增加了对预测性情报的分析，以此来提升大数据对情报分析的准确性，同时还不断从不同类型情报间增加关联分析。

（3）提高对大数据时代的认知程度。如今各种智能终端与社交网络在大数据时代环境中随处可见，这无疑让企业有利于有效地研究与分析消费行为或竞争对手的动向。因此，企业必须创建一套完整的大数据竞争分析体系，同时让大数据的认知程度有所提升。倘若忽视了大数据的作用，或者并不重视的时候，就会导致企业在这竞争激烈的时局中止步不前，甚至会有倒退的情况出现。

（4）创新服务方式。目前，传统的互联网在已经远远落后于中国移动互联网如今的发展脚步，到前几年为止的数据，在移动互联网中的使用用户就早已超出了宽带上网的用户量，而在这其中已经有60%的人们都是利用手机来接入互联网的。

随着智能手机与平板电脑的不断普及，在企业中投资决策通常都会采用团队的形式来进行，然而现在是移动互联网的时代，通常进行大数据情报搜集分析时，都会利用跨平台的方式进行连续的推送，而那些相对零散的动态数据就会利用协作云端平台来进行随时共享。

（5）加强信息安全制度。伴随着现如今逐渐进步的信息技术，在数据进行存储与处理已经不会受到任何限制的时候，大数据就成为了企业得以生存并可以逐步发展的基础，与此同时，大数据的到来也使大量黑客或病毒及数据盗窃等诸多不良行为接踵而来，倘若此时企业当中有任何信息被泄露出去，毫无疑问会造成企业的经济状况，甚至是企业的生产遭受到严重的打击。因此，企业必须要十分关注大数据的安全问题，在避免遭受外来威胁入侵的情况下，从而创建相应的信息安全制度或信息加密等相关制度，以此来保证企业中核心的商业数据外泄的情况不会发生。

2. 科学培养大数据专业化分析人才

目前在中国企业中，尽管其发展过程中会需要各类精确数据指导性的支持，可是内部专业型控制人才的短缺却造成企业日后进行投资决策时并没有光明的指引道路。海量的数据与人才的匮乏形成了一种巨大的鸿沟，让企业开发与利用数据所潜在的价值受到阻碍。通常大数据分析人才都会通过与企业共同组建大数据竞争情报分析团队，不管是产业经济学专业还是投资专业，或者是金融专业还是统计专业，乃至情报学专业诸多种类的专业研究人员，同样都将通过彼此对专业技能的渗透，从而形成某一方面优势的各种形式，以此来让大数据进行复合分析时，其绩效成果能够得以保障。

由于大数据时代的来临，不仅仅是在各行各业中，甚至是在企业的各个领域中，他们在使用数据的时候无疑都会遭受到严重的影响，并使其产生一定程度的改变。企业竞争情报工作者也因此而面临着大数据所带来的极大挑战，故而必须要从三个层面将大数据充分应用到企业竞争情报当中，让大数据能够将优势发挥出来，并从中挖掘出大数据的有用价值，以此来提供智力支持让企业竞争力有所提升。

（1）从宏观的层面上去看，必须要健全并完善相关的法律法规，以此来确保大数据中的企业竞争情报可以被合法应用。由于现在社会的各个层面中都存在着对大数据的获取与分析及其应用，但是中国时下对数据的收集与使用仍然还在着法律方面的空白，因此，必须要制定相关的法律法规，才能让大数据的健康发展得以保障，同时在进行政府与企业信息公开和公民隐私权利保护之间处理矛盾的时候能够更加妥善，并不断推动大数据进一步发展。

（2）通常创建大数据企业竞争情报体系都是通过情报意识，还有组织模式以及人才队伍等多个角度来进行的。

首先，必须要具备大数据情报意识。也就是说，企业必须要让竞争情报人员从自身开始就要学习并接受新鲜事物，同时还必须充分掌握大数据相关的分析技术，只有这样才能在开展竞争情报工作时能够更加完善，以此来确保能够及时获取市场行情与竞争动态。

其次，必须根据大数据的竞争情报体系来建立相应的组织模式。也就是说，身处于大数据环境中，不能只局限于现有的竞争情报系统架构或组织体系与资源配置，必须要将它们进行重组，然后将主导位置设定为大数据管理与分析的竞争情报职能部门，与此同时，再进行组织设计竞争情报体系框架，在大数据竞争情报体系的前提下进行构建，最终达到整体把握大数据的目的，以此来为企业提供更加动态且实时有效的科技情报。

最后，必须根据大数据的分析创建相关的专业人才团队。在大数据时代背景下，将大数据转化为具体的竞争情报是在企业中最为关键的一部分，但是这一部分也必须要在拥有大数据分析人才的前提下才可以实现。因此针对这一点，企业就必须要尽可能去培养相关的人才，并不断增强大数据分析人才团队建设。

（3）倘若从微观角度去分析，要想企业竞争情报工作能够提升效率，就必须利用适用于目前大数据环境变化分析工具的开发。如今面临着这不断增长的海量数据，企业必须要跟上时代的需求，在以往的技术基础上再加以创新与研究，并获得新的方法，从而开发出更具有扩展性且存在容错性与并行性的分析工具，并将其应用在实时性技术与分布并行算法技术，以及统计分析技术等诸多技术层面中，最终让数据挖掘与分析的效率能够有所提升，使其能够尽快适应大数据的变化与发展。

9.3　大数据在投资决策中的应用价值

在资产投资决策中，利用大数据与云计算平台具有多方面的优势，并且在实际的应用时，还可以尤为突出其价值所在，促使企业在进行投资决策时可以更加科学有效。

一、大数据时代下企业的固定资产投资决策框架

在大数据时代下企业进行固定资产投资，特别是针对那些新建生产设备而言，通常都会需要一定时间才能获得投资回报，相对资金占用量也会较多，由于这种模式的影响就会直接造成企业未来的发展与生存存在着一定的问题，因此，必须在进行投资决策的最初阶段，通过大量的调研与数据分析，以此来更加科学且合理的实施决策。由此可见，在企业实施固定资产投资决策时，数据占据着至关重要的位置。

（一）投资准备阶段

企业固定资产的投资决策在大数据时代的影响下，在投资项目前期准备的管理中最为重要的一点就是对前期市场进行预测，由此一来，就能第一时间把握市场先机，有助于在进行项目创建时发现存在条件的现实与潜在的需求，以此来进一步促进其尽可能满足产品

或项目，从而减少非真实市场需求中所产生的或不能在未来一定时间内支撑项目生产，以及运营条件需求的那些虚假需求。

首先，必须要有明确的投资目标，像是去了解投资项目需求的市场情况，或消费者的购买能力，还有像同行业的销售状况等诸多外部信息。

其次，必须要明确选择的投资方向，不仅要根据企业内部的历史数据情况，同时还要将其与市场环境状况相结合等，然后对这些外部因素进行相应的筛选，最终决定所要投资的方向。

除此之外，在了解市场容量现状和前景的同时，还必须要预测可替代产品，还有那些可能引起市场扩大的情况，并进一步了解在这个项目中可能存在或潜在的替代产品，它们可能会对其产生什么样的影响；还必须要调查市场供求情况下长期发展的趋势如何，以及目前市场与项目投资市场的饱和状况，不仅如此，还要了解该项目产品在市场的占有率一般能有多少。

（二）制定投资方案阶段

当进行投资项目决策的时候，通常企业都会利用云会计平台从中获得内外部大数据，并对其进行科学且宏观的分析。在这其中一般根据可行性制定投资方案的方式，再进行相关数据的方案评估。其主要可能会牵涉到的可行性分析包括概率分布或期望报酬率，还有标准离差或标准离差率，以及风险报酬率等多项数据，但是必须要在企业能够承受的范围之内再进行投资的可行性说明。

针对生产设备的新建与扩建，还有对其的改良，通常不仅会对产品的成本与定价产生一定程度的影响，同时还决定着企业未来的发展方向，以及企业在未来竞争市场中所占据的战略地位。

（三）投资实施阶段

如今，企业在经济全球化的时代背景下，必须不断增强自身竞争实力，新建或扩建及改良生产设备，是目前很多制造业企业中通常会采取的主要方式。然而企业在国际市场环境中，其结构化数据或半结构化数据及非结构化数据一般都会在企业投资过程中产生一定的影响，因此这也是战略资产中必不可少的重要的一项。

通常数据源是企业的固定资产在进行投资决策时的依据，利用云会计平台，然后通过多种媒介的形式从企业内部或外部市场与银行等诸多相关的投资决策中获得。与此同时，再利用大数据处理技术与方法，从而让获取的数据信息规范化的处理得以实现，并利用数据分析与数据挖掘技术，从企业中将那些需要的固定资产投资决策所需的财务与非财务数据提取出来，然后有针对性地对企业进行新建或扩建，以及进行改良生产设备的投资决策中每一个决策步骤，并提供有利的数据支持。

在投资实施阶段通常进行监控或调整时，首先考虑到就是企业实际的现金流量与收益，以及其与预期之间的对比，还有就是企业的可控范围内是否能适应于其实际所承受的能力。倘若相差很大的时候，甚至说企业已经不能控制的时候，就必须要将导致差异存在的因素及时找出，并对相关数据进行适当的分析处理，同时对投资决策方案进行适当的调整。

一般情况下在企业日常财务活动中，固定资产的投资是至关重要的一个组成部分，同时也是企业能够正常运转、进行生产经营与维持生存发展的基础部分。通常企业中数据的来源都牵涉着多个利益相关者，不仅如此，其来源渠道也是极为广泛的，大多数都是非结构化数据，并且各类数据之间的标准一般都不统一，故而很难将其兼容。由此可以看出，大数据时代中都是在云会计平台获取各种数据的基础下，再进一步进行企业整个投资决策流程，然而通过各种相关的技术对各类数据进行分析处理，并存储在企业的数据中心等，利用这种方式可以促进企业在整个投资决策过程中，其数据能够提升完整性、及时性和可靠性，以此来达到高质量的企业投资决策需求。

二、应用价值

（一）大数据下的投资决策更加科学

目前，在现代企业的经营过程中，通常会遭受到内部或外界各种因素的影响，导致固定资产进行投资决策时难度增加，而且在短时间内，固定资产投资也不能获得资金同流，因此，就会导致企业在进行固定投资时的风险增加。当管理者进行决策的时候，凭借云会计平台进一步了解企业财务信息与生产设备，还有生产流程等各项内容，这样一来，不仅可以更加及时地获取数据，还能让数据信息更加可靠，再加上很多云会计平台中都有相当强的睦能特征，其可以与电子商务系统形成有效的融合，有助于企业可以及时了解市场动态状况，然后企业就能够在其中获取很多相对有价值的信息，这种形式投资决策的调整与制定会更加科学，最终达到挖掘固定资产价值最大化的目的，从而促进企业更有效地逐步发展。

倘若从企业内部角度去审视，通常固定资产投资决策都是利用云会计平台来获取相关的大数据，根据生产设备的扩建与改良促使企业在以往的经营过程中更加准确且快速地获取产品生产数量与产品市场占有量，还有现金流动等各种财务信息，不仅如此，还能获得与投资项目相关部门业务与人事关系，以及仓库存储量等各类非财务数据，通过对投资决策影响范围的分析比较，还有在企业后期经营中所产生的利益与风险，然后从企业内部的经营情况与现金流量方面进一步审视投资决策的可行性。针对生产设备的新建而言，企业就必须要充分了解市场目前的发展趋势，掌握新建生产设备所需的各项财务数据，其主要有资金筹备与企业的负债比重，还有现金流量与偿债能力等，以此来确定投资决策与企业未来长久的发展战略是否符合。当下利用云会计平台，就能够让企业很好地避除内部数据的分散与信息的不对称性，同时企业还将所有子公司与部门之间的财务数据与非财务数据更加有效地整合在一起，从而帮助企业科学且完整地进行决策，让决策的准确率有所提升。

倘若从企业外部的角度去审视，通常企业都是通过与电子商务系统的接口，在利用云会计平台的同时，获取市场中的各种外部数据，其中包括公允价值和定价，还有顾客和数量等，然后对于消费者有关的产品购买状况，销量由于商品价位所受到的影响，以及产品的替代商品数据进行相应的分析。一般情况下，产品在市场中的占有量与日后销售的群体都取决于消费者的偏好，因此，可以利用从云会计平台中获得的消费者购买习惯、产品所畅销的地区和畅销时间段等各项数据，以此为基础提供更有用的决策价值，进而新建或扩建或改良生产设备。在此之后再对收集到的数据进行相应的分析，根据市场中占有量的情况来确定这个投资项目的评价是否符合其饱和度，同时是否在一定范围内存在产品价格的变动情况，以及由于产品与可代替商品价格而产生的差异是否有利等各种问题，由此可见，对于固定资产投资决策而言，这些来源于企业外部的数据尤为重要。企业必须要事先掌握周围市场情况，了解与投资项目相关的产品信息，还必须要了解与消费者相关的数据或政府的经济政策，以及环境的相容度等各类数据，才能进一步确定合理且有效的投资决策。

(二) 大数据下的投资决策风险更可控

如上所述，由于云会计可以直接影响着固定资产的投资决策，因此，有效利用云会计平台进行固定资产投资决策，就可以让其风险在一定的管控中确保企业投资活动中的安全性有所提升。通常可以从投资决策的分析中，得出主要造成项目活动风险产生的因素，这完全是由于在进行投资项目活动的时候，决策者并不能对其变化情况进行一定预估，同时在获取数据信息时也存在着一定程度的问题等，然而这些存在的投资风险一般都是不能避免的，它们都是客观存在的。

企业利用云会计平台一般通过互联网或移动互联网，还有物联网或社会化网络等多种渠道的媒介，以此进行处理与分析收集而来的数据，然后再对这多种投资风险进行相应的控制，其中包括企业面临的债务风险、估算风险和市场风险等。在投资决策实施的过程中，利用云会计平台，将企业实际的现金流量同收益与预期的现金流量与收益作比较，并从中找出不同，根据这些分析差异所存在的因素，及时对其作出相应的投资调整。当企业运用云会计来实现各个信息系统的无缝衔接之后，就可以让数据及时地共享并传递，此时如若出现了任何人的工程质量或工程进度再或现金流量方面不足等诸多问题的情况，就能够对投资项目的目标方向与工程施工时间及时地采取相应的措施，同时决定该项目是需要进行调整还是需要终端，甚至是决定放弃，从而使投资总额与投资期变动中所带来的风险降至最低。

一般情况下，主要都是通过对固定资产进行改良或新建与扩建来进行固定资产投资，这种形式的投资通常其变现能力会相对略差，但是其存在的投资风险却比较高，一旦存在其中的风险超出了企业的承受范围，那么企业就将面临着破产的窘境。利用云会计平台就可以对决策者投资项目中的各项数据进行相应的分析，由此一来，就对投资中所存在的风险与相关问题进行了一定程度的预估，以此来让决策者通过各项信息合理地调整决策方向与活动内容，并有效降低所带来的风险损失。

通常投资风险都是在企业进行投资之后，受到内部或外部各种不能确定的因素的影响，让实际使用的投入资金与预期目标的结果不能相符。一般投资决策中存在的风险都是因为企业信息匮乏，企业中的决策者对未来变化等因素还并不了解所致，从而才会造成在投资决策中，不管是什么形式同样都有各种各样的风险决策。在企业项目投资当中，其投资风险表现主要是经营风险，其主要包括产品需求的变动，还有产品售价与成本的变动，再有就是固定成本的比重与企业的投资管理能力，以及经营环境的变化等诸多因素。不难看出，在固定资产投资中，其主要的形式就是对固定资产的新建或扩建与改良，但是由于其存在的投资变现能力相对较差，而其投资风险却相对较高。因此，如若投资进行时其风险超出了所承受的能力范围，就会造成企业不能继续正常运转，最终导致其以破产告终。决策者利用云会计平台就能够对数据进行可行性分析，根据可能出现的风险因素进行相应的分析与评估，然后再借助大数据的帮助不断地调整信息资源的战略目标与投资方向，以此来尽可能降低决策风险造成的损失。

倘若从客观因素的角度去审视，在目前全球经济化的时代背景下，随之而变动的不仅有市场需求与消费者的偏好，还有货币政策与通货膨胀的情况，这无疑在一定程度上影响着消费者的购买能力。因此，企业利用可行的方法就能最大程度将投资风险降低，同样这也是目前企业在进行投资决策中所面临的最大挑战。

9.4　大数据时代下企业投资决策的优化

如今大数据技术的不断发展，不仅提供了对瞬息万变的数据与信息的定量分析方法，同时还提供了更加真实有效的决策依据，以此来让企业进行投资决策，从而让企业战略决策的质量得以提升。

一、投资决策情报至关重要

（一）企业投资决策流程及情报需求特点

在大数据时代，企业中的投资决策竞争情报搜集与分析，以及其利用都随之而产生了一定程度的变化，因此大数据所带来的机遇与挑战是在目前竞争情报咨询机构与企业中必须要积极响应的。如今必须要将大数据的特点充分研究之后，再经过不断创新竞争情报分析方法，只有这样才能在大数据提供的这一全新的信息生态环境与竞争舞台中，获取到由大数据转化而来的大智慧。通常会根据大数据的情报分析来决定企业重大问题所采取的决策行为，其主要包括企业对投资的必要性，或者暗示投资目标与投资规模，还有投资方向与投资结构，以及投资成本与收益等诸多方面。由此可见，如今大数据被当作是企业中至关重要的资产，从而也越来越受到企业的格外关注，但是由于大数据是一把双刃剑，因此，随之而来的全新机遇也会为企业带来更多的挑战。

目前，在企业参与竞争中的企业决策是一项十分重要的关键竞争力，凭借成功的决策一般可以让企业能够在新项目的建设中领先于竞争对手，并占据一定的市场地位。不论是数据分析能力的提炼，还是对情报分析能力的利用，在大数据环境中，企业这种形式的投资决策竞争力同样是十分重要的。在企业经营生产过程中，企业的投资决策不仅是在进行某一个项目之前所要进行的研究、分析和方案选择，同时还是在企业中一项重大的事件。由于大数据的来临，接踵而至的是可利用的海量数据资源，同样能够获取数据资源的渠道也随之越来越多，如此一来，无疑会为企业投资决策情报的获取与处理及利用带来了更多的改变。

（二）大数据给企业投资决策带来的机遇与挑战

由于大数据时代的到来，在每一个领域的企业当中都因其特征而受到很大的影响，因此，也产生了一定程度的变化，改变着企业内外部情报环境，由此一来，企业就必须要在现有的情报收集与利用模式的前提下重新审视，并采取一定的措施让大数据可以转换成为大智慧。

1. 带来的机遇

（1）大数据为企业获取精准情报提供了沃土。在企业投资决策中必须要尽可能避免失误的情况出现，因此，在这其中必不可少的一点就是要有精确的情报支持。如今海量的数据再加上多样化的来源渠道，不管是统计分析还是互相验证的过程中，让大数据更加有意义，不仅如此，还提供了很好的支持为各种投资分析进行模型创建。因此，大数据环境中的企业就可以利用科学的情报分析方法，来对这海量的数据进行相应的处理、组织和解释，其中主要包括产品市场数据、竞争对手上下游数据，以及项目财务数据等各项数据，从而将其转化为更加有利的精准情报。

（2）大数据使投资决策情报更加细化、更有价值。目前大数据已经对传统模式的情报进行了更有价值的延伸，同时还对这部分数据进行了相应的加工处理，以此来帮助并指导企业投资决策流程中的任何一个环节，同时有利于企业能够更加明智地进行决策制定。尤其是在现如今移动互联网时代的兴起，还有各种智能手机与平板电脑的不断普及，致使大量的大数据领域产品随处可见，而那些传统的文字与图片也逐步发展成为现在的位置信息，以及链接信息或二维码信息等各种新类型的数据。

2. 面临的问题与挑战

由于在现在企业中伴随大数据所带来的内外部情报环境极为繁杂，数据来源也呈现多元化，而数据类型相对也是各种形式，并在不断更新增长中，其存在的这种形式的动态毫无疑问地影响着企业数据情报搜集的分析能力。

（1）大数据处理专业人才的缺乏。一个能称得上为合格的大数据专业人才，通常都必须要具备几个条件：第一，必须要对企业内部资源的禀赋与发展战略有深入的了解；第二，必须要了解项目投资中所能牵涉到的经济与产业分析方法；第三，必须要充分掌握数据探勘统计应用知识，同时还必须熟悉数据分析所能用到的相关工具和操作。必须要满足以上三个条件，才能让企业中的专业人才将大数据中的价值激活，并重新让数据之间的关系建立起来，同时赋予新的意义，最终才能达到投资决策所需的竞争情报转换而成的目的。

（2）面临重新整合企业竞争情报组织模式的挑战。目前绝大多数的企业之前的竞争情报组织模式，通常都是由企业自有情报分析部门和独立的第三方情报咨询机构两者同时完成的。两者之间分工明确，而且一直都是单一的合作模式。因此，现有的合作模式也将会因大数据时代中数据对反映速度的要求，从而带来极为强大的挑战。

（3）现有竞争情报分析方法不能适应大数据时代的要求。到现在为止，现有的竞争情报分析方法主要都是在静态或结构化数据的基础上进行的。但是大数据中具备的特征却是分布式、非结构性与动态性。不仅如此，现有的分析方法也由于信息格式的差异，进而不能在获取情报时进一步创建信息之间的关系。故而，必须要不断创新，尤其在数据的处理量、数据类型、处理速度和方法方式方面尤为重要。

二、大数据对企业固定资产投资决策的影响

在投资决策评价中最为重要的几个影响因素包括：决策效率、决策质量、决策成本。当企业进行固定资产投资决策时，其科学性与合理性在一定程度上受到这些因素的影响。因此，在进行决策相关大数据分析的时候，利用云会计平台就可以提供更加科学、全面、及时的数据支持，以此来制定企业的固定资产投资决策。

（一）实现智慧投资决策

在企业中投资决策不单单是所有决策中最关键的一项，同样也是至关重要的一项，在目前众多的企业情报需求中还是要求最高的一种，而且具有极高的复杂性。时下研究企业现阶段自身的资源禀赋，还有企业目前拟投资项目的可匹配性，同样都是最主要的投资决策核心内容。伴随着大数据时代的到来，在企业投资决策的每一个环节当中，都逐渐由大数据深入其中，并成为其中重要的生产因素。因此，在这日新月异的科学技术发展时代，在这市场竞争日趋激烈的环境中，企业必须要让决策评价体系更加完善，才能更加有效地指导企业资本投资项目。

如今，大数据时代的财务信息系统，早已经从原本的模式延伸到企业的外围，同时提供了市场同类项目的相关风险，以及与其收益等诸多情况，然后将其与企业内部不论是投资总额预算模型，还是项目选择排序结构，都进行一定的匹配，从而预测资金短缺状况，并及时设置一定的融资方案，最终使投资决策评价体系更加完整。伴随大数据不断发展、成熟的脚步，企业在未来进行投资决策时，将会在财务信息系统融入外部市场风险分析，从而让财务人员能够实现智慧投资。

（二）提高企业的投资决策效率

目前，固定投资决策由于经济全球化和企业规模化的影响，正在逐渐趋于繁杂化，而其在企业生产经营活动中产生的影响，也在不断地增大。企业在以往的固定资产投资决策中，通常会因为数据采集或处理与分析技术在各方面都受到局限，从而必须要耗费大把的时间才能进行数据的收集与整理，并对其进行对比，不仅如此，还必须要耗费一定的时间对其进行实地考察或调研，如此一来，就必须要用相当长的时间才能制定投资决策，无疑降低了决策效率。

在云计算与大数据技术逐渐普及应用的时代，企业凭借云会计平台一般就能直接获取到与固定资产投资项目有关的财务数据与非财务数据，不仅如此，还能让企业中的业务流程、财务流程和管理流程结合在一起，以此来避免部门之间数据孤立现象的发生，并避免了传递过程中存在的缺失或时间拖延的情况。然后利用企业各个子公司中的业务系统，还有企业管理系统与云会计平台之间的无缝衔接，就可以提供海量数据让企业进行固定资产投资决策，这样一来就能在时间上有一定程度的节省，有利于投资决策进行数据获取。最后，凭借大数据技术对相关的海量决策数据进行整理、对比和分析，从而让企业进行固定资产投资决策的效率有效提升。

（三）保障企业投资决策的质量

在大数据时代背景下，企业固定资产投资决策基于云会计平台，不仅可以提升其工作质量，还能让企业的投资成本得到有效控制。一般情况下在传统的投资决策方案中，进行数据收集的阶段往往都是利用现有的数据资源，通过工作人员进行相应的采集与整理来获得数据信息，这也是在传统的企业中进行固定资产投资决策的工作。通常这种形式下都会有很大的数据量，但在当下的企业中其数据信息往往都比较分散，因此，工作人员在进行数据信息收集的时候，就必然会存在一定程度的误差或错误，由此一来，在今后的工作中就会影响着企业固定资产投资决策，同时也会让固定资产投资决策的科学性遭受严重影响。

然而根据投资决策者之前的经验来讲，传统模式下都是通过工作人员收集并整理数据信息，然后从自身的工作经验主观地进行判断，企业在进行固定资产投资决策时就会往往依赖于此。只不过由于其中的主观因素恰恰会造成相对严重的投资风险，从而使决策质量也会相对降低。传统的企业固定资产投资决策尽管会有很多的因素，在一定程度上影响着其可行性，但是在目前大数据时代环境中，通常企业都会基于云会计来进行固定资产投资决策，然后利用计算机网络来获取并整理数据信息，同时将其及时地进行相应的处理，这样一来，就可以将传统由于人力工作产生的误差问题，在如今的企业固定资产投资决策中能够相互弥补，进而促进企业固定资产投资决策工作中其数据信息的准确性大大提升。

（四）减少企业的投资决策成本

在企业中，通常固定资产的新建、扩建和改良都会涉及很多部门，其中包括销售部门、库房存储部门、财务部门、生产制造部门等多个部门参与其中，像实地考察或纸质资料的收集与整理，再就是利用电子邮件或电话等各种途径透视在传统投资调研中采用的方式，这种形式一般都必须要有大量的人力与物力支持才能完成。

如今企业通常都会基于云会计平台，凭借其需求购买相应的软件服务，然后利用互联网或数据端口，再与所有部门与子公司连接在一起，继而从硬件与设备上尽可能让成本有所降低，由此，当企业需求对市场或周围环境进行实地考察或评估时，就不需要再耗费大量的调研人员就能实现。时下，利用云会计平台，不管是企业产品的结构化数据，其中包括市场的销售现状、投资环境和消费者偏好，再或相似产品的市场占有量；还是那些半结构化数据或非结构化数据，其中半结构化数据包括与产品相关的图片或视频，再或文本或文档等诸多数据，企业在对它们进行收集、整理和分析时都会十分便捷。因此，企业在对固定资产投资决策中有关的大环境进行分析时，利用云会计平台，不仅让企业投资决策中大量的人力成本有所降低，同时硬件设备的购买、维护与后续维修所产生的费用都有一定程度的减少。

三、利用大数据加强和优化投资项目管理

(一) 大数据挖掘与工程项目管理分析

所谓的工程项目管理，指的是将工程项目作为主要对象而进行的一种系统管理方法，然后通过工程项目中全部的动态管理过程来实现目标。目前大数据时代的到来，无疑迎合了工程项目中的系统性与动态性及其时代需求，同时带来了新的发展方向提供给工程项目，由此一来，就可以使工程项目管理中的每一个环节或其整体的信息处理效率都能得以提升，并提供了更加有效的信息参考给工程项目进行决策，从而使项目效益能够实现增值。

在大数据环境中，那些原本传统的工程项目管理早已经落后了，而且和当前科学化的管理要求并不相符，但是数据挖掘却提供了新的路径以供工程项目进行管理。其中，一般可以针对工程项目目前的状况，从而建立大数据挖掘管理层次，还可以建立与之相对应的制度结构，再有就是大数据挖掘的项目组解决方法。在大数据时代背景下，利用大数据进行管理，如今的数据仓库不单单只能将现有数据或历史数据进行及时收集，同时对孤立的数据而言，还能对其进行初步处理与转换，进而在它们之间形成一条互相关联的统一数据集，这样就可以进一步提供一个透明的信息平台，让项目中的各个数据使用者所利用，最终尽可能地将信息流通中所带来的那些虚假信息及其交流障碍等各种因素中存在的风险降至最低。

(二) 大数据时代背景下工程项目管理困境

目前伴随大数据时代的不断推进，多元化的需求也在不断发展，工程产品所要面临的最大挑战就是生产必须要贴合市场的个性化需求。而现如今在工程设计与评估过程中，都存在着一定的固有刚性与惯性，致使现在的市场需求高度与实际情况不能相符。

以目前的状况来看，市场需求将因大数据的拖动逐步转化为各种类型的数据，倘若对这部分数据不能及时且科学地进行相应的处理，那么就很有可能会出现以下困境：一是在这种形式下，数据并不能被完全解读，从而让工程设计与评估跟目前的市场并不贴合，也就是说产品最终也不能以最好的状态展示在市场当中；二是在这种形势下，会有一定程度的数据误判情况出现，这样就让工程设计与评估根本就不在市场需求的范围之内，导致其产品最终不能被市场所认同。

从上述可以明显看出，时下市场需求的多元化已经导致数据呈直线上升的状态不断增长，对于工程项目管理来讲，就特别容易迷失在这海量的数据当中，因此而陷入困境。由于经济环境正飞速变化着，无疑会存在很多的不确定性，致使工程项目管理随时都面临着风险的侵袭。由于技术也在不断更新换代中，随之增加的就是社会经济环境的突发状况，继而也会给保障工程项目的进度与成本或质量与安全带来相当大的挑战。

(三) 大数据对工程项目管理优化路径

1. 构建大数据挖掘的管理层次和制度结构

首先，必须根据集中控制与分层管理的思路进行回路模式的确定，其主要包括项目公

司作为数据的收集者，以及集团公司作为数据的决策者。在企业中，通常将数据作为控制载体，然后项目公司再根据集团公司的数据要求进一步准确且及时地进行数据采集，对于集团公司而言，就会将总体数据作为依据，从而进行数据进度与成本、质量与安全诸多方面的分析与决策。一般这里的总体数据，不单单只是项目公司所采集到的内部数据，同时还要有集团公司所采集到的外部数据，以此来保障数据的完整性。

其次，企业必须要根据数据集中、业务集中、管理集中、控制集中的原则，来进行数据处理中心的建设，以及业务审批与项目施工，还有相应的公司决策层数据沟通制度。通常在项目部和施工现场人员之间都会产生各种数据，然后再由项目部进行相应的整理与识别，之后再将其录入到信息系统中心，最后数据处理中心将这些数据进行相应的挖掘，以此来提供辅助帮助公司决策层进行决策，而各个职能部门此时就能够随时对这些项目数据进行调用管理，有助于项目部利用这些数据指标与提示进一步对施工作业进行相应的管理。

2. 构建大数据挖掘项目组，解决项目管理中的主要问题

通常企业会在一定资源制约的前提下进行大数据挖掘项目组的建设，从而在降低一定成本的同时达到最佳的质量效果，尽量让工程项目的速度有所提升。因此，在项目管理中必须要解决一下主要问题。第一，必须要创建工程进度数据挖掘项目组。通过数据挖掘创建有关的控制体系，与此同时，还需要整合资金数据、供应商数据和工程计划数据，以及施工基础数据等诸多方面，从而让工期进度能够得到有效保障。第二，必须要创建工程质量数据挖掘项目组。为了避免出现不规范的物料管理或工程验收有隐藏的现象，再或者不科学的计划安排而造成的盲目抢工期等诸多问题，当然这其中也不乏会存在数据本身缺陷产生的质量失控等各种方面的问题，因此，必须要建立相应的控制体系，同时还必须进行整合施工基础数据与质量检测数据，以及物流仓储数据与工期进度数据等。第三，必须要创建相应的成本控制数据挖掘项目组。通过建立的数据挖掘控制体系，再加上整合的物料数据与成本核算数据，还有质量控制数据与工程进度数据，以及资金数据等诸多数据，以此事先避免工期拖延或质量控制不当等各种问题。

第10章　大数据时代下的企业财务决策管理

大数据打破了企业传统数据的边界，改变了过去商业智能仅仅依靠企业内部业务数据的局面，使数据来源更加多样化，不仅包括企业内部数据，也包括企业外部数据，尤其是和消费者相关的数据。大数据时代下企业所面临的问题不仅仅是大数据的技术问题，更是管理问题。未来的新型管理模式将会充分利用大数据、系统集成、计算实验、仿真等方法，提高顶层设计和战略体系的科学性，凡事都将用数据说话。

10.1　大数据时代理论下市场的演变

利用大数据使组织能够对人群进行非常具体的细分，以便精确地定制产品和服务以满足用户需求。这一方法在营销和风险管理领域广为人知。

一、粉丝经济的重要性

随着技术的进步，许多公司已经将客户进行了微观的细分，以便锁定促销和广告方式。在公共部门，如公共劳动力机构，利用大数据为不同的求职者提供工作培训服务，确保采用最有效和最高效的干预措施使不同的人重返工作岗位。大数据时代一方面使得数据数量急速增加，质量却变得冗杂、难以捕捉；另一方面是产品和服务更加定制化，消费者市场并不是一个简单的划分，而是通过数据做到精细划分，企业所面临的是一个个消费者，并非一群消费者，个性化营销成为企业应对大数据时代的主体营销方式。

运用大数据能够起到帮助企业重新定义目标市场、精细划分目标市场的作用。大数据对于用户行为、信息、关系的追捕，能够有效推动并构建大数据平台，也能给作为合作伙伴的商户消费者反馈。

除此以外，数据库中还包含了约 8000 万人，涵盖微博 80% 活跃用户的偏好分析。有了这些海量数据作为基础，该软件可以通过全面分析个体用户对于某部特定影片的喜好，在电影公映之前准确预测电影票房，准确度达到 85% 以上。

（一）利用明星代言品牌的营销策略

明星代言是目前最常见的利用"粉丝经济"的营销手段。品牌通过市场定位选择有影响力的明星，增加产品知名度，吸引更多消费群体。代言不仅提高知名度，合适的代言人更是一种理念和文化的传播。市场从来不缺好产品，相反一直在淘汰好产品。在竞争激烈的市场中，品牌文化让产品在市场保持活力。合适的代言合作，无论是代言人选择，还是广告设计都在传递一种理念、一种文化。粉丝间文化的触碰更是一种变相的宣传，让越来越多的消费群体认识产品的理念与文化。所谓的"粉丝经济"可以是直接性的消费，也能是宣传和传播。

（二）制作明星周边

粉丝喜爱明星，购买明星的相关周边从很早以前兴起的消费流传至今，不仅没被淘汰，反而愈演愈烈，这几乎成为粉丝的前提之一，曾经一篇关于明星周边的文章写到，鹿晗、王俊凯等明星周边的销售额曾在一个月之内达到一亿。这一说法是否严谨无从考证，但充分说明明星周边的商业价值。如果有一个专业的明星周边公司，保证周边质量和创意，与明星达成合作，在粉丝中打开知名度，潜力是无穷的。

（三）打造品牌明星

有一个大胆的猜想，将品牌打造成为一个明星，拥有大部分粉丝，保证应有的质量，通过规划让品牌像明星一样发展、宣传，吸引更多的粉丝，真正让品牌站在主导地位，用自身魅力吸引更多忠实的顾客群体。在现代消费理念中经常强调一点：适合自己的。"适合"一词包括很多，质量适合、功能适合、创意适合、风格适合、价值适合等。品牌总不会是一家独大的，更多的是找准自己的位置，创新进步，总有一部分消费者适合。

二、精确营销

营销大师菲利普·科特勒在早期提出精准营销就是利用信息技术和数据处理技术对客户进行精准的细分，实行一对一的准确营销，提高顾客让渡价值，充分满足客户的个性需求。可见精准营销是迎合市场内外环境的变化，在 4P 的理论基础上，融合了 4C 营销组合理论来适应新环境的发展。精准营销绕过复杂的中间环节，直接面对消费者，通过各种现代化信息传播工具与消费者进行直接沟通，从而避免了信息的失真，可以比较准确地了解和掌握他们的需求和欲望。精准营销是渠道最短的一种营销方式，由于减少了流转环节，节省了昂贵的店铺租金，使营销成本大大降低，又由于其完善的订货、配送服务系统，使购买的其他成本也相应减少。

精准营销商经常向顾客提供大量的商品和服务信息，顾客不出家门就能购得所需物品。精准营销实现了与顾客的双向互动沟通，这是精准营销与传统营销最明显的区别之一。在大数据时代，通过对顾客和企业信息的双向推荐，实现顾客界面与企业界面的对接，增强其联系，实现通过"用户画像"进行精准营销。随着互联网和电子商务的快速发展，"用户画像"这个概念悄然而生，它抽象地描述了一个用户的信息全貌，是进行个性化推荐、精准营销、广告投放等应用的基础。

大数据下的用户思维通过线上、线下、交易、交互等各种结构化和非结构化数据，让用户更加完整地展现在企业面前。在完整的用户画像面前，零售企业相对于面对"裸泳"的用户，用户需要什么、怎么获取、怎么营销一目了然。未来的经济将越来越是一种消费者体验式经济，谁能在精准刻画消费者画像的同时提升消费者体验，谁就能引领并占有市场。通过不同的用户评价、产品介绍和统计数据，消费者更容易发现产品真实、客观的质量，在此情况下，消费者对品牌的依赖度越来越低，不再将品牌作为衡量产品质量的重要依据。在大数据挖掘中，关键的顾客需求包括顾客对隐私保护的基本诉求、顾客核心价值的发掘和利用，以及顾客行为的培养与转化等。企业营销创新必须充分考虑来自各个方面的正负效应，而顾客全程参与创新实践则是大数据时代营销创新的重要特征。

（一）基于大数据的精准营销在传统行业的应用研究

这里所指的传统行业是一个相对的概念，是相对于互联网、电子商务等而言的"传统"，包括但不仅限于传统意义上的第一、第二、第三产业。近年学者们纷纷开展精准营销在传统行业中的应用研究。

宋磊将大数据营销与出版业相结合，提出出版全产业链的大数据营销以及在应用过程中需注意的思维方式变革、大数据的保鲜及优质等几个问题，旨在对新形势下的图书行业营销工作有所启示。

（二）基于大数据的精准营销在新兴行业的应用研究

互联网、信息技术以及通信技术的发展涌现出的新兴行业也得到了精准营销研究者的关注。例如，林桂珠和范鹏飞在明晰电信企业精准营销的概念和内涵的基础上，分析了我国电信企业进行精准营销的必要性，并对电信企业的 3G 市场进行了科学的分析，研究并提出了电信企业在 3G 时代进行精准营销的举措。

孙玉玲在简要阐述了大数据的定义和特点的基础上，着重分析了大数据时代数字出版产业的发展趋势，指出基于大数据技术的精准营销将日益受到重视，如果能充分挖掘大数据的深层次价值，就可以开发出更能满足消费者需求的新产品和新服务，也能实现精确且个性化的广告推送。

（三）基于大数据的精准营销在电子商务领域的应用研究

步入 21 世纪，电子商务的飞速发展颠覆了传统的购物模式，开展适销对路的电子商务成为企业在激烈的市场竞争中的制胜法宝，这也使得学者们了对电子商务营销的研究。

例如，柴海燕从比较传统的营销与精准营销的差异入手，分析了旅游电子商务网络营销的发展困境，并提出应利用 web2.0 强大的信息集聚和互动功能开展旅游精准营销。

（四）基于大数据的精准营销在新媒体领域的应用研究

新媒体是一个相对而言的概念，智能手机、平板电脑都可以称为新媒体。新媒体的普及带给人们生活方式和消费习惯的改变，基于新媒体的精准营销正逐步应用开来。

刘丽彬认为"以客户为中心的精准营销和主动式服务营销，在正确的时间把正确的信息传递给正确的人"的微博营销理念，引领着微博精准化营销的发展。邱月指出微信庞大的清晰用户及强大的应用功能，如微信公众号等，为企业精准营销提供了目标准备和技术支持，但目前微信营销的实施途径还呈现单一化的特征，方式也日渐趋同，受众新鲜感不断消失，因此，企业依然需要不断思考如何利用微信的精准性更好地服务于营销这一命题。

三、品牌忠诚度

（一）80%的利润来自于忠诚顾客

随着大数据时代的来临，企业可强化利用社交媒体加强口碑营销的观念。移动互联应用是提升受众黏性和营销层次的重要手段，改变了传统的营销模式，将自身的内容资源与多平台、多媒介、多渠道有效整合。社交媒体中形成的社群化，已经成了目前最重要的社会关系。而这种社群化的强大黏性和稳定性正是口碑营销得以运作并达到较好效果的基础。

有研究表明成功品牌的利润有80%来自于20%的忠诚消费者，而其他的80%只创造了20%的利润。忠诚态度不仅可以带来巨额利润，而且还可以降低营销成本，争取一个新顾客比维持一个老顾客要多花去20倍的成本。有远见的企业重视消费者的培育，并把老用户作为自己巨大的市场资源，有了这个资源品牌，市场份额才会不断扩大，企业利润就会源源不断，而且由于这些老用户的口碑和示范作用，还有助于吸引新用户。

消费者的品牌忠诚是至关重要的。它不仅是企业利润的来源，也是衡量品牌资产的重要指标。消费者的品牌忠诚，主要表现在他们对品牌的使用感非常满意，因而产生重复购买的行为。

在大数据时代，产品都是以信息形式存在的，真正好的产品都会自传播，消费者会替企业去宣传产品，过去以企业和产品为中心打造品牌的模式逐渐显得不合时宜，企业要逐渐转变为以终端消费者为中心的商业模式，只要是真正的好产品、好服务，消费者都会通过互联网轻易找到。从另一个角度来看，大数据时代借助发达的互联网技术，消费者品牌转移的成本极大降低，很多情况下只需要鼠标的瞬间单击。

提炼目标人群是营销最有吸引力的竞争优势点，每个成功的品牌都将品牌的功能性与消费者的心理需求紧密联系起来，以准确将品牌定位传达给消费者。随着客户要求的日益严苛，未来企业卖的不只是产品，还有体验。客户可以通过网络随时随地分享他们对企业的"牢骚抱怨"和"吹捧赞扬"，这也说明了客户体验对企业而言十分重要，它能有效帮助企业进行口碑营销。

（二）提高品牌忠诚度的策略

品牌忠诚度的提升与企业品牌资产的提高关系密切。忠诚联系着价值的创造，企业为顾客创造更多的价值，有利于培养顾客的品牌忠诚度，而品牌忠诚又会给企业带来利润的增长。

1. 正确对待客户

确保客户享有积极有益的经历，其关键是培训。消极对待顾客的行为在日本很少发生，由于客户的文明程度通常很高，一个银行出纳员将花几个星期的时间来准确学习和实践如何应付与顾客的各种接触，而且绝不允许有消极对待顾客的行为。

2. 接近顾客

许多跨国公司都在努力寻找接近顾客的方法。例如，IBM公司的最高负责人，也有理由、有义务接触顾客；迪士尼乐园的负责人每年以一种"上岗"的身份工作两周来接触顾客；Worthington 钢厂让他们的产业工人和管理人员会见想使用它们产品的参观者等。无论这种顾客是现有的还是潜在的，我们都应当以积极的心态和行动去面对。

3. 留住老客户

许多公司普遍犯的错误就是主要通过吸引新客户来促进公司发展，因此公司经常制定侵略性的营销计划。问题是吸引新顾客一般都很困难，他们有足够的原因保持原有的嗜好和品牌。而且与他们接触的代价可能很昂贵，毕竟顾客一般不会为了寻找替换物去费力地读广告或与销售员联系。相比之下，保持现有的顾客会获取巨额利润，因为这样做起来相对便宜。如果可以减少现有顾客转向竞争者，公司自然会发展，新顾客也可能受现有顾客的影响而出现。客户基础就像一只有漏洞的桶，增加输入比修补漏洞的代价更高。

4. 人性化地满足消费者需求

企业要提高品牌忠诚度并赢得消费者的好感和信赖，企业的一切活动就要围绕消费者展开，为满足消费者的需求服务，让顾客在购买使用产品与享受服务的过程中有难以忘怀、愉悦、舒心的感受。因此，品牌在营销过程中必须摆正短期利益与长远利益的关系，必须忠实地履行自己的义务和应尽的社会责任，以实际行动和诚信形象赢得消费者的信任和支持。品牌有了信誉，何愁市场不兴、品牌不旺？这是品牌运营的市场规则，也是提高品牌忠诚度最好的途径。品牌应不遗余力地满足消费者需求，切忌为追求短期利益犯急躁冒进的错误，否则必将导致品牌无路可走，最终走向自我毁灭。人性化地满足消费者的需求就是要真正了解消费者。

5. 产品不断创新

产品的质量是顾客对品牌忠诚的基础。世界上众多名牌产品的历史告诉我们，消费者对品牌的忠诚，在一定意义上也可以说是对其产品质量的忠诚。只有过硬的高质量的产品，才能真正在人们的心目中树立起"金字招牌"，受消费者喜爱。产品的创新让消费者感觉到品质的不断提升。海尔的空调、洗衣机每年都会有新功能、新技术的产品推出；苹果、华为每年都会推出新款手机；宝洁公司的玉兰油、海飞丝等产品也时不时推出新改良配方，让其产品有新的兴奋点，让人感觉到企业一直在努力为消费者提高产品品质。

6. 产生转变成本

产生转变成本的办法，是找出解决客户问题的措施，这也许包括为业务重新定义。例如，麦克森公司为其药物零售商安装了计算机终端，基本上为他们提供了存货控制和自动订货服务。通过这种方法，为零售商节省了大量的转变成本，并改变了整个药物批发业。

7. 提供物超所值的附加产品

产品的好坏要由消费者的满意程度来评判，真正做到以消费者为中心。不仅要注意核心产品和有形产品，还要提供更多的附加产品。在产品同质化的时代，谁能为消费者提供物超所值的额外利益谁就能最终赢得顾客。

8. 有效沟通

以广告为主的传播能提升消费者对品牌的熟悉感和信赖感，使消费者产生对品牌的挚爱与忠诚。企业还可以通过与消费者的有效沟通来维持和提高品牌忠诚度，如：建立会员俱乐部、定期访问、公共关系等；建立顾客资料库，选择合适的顾客，将顾客进行分类，选择有保留价值的顾客，制定忠诚客户计划；了解顾客的需求并有效满足顾客所需；与顾客建立长期而稳定的互需、互助的关联关系等。

10.2　大数据与企业竞争力

企业作为国民经济的细胞，是市场运行系统的直接参与主体，其生存和发展直接受到来自产业或市场的竞争力量的挑战。在大数据时代，企业分析竞争对手的透彻程度取决于企业大数据获取渠道的广度和大数据运用能力。大数据竞争力强的企业能够借助大数据资源库和技术处理平台，对竞争对手的相关数据进行挖掘和分析，从而评估竞争对手在市场策略、产品选择、营销方案等方面的优势和劣势，进而制定出能给企业自身带来相对优势的针对性竞争策略。

一、大数据提升企业竞争力

大数据能够帮助企业预测经济形势、把握市场态势、了解消费需求、提高研发效率，不仅具有巨大的潜在商业价值，而且为企业提升竞争力提供了新思路。这里从企业决策、成本控制、服务体系、产品研发四个方面加以简要讨论。

（一）企业决策大数据化

现代企业大都具备决策支持系统，以辅助决策。但现行的决策支持系统仅搜集部分重点数据，数据量小，数据面窄。企业决策大数据化的基础是企业信息数字化，重点是数据的整理和分析。首先，企业需要进行信息数字化采集系统的更新升级，按各个决策层级的功能建立数据采集系统，以横向、纵向、实时三维模式广泛采集数据；其次，企业需要推进决策权力分散化、前端化、自动化，对多维度的数据进行提炼整合，在人为影响起主要作用的顶层，提高决策指标信息含量和科学性；在人为影响起次要作用的底层，推进决策指标量化，完善决策支持系统和决策机制。大数据决策机制让数据说话，可以减少人为干扰因素，提高决策精准度。

（二）成本控制大数据化

目前，很多企业在采购、物流、储存、生产、销售等环节引入了成本控制系统，但系统间融合度较低。企业可对现有成本控制系统进行改造升级，打造大数据综合成本控制系统。一是在成本控制的全过程采集数据，以求最大限度地描述事物，实现信息数字化、数据大量化；二是推进成本控制标准、控制机理系统化，量化指标实现成本控制自动化，减少人为因素干扰，细化指标以获取更精确的数据；三是构建综合成本控制系统，将成本控制所涉及的从原材料采购到产品生产、运输、储存、销售等环节有机结合起来，形成一个综合评价体系，为成本控制提供可靠依据。成本控制大数据化以预先控制为主、过程控制为中、产后控制为辅的方式，可以最大限度降低企业运营成本。

（三）服务体系大数据化

品牌和服务是企业的核心竞争力，服务体系直接影响企业的生存发展。优化服务体系的重点是健全沟通机制、联络机制和反馈机制,利用大数据优化服务体系的关键是找到服务体系中存在的问题。首先,加强数据收集,对消费者反馈的信息进行分类分析,找到服务体系的问题,然后对症下药,建立高效服务机制,提高服务效率;其次,将服务方案移到线上,打造自动化服务系统。快速分析、比对消费者服务需求信息,比对成功则自动进入服务程序,实现快速处理;比对失败则转入人工服务系统,对新服务需求进行研究处理,并快速将新服务机制添加至系统,优化服务系统。服务体系大数据化,可以实现服务体系的高度自动化,最大程度提高服务质量和效率。

(四)产品研发大数据化

产品研发存在较高的风险。大数据能精确分析客户需求,降低风险,提高研发成功率。产品研发的主要环节是消费需求分析,产品研发大数据化的关键环节是数据收集、分类整理和分析利用。企业官网的消费者反馈系统、贴吧、论坛、新闻评价体系等是消费者需求信息的主要来源,应注重从中收集数据。同时,可以与论坛、贴吧、新闻评价体系合作构建消费者综合服务系统,完善消费者信息反馈机制,实现信息收集大量化、全面化、自动化,为产品研发提供信息源。然后对收集的非结构化数据进行分类整理,以达到精确分析消费需求、缩短产品研发周期、提高研发效率的目的。产品研发大数据化,可以精准分析消费者的需求,提高产品研发质量和效率,使企业在竞争中占据优势。

二、大数据时代对企业核心竞争力的挑战

(一)产业融合与演化

企业运用财务战略加强对企业财务资源的支配、管理,从而实现企业效益最大化的目标。其中,最终的目标是提高财务能力,以获取在使用的财务资源、协调财务关系与处理财务危机过程中超出竞争对手的有利条件,主要包括以下条件或能力。

(1)创建财务制度的能力、财务管理创新能力和发展能力、财务危机识别的能力等。

(2),通过财务战略的实施,提高企业的财务能力,并促进企业总体战略的支持能力,加强企业核心的竞争力。

伴随着大数据时代的到来,产业融合与细分协同演化的趋势日益呈现。一方面,传统上认为不相干的行业之间,通过大数据技术有了内在关联,以及对大数据的挖掘和应用促进了行业间的融合;另一方面,大数据时代下企业与外界之间的交互变得更加密切和频繁,企业竞争变得异常激烈,广泛而清晰地对大数据进行挖掘和细分,找到企业在垂直业务领域的机会,已经成为企业脱颖而出变成竞争优势的重要方式。

在大数据时代,产业环境发生,深刻变革,改变了企业对外部资源需求的内容和方式,同时也变革了价值创造价值传递的方式和路径。因此,企业需要对行业结构,即潜在竞争者、供应商、替代品、顾客、行业内部竞争等力量进行重新审视,进而制定适应大数据时代的竞争战略。

(二)数据资源的重要性

大数据时代,数据成为一种新的自然资源。对企业来说,加入激烈竞争的大数据之战

是迫切的，也是产出丰厚的。但是数据如同原材料，需要经过一系列的产品化和市场化过程，才能转化为普惠大众的产品。企业利用大数据技术的目的是为增强企业决策管理的科学性，实质是新形势下人机结合的企业战略决策系统。通过企业内部决策系统的采集、分析、筛选、服务、协调与控制等功能，判断企业及所在行业的发展趋势，跟踪市场及客户的非连续性变化，分析自身及竞争对手的能力和动向，充分利用大数据技术整合企业的决策资源，通过制定、实施科学的决策制度或决策方法，制定出较为科学的企业决策，保证企业各部门的协调运作，形成动态有序的合作机制。

另外，将企业的决策系统与企业外部的环境结合起来，有利于企业制定科学合理的经营决策，从而保持企业在市场上的竞争优势。毫无疑问，大数据的市场前景广阔，对各行各业的贡献也是巨大的。目前来看，大数据技术能否达到预期的效果，关键在于能否找到适合信息社会需求的应用模式。无论是在竞争还是合作的过程中，如果没有切实的应用，大数据于企业而言依然只是海市蜃楼，只有找到盈利与商业模式，大数据产业才能可持续发展。

（三）企业不同生命周期中的财务战略与核心竞争力的关系

1. 企业竞争力形成的初期采取集中的财务战略

企业在竞争力形成的初期，已经具备了初步可以识别的竞争力，在这一时期企业自己的创新能力弱且价值低，企业可以创造的利润少且经营的风险比较大。同时，在这个阶段对市场扩展的需求紧迫，需要大量的资金支持。在这个时期由于企业的信誉度不够高，对外的集资能力差，所以在这一阶段企业可以采用集中财务的发展战略，即通过集中企业内部资源扩大对市场的占有率，为企业以后核心竞争力的发展提供基础。在资金筹集方面，企业应实行低负债的集资战略，由于企业这个阶段的资金主要来源于企业内部，以私人资金为主，因此在这一时期最好的融资办法是企业内部的融资；在投资方面，企业为了降低经营风险，要采用内含发展型的投资策略，挖掘出企业内部实力，提高对现有资金的使用效率。这种集中财务的发展战略重视企业内部资源的开发，所以可以在一定程度上减少企业经营的风险。在盈利的分配方面，企业最好不实行盈利的分配政策，把盈利的资金投入到市场开发中来，充实企业内部的资本，为提升企业核心竞争力准备好充足的物质基础。

2. 企业在核心竞争力发展阶段采用扩张财务的战略

企业核心竞争力在成熟、发展的阶段，由于此时核心竞争力开始趋于稳定且具有一定的持久性，这个时候的企业除了要投入需要交易的成本之外，还要特别注意对企业知识与资源的保护投入。在这一时期，企业要利用好自己的核心竞争力并对其进行强化，在财务上要采用扩张财务的战略，实现企业资产扩张；在融资方面要实行高负债的集资战略；在投资方面采用一体化的投资；在盈利分配方面实行低盈利的分配政策，来提高企业整体影响力。

3. 企业在核心竞争力稳定的阶段采用稳健的财务战略

企业在这一阶段要开始实施对资源的战略转移，采取稳健的财政战略来分散财务的风险，实现企业资产的平稳扩张。在该阶段中企业可以采取适当的负债集资法，因为此时企业有了比较稳定的盈利资金积累，所以在发展时可以很好地运用这些资金减轻企业的利息负担。在投资方面，企业要采取多元化的投资策略；在盈利的分配方面可以实施稳定增长的盈利分配法。企业的综合实力开始显著加强，资金的积累也达到了一定的数值，拥有了较强的支付能力，所以企业可以采用稳定增长的股份制的分红政策。

三、企业竞争力重塑

大数据本身并不是企业竞争力，但大数据分析和挖掘有助于提升企业竞争力。如果说企业竞争力需要重塑的话，那么一定指的是在数字经济条件下提升企业大数据管理能力。大数据管理是对企业市场认知与创新能力的管理，大数据管理能力是企业竞争力的重要乃至决定性因素。

很明显，大数据管理能力的提升必须与企业市场定位、发展战略、目标设定、资源配置、运营模式、竞争策略等相匹配、相协调、相一致，必须有助于提升企业差异化竞争优势，有助于企业发现新的蓝海市场。这应该成为企业实施大数据管理的基本原则和目标取向。

同样地，大数据分析方法的选择和创新必须以企业发展战略所界定的商业逻辑和价值联系为依据。根据商业逻辑来建立分析模型，用于预测和验证。根据目标函数来选择约束方程，用于改进产品和服务。一切都要从创造客户价值出发，以问题为导向，运用大数据资源，以大数据为驱动，创建可持续的商业生态系统。

从大数据分析和挖掘的路径来看，将遵循从数据到信息、到知识、到管理、到预设的过程。数据需要标准去衡量，要遵循商业逻辑；信息需要知识去识别，发现价值关联；管理需要战略去引导，设定行动目标；预设需要资源去界定，面向有限市场；竞争力需要数据去支撑，完成绩效评价。

大数据管理是离散数据知识化、知识产品集聚化的过程，要高度重视企业大数据的积累和汇聚。量变导致质变，当离散的经济行为数据积累到一定程度的时候，借助恰当的大数据分析和挖掘工具，就能够在其中的某些变量之间发现先前没有注意到的商业价值——消费者行为与潜在利润的关联性，进而发现新的商机，于是通过重新配置资源，开拓新的市场，获取新的利润。这时相关性的价值往往大于逻辑性的价值。由于是新发现，因此边际效用最大。而行为经济学的持续拓展和研究成果将为大数据分析提供新的方法和路径。

大数据管理下的企业竞争力重塑将是一个从数据的差异化发现到企业的差异化管理，再到市场的差异化竞争优势形成的过程。要利用计算机和互联网技术将大数据管理嵌入企业运营流程并驱动管理决策，由外而内，由内而外，深化市场与企业、竞争与管理的互动，实现递进发展，增强企业软实力。

开放的大数据管理必将促进开放式创新，并通过开放式创新更加有效地整合企业外部资源，在协同发展过程中提升企业竞争力。

当然，大数据作为企业管理的衍生品，如果对其挖掘、应用不当，即对大数据管理不善，就可能与造成 2008 年全球金融危机的金融衍生品过度创新而监管不到位一样，对企业自身和经济社会带来危害。企业在培育大数据管理能力的时候，一定不要忘记大数据风险管理。大数据创新需要服务，但同样需要适当监管。

10.3　大数据对财务决策的影响

大数据成为许多公司竞争力的来源，从而改变了整个行业结构。大公司和小公司最有可能成为赢家，而大多数中等规模的公司则无法在行业调整中受益。掌握着大量数据的大公司通过分析收集到的数据，成功实现了商业模式的转型。苹果公司的规模收益体现在数据上，而不是固有资产上。大数据也为小公司带来了机遇，其能享受到非固定资产规模带来的好处。重要的是，因为最好的大数据服务都是以创新思维为基础的，所以不一定需要大量的原始资本投入。

一、构建新的竞争优势

在大数据的环境下，企业需要应对数据的更新与变化，以不断调整企业内部的管理决策内容提升企业的综合竞争力水平。传统企业的决策过程往往是被动的，即通过简单的个人经验和个人想法所左右，知识决策内容经过长期实践之后出现偏差。因此，现代企业发展模式需要向着预判式的发展道路前进，对市场的发展状况进行预判，充分掌握未来市场发展规律、客户需求以及竞争对手的各项信息，在大数据的竞争中获取竞争的优势地位。企业在大数据时代下，应用大数据进行预判并制定管理决策内容至关重要。对企业的自身发展而言，大数据不仅仅是一项技术手段，更是一项全新的发展模式。大数据的出现，使得企业管理决策内容知识的获取方式、决策参与者以及组织内容发生了巨大变化，为企业管理决策的发展提供新的发展途径。同时，有效地运用大数据内容能够在激烈的市场竞争中保证企业自身战略优势地位，提升企业综合竞争力。

二、大数据增强企业技术创新能力

创新是企业得以进一步发展的必然要求，是驱动企业获取最大竞争优势的最重要的途径。在区域经济主张创新发展以及产业结构转型升级的新时代背景下，加强自主创新是增强企业综合竞争力的重要体现，是企业创新驱动发展战略下应当首要考虑的重要内容。企业实施自主创新的一个重要保障是拥有足够的知识资本，而大数据的发展必然会为企业不断积累信息、技术、数据处理能力等"软"资源。因此，大数据能够在很大程度上增加企业的技术创新诉求。企业的进一步发展离不开其在产品、技术、管理营销等方面的创新，而企业技术创新的本质要求是研究如何将各类信息、资源等转化为创新要素，并将其引入企业生产、运营和市场开发等活动。而大数据分析无疑能为企业提供重要的创新要素，企业可以通过大数据资源库、大数据技术平台和大数据分析方法，挖掘和分析技术创新所需的资源和信息，来增强其技术创新能力，从而提升企业竞争实力。

三、财务决策以全数据为参考，而不只是样本数据

大数据时代下企业管理者应建立现代化的信息交流沟通平台，与员工进行有针对性的

有效的良好沟通，甚至进行决策。企业在重大的策略调整和重要事件发生时，可以通过信息交流沟通平台，优化决策信息沟通的渠道和路径，使决策的程序简化、速度加快，同时鼓励决策参与者快速参与沟通、提出合理化建议并参与决策方案的制定，从而缩短上传下达的沟通时间。企业应尽量减少信息链的长度，强化对信息链的优化整合力度，以达到企业运作流程的优化，减少内部沟通的偏离程度，从而减小管理决策制定的复杂程度。通过使用虚拟的网络平台来完善和提升企业决策管理，使之规范运作、管理科学、高效发展更具有综合竞争能力。

我们所使用的财务事实和财务数字的准确性在很大程度上决定了一个财务决策的正确性。当今世界竞争变得越来越激烈，因此一个决策的时效性也跟着变得越来越关键了。所以，企业目前在财务决策领域最不能忽视的技术是应用数据挖掘技术。

根据目前已有资料对大数据的定义可以看出，大数据是对所有相关数据进行分析，不再是对样本数据进行随机的分析。其中我们不难发现，主要原因有两种：一是随着科技的迅猛发展使人们处理海量的数据变成了可能；二是样本数据毕竟不能完全代表全部的数据，在一定程度上可能会忽视掉那些重要的因素。显而易见，我们所熟知的图表技术分析和量化的财务分析存在着很大的差别。当我们使用全部相关的数据进行分析时，我们可以全面得知某个重要的指标或信息在整个研究过程中所起的关键作用。例如，我们进行财务投资决策时就可以用所有投资对象 10 年内所有与财务直接相关或间接相关的数据。

四、财务决策以混杂性为主，而不是精确性

大数据时代是用概率说话的时代，绝对的精确是不可能实现的，换一种说法就是混杂性已经变成了大数据时代的一种判定标准。我们制定任何一个财务决策方案时，只要我们通过全数据分析，该决策得出的结果在概率上是能够持续为企业带来高额的利润，那么在很大程度上就可以被财务管理者实施。因此，具体到哪条生产线是带来利润，哪条生产线又是多余的，虽然财务管理者也很想知道，但是该财务决策无法准确地解答，从某种程度上讲，花费过多的时间去探究是没有多大意义的。

（一）增强预测的信息基础

随着大数据时代的到来，企业的市场分析、运营策略、目标客户等一系列具体且重要的参数都受到大数据信息的影响，企业的运作模式也会发生巨大转变。大数据时代的到来既是机遇也是挑战，它推动着各行各业不断调整思路，改变运作机制，重视群体因素和个体影响。人们应该重视和关注大数据应用带来的影响，应用技术进步带来的新机遇，克服困难，运用好大数据，把握好企业改革和再发展的新时机。

通过大数据的预测可以让企业从众多杂乱的信息中非常轻松简单地挑选出有效可靠的信息，摆脱过去繁琐的搜索监测与分辨信息的业务，把大量的信息变为了引导行动的洞察力，节省了大量的时间，从而更加高效、准确地作出合适的决策。

通过大数据智能预测系统，企业可以在非线性化数据中开掘出意外的数据方式与联系，创建指导业务一线交叉的形式。同时，大数据智能预测还能有效避免优质客户的流失，给目前的顾客提供更多的服务购买选项，研发出更加优秀的新型产品，提升企业的运转效率，及时发现且防范存在的欺诈与风险。大数据智能预测可以完成高级分析、信息开

采、文本开掘、社交媒体分析与核对分析、信息的搜集与在线查实探讨、信息建模与预测建模。大数据智能预测给每一项技能水准的客户提供自主定义的业务，包含了对于高级管理层面看得见的菜单页面和对于更加有资质的分析员的命令预防页面与高级功能。大数据智能管理与布置企业的所有财产与债款，给运转体系与决策拟制人员带来更加可靠的决策。

（二）大数据促进了动态化决策

大数据如巨浪般冲击着我们的生产与生活，一切传统企业模式将会被推翻，企业通过先进的数据挖掘技术完成数据增值，从而创造更有价值的商机。当今社会每天每时都会产生巨量的数据，这些数据也悄然记录着世界变化的轨迹，信息时代的竞争已经不再是劳动生产率的竞争，而是基于知识的数据竞争。大数据环境的动态性对企业提出了更高的要求，每个环节的改变都引导着企业的变革，企业必须通过最有效的方式实现数据最大化的价值增值。同时，基于数据的客观性及信息量大的特点，对企业在数据保密及备份、保障客户信息安全等方面提出了更高的要求。

五、财务决策更关注的不是决策的因果性，而是决策的相关性

在大数据时代，"是什么"比"为什么"更重要。即使这一点似乎违背了人类的天性——好奇心和探索欲，但是有一点我们不能忽视，知道"为什么"对任何决策的帮助确实是有限的。例如，当我们预测到一个财务投资决策方案在很大程度上可能持续为企业带来高额的利润时，如果我们执迷于探究该方案到底是通过什么样的方式，如何持续为企业带来高额的利润，那么我们就会在无形中增加成本，到最后也不一定能够找到真正的原因。

当然，大数据也不必然都是好的，也会带来很多问题。首先大数据时代财务数据的隐私问题越来越堪忧；其次大数据可以预测财务决策方案的盈利能力，这样的预测有可能会被滥用而使企业过度追求利润而忽视其他。为此，我们需要新型的大数据管理变革。包括对隐私财务数据的保护，数据使用者需要承担相应的责任；专业的大数据算法师来规范内部和外部的大数据使用，保证对数据隐私的保护和公平正义。

（一）对财务决策工具的影响

在市场经济条件下，企业间的竞争日趋激烈，高效的财务决策已经成为企业角逐的重要砝码。而正确的财务决策往往建立在有效的事实以及大量相关的数据分析基础之上，这对企业的软件技术提出更高的要求。但现阶段的企业会计电算化只是主要将手工做账改变为电脑做账，真正会分析应用财务数据的电算化系统少之又少。当企业的财务决策人需要某些汇总的数据时，甚至还需要会计人员从电算化系统中先导出再进行人工整合处理，无疑这直接影响企业的工作效率。在大数据环境下，与企业决策相关的数据规模越来越大，类型日益增多，结构也趋于复杂。海量的数据意味着增加了有效使用数据的难度，因此，对企业信息智能化的要求越来越高，财务分析和决策系统也要求做出改进。

（二）对财务决策参与者的影响

1. 更加有利于科学化的决策

传统模式下的财务决策人员往往习惯于借助自身的经验来作出决策，但时代在进步，企业所处的决策环境也越来越复杂化，如果财务决策者还是一味地依赖于自身经验发展要求。大数据分析系统能够运用其强大的数据挖掘技术进行信息汲取，再基于分析得出的财务信息对企业的未来业务进行合理预测。这样有效借助大数据将企业的财务数据与非财务数据进行整合，避免了决策者单纯依靠自身经验决策而带来的风险。大数据分析系统还会在决策人员提取信息时提供相关的辅助信息使决策过程更加智能化，企业财务决策的效率也提高了许多。

2. 促进决策者与相关人员的信息交流

大数据管理系统使企业各个部门间的信息交流更便捷和公开化，企业一般管理者和员工也能很方便地获取与决策相关的信息。在此基础上，如果企业管理者能与一线员工并肩作战，集思广益，就会使决策的能力及质量大大提高。大数据下的财务决策除了有利于企业内部的信息交流，也方便了企业与会计师事务所、工商部门和税务部门等利益相关部门之间的信息沟通。随着云计算技术的推广，企业为了更方便地利用云端平台，会将企业的运营数据存放在云端而不只是企业内部的服务器上。这给注册会计师的审计工作提供了便利，企业在运营过程中产生的财务数据和非财务数据也可以实时接受工商和税务等政府部门的监管，有利于企业健康良好的发展。

3. 提高了财务管理人员的专业要求

而对时刻变化着的市场竞争环境，企业要想实现能级式发展就必须拥有强大的市场竞争优势，其中提升企业市场竞争优势的一个重要途径就是提高企业经营管理水平。而企业针对其战略决策、生产运营、组织协调、客户关系及市场开发等进行的管理活动都涉及数据和信息资源的采集、处理、分析和运用等过程。

随着大数据技术的快速发展和日益成熟，企业在处理日常业务时会经常建立新的分析模型，这就对财务报告的及时性、现金流的能力以及财务信息的数据挖掘能力等提出了更高的要求；相应地，企业财务人员也要丰富自己的知识和能力。财务人员不仅需要熟练掌握财会方面的专业知识，同时还需要储备统计学、计算机科学等方面的知识，这样才能对提高数据可视化水平提供更加广泛的专业支持。所以大数据时代的财务工作者，应当与时俱进，推动财务管理创新。

（三）对财务决策过程的影响

1. 在决策目标的制定方面

过去企业所有的管理决策都是依据自己的产品需要来运作的，而现在则要以客户的需求为主，采集客户的需求信息后再制定生产计划。就比如淘宝店的好评和差评机制，顾客对产品的好恶对企业产生了很重要的影响。大数据系统能够基于这些数据的整合与分析，对企业的财务现状进行总结，为企业未来的经营目标作出精准定位。

2. 在全面预算方面

市场充满了不定性，因此，企业需要定期基于当前的生产经营情况对未来一定阶段进行计划安排。但是，目前许多企业的全面预算都是基于企业管理人的经验加上静态数据建立而成，缺乏应变性。大数据弥补了抽样调查手段的不足。由于抽样调查所抽取的样本容易受到主客观各种因素的干扰，强化了数据分析结果的真实性。基于大数据的商业分析能够建立在全部样本空间上面，能够准确完成企业业务的相关关系预测，有利于企业全面掌握客户信息以及产品反馈情况，帮助企业动态实施全面预算，应对市场的变化，真正有效地实现企业的个性化运营。

3. 在成本核算方面

成本核算是对企业经营数据进行加工处理的一个过程。企业财务人员会对一定期间的生产经营费用进行核算，并根据生产情况分配费用，而只有从多渠道获取数据才能够实现成本的精准核算。透过大数据技术，企业能够多渠道得到成本数据，并据其分析出符合实际需求的材料用量标准。在系统中实现对工资明细、进销存单据和制造费用等结构化和非结构化数据的共享，这样作能够使成本核算更加细化和精准，也有利于企业进行重点成本分析，最终实现成本的精准核算。

10.4 大数据时代下的企业财务决策战略目标

大数据在企业的有效运用能够推动企业竞争力深度和广度的延伸，是构成新时期企业市场竞争的重要组成力量。企业运营主要分为战略决策和经营执行，而通过大数据分析，企业不仅可以优化竞争战略决策、运营管理、市场营销等环节，挖掘出企业运作流程、市场分析和决策过程中的潜在价值，从而有助于降低成本，提高效率；还可以通过分析市场信息和客户资料了解消费者的市场行为特征、预测销售，有利于保证企业市场营销的精准性和有效性，从而牢牢地建立企业在市场中的竞争优势。

一、大数据提高企业战略决策质量

企业战略决策的科学性和正确性是决定企业经营成败的首要因素，而数据和信息的质量则是决定企业决策正确与否的重要保障。传统的决策主要依靠决策者凭借个人经验和学识对历史数据进行分析来判断未来发展趋势，从而制定相应的决策方案。进入现代企业管理阶段以来，企业管理的内外部环境发生了巨大的变化，企业的人力、资本、物流和信息资源等在整个产业链条里时刻在进行重新组合和优化配置。另外，市场上的需求和供给特征变化明显，影响企业正确决策的因素更加复杂和多样化。决策者以个人智慧、知识储备、经验和市场洞察力等为基础的传统决策方法已经难以满足企业质量决策的需要。而大数据技术的发展为现代企业决策提供了应对数据和信息瞬息万变的定量分析方法，为企业战略决策提供更加真实有效的决策依据，以提高企业战略决策质量。

（一）管理环境的挑战

大数据时代下每个个体都是数据的产生者，企业的任何一项业务活动都可以用数据来表示，从数据收集、数据存储到数据使用，企业必须制定详细、缜密的数据质量管理制度，在设计数据库时要考虑大数据在各个方面可能发生的种种意外情形，利用专门的数据提取和分析工具，任命专业的数据管理人才加强对大数据的管理，提高员工的数据质量意识，以保证大数据的数据质量，从而挖掘出更多准确、有效、有价值的信息。

在云计算的基础上，大数据环境对企业的信息收集方式、决策方案制定，以及方案选择与评估等内容具有一定的影响，从而进一步影响企业管理决策内容。大数据当中的数据内容具备先进性特点，对知识经济各项生产要素的发展具有重要作用。大数据的运用已经成为企业实现现代化发展的重要因素，大数据为企业管理决策方面的内容提供了新环境。

（二）流程视角的挑战

从流程的角度，即从数据生命周期角度来看，可以将数据生产过程分为数据收集、数据存储和数据使用三个阶段，这对保证大数据质量分别提出了不同的挑战。

1. 在数据收集方面

大数据的多样性决定了数据来源的复杂性。大数据的数据来源众多，数据结构随着数据来源的不同而各异，企业要想保证从多个数据源中获取的结构复杂的大数据的质量，并有效地对数据进行整合，是一项异常艰巨的任务。数据收集阶段是整个数据生命周期的开始，这个阶段的数据质量对后续阶段的数据质量起着直接的、决定性的影响。因此，企业应该重视源头上的大数据质量问题，为大数据的分析和应用提供高质量的数据基础。

2. 在数据存储阶段

由于大数据的多样性，单一的数据结构已经远远不能满足大数据存储的需要，企业应该使用专门的数据库技术和专用的数据存储设备进行大数据的存储，保证数据存储的有效性。数据存储是实现高水平数据质量的基本保障，如果数据不能被一致、完整、有效地存储，数据质量将无从谈起。因此，企业要想充分挖掘大数据的核心价值，首先必须完成传统的结构化数据存储处理方式向同时兼具结构化与非结构化数据存储处理方式的转变，不断完善大数据环境下企业数据库的建设，为保证大数据质量提供基础保障。

3. 在数据使用阶段

数据价值的发挥在于对数据的有效分析和应用，大数据涉及的使用人员众多，很多时候是同步地、不断地对数据进行提取、分析、更新和使用，任何一个环节出现问题，都将严重影响企业系统中大数据的质量和最终决策的准确性。数据的及时性也是大数据质量的一个重要方面，如果企业不能快速地进行数据分析，不能从数据中及时提取出有用的信息，就会丧失预先占领市场的先机。

（三）技术视角的挑战

技术视角主要是指从数据库技术、数据质量检测识别技术、数据分析技术的角度来研究保证大数据质量的挑战及其重要性。

大数据及其相关分析技术的应用能够为企业提供更加准确的预测信息、更好的决策基础以及更精准的干预政策，然而如果大数据的数据质量不高，所有这些优势都将化为泡影。

然而在大数据时代，企业的数据量不仅巨大，而且数据结构种类繁多，不仅仅有简单的结构化的数据，更多则是复杂的非结构化的数据，而且数据之间的关系较为复杂，若要识别、检测大数据中错误、缺失、无效、延迟的数据，往往需要数百万甚至数亿条记录或语句，传统的技术和方法常常需要几小时甚至几天的时间才能完成对所有数据的扫描与检测。从这个角度来讲，大数据环境为数据质量的监测和管理带来了巨大的挑战。

这种情况下，传统的数据库技术、数据挖掘工具和数据清洗技术在处理速度和分析能力上已经无法应对大数据时代所带来的挑战，处理小规模数据质量问题的检测工具已经不能胜任大数据环境下数据质量问题的检测和识别任务，这就要求企业应根据实际业务的需要，在配备高端的数据存储设备的同时，开发、设计或引进先进的、智能化的、专业的大数据分析技术和方法，以实现大数据中数据质量问题的检测与识别，以及对大数据的整合、分析、可视化等操作，充分提取、挖掘大数据潜在的应用价值。

（四）管理视角的挑战

1. 大数据的管理需要企业高层管理者的重视和支持

只有得到了企业高层管理者的高度重视，一系列跟大数据有关的应用及发展规划才能有望得到推动，保证大数据质量的各项规章制度才能得到顺利的贯彻和落实。缺少高层管理者的支持，企业对大数据管理、分析和应用的重视程度就会有所降低，大数据的质量就无法得到全面、有效的保证，从而将会大大弱化大数据价值的发挥，不利于企业竞争能力的提升。因此，企业应该在高层管理者的领导和带领下，加强大数据质量意识，建立完善的数据质量保证制度。

2. 专业数据管理人员的配备是保证大数据质量不可或缺的部分

由于大数据本身的复杂性增加了大数据管理的难度，既懂得数据分析技术，又谙熟企业各项业务的新型复合型管理人员是当下企业应用大数据方案最急需的人才，而首席数据官（CDO）就是这类人才的典型代表。CDO是有效管理企业大数据、保证大数据质量的中坚力量。企业要想充分运用大数据方案，任命CDO来专门负责大数据所有权管理、定义元数据标准、制定并实施大数据管理决策等一系列活动是十分必要的。

大数据环境下，还应配备专业、高端的数据库设计和开发人员、程序员、数学和统计学家，在全面保证大数据质量的同时，充分挖掘大数据潜在的商业价值。此外，在大数据生产过程的任何一个环节，企业都应该配备相应的专业数据管理人员，通过熟悉掌握数据的产生流程进行数据质量的监测和控制，如在数据获取阶段，应指定专门人员负责记录定义并记录元数据，以便于数据的解释，保证企业全体人员对数据一致、正确的理解，保证大数据源头的质量。

二、大数据时代应如何通过财务战略优化资源配置

（一）利用大数据优化财务分析

要想更好地提升企业的财务管理能力，企业就必须进一步明确财务分析和大数据的关系，统筹兼顾，实现资源的优化配置。众所周知，财务数据是企业最基本的数据之一，其积累量较大，其分析结果直接影响着企业财务管理的最终质量。因此，企业在进行决策分析时，必须坚持客观公正的原则，以财务数据为基础，制定明确的分析指标和依据，以保证企业财务管理的平稳推进和运行。在进行财务分析时，财务管理人员应先查找和翻阅当

期的管理费用明细，并将其与前一阶段的数据进行对比，找出二者之间的主要差异，从而找出管理费用的变化规律，最终得出变化原因。在进行原因分析时，财务管理人员可以建立一个多维度的核算项目模型，并在模型中做好变化标记。在整个分析过程中，财务人员往往要花费大量时间用于管理费用的核算与验证，同时查找相关资料。在财务软件中，上述系列动作要切换不同的界面。而如果利用大数据技术，只要通过鼠标的拖拽，就可以在短短几秒钟内分析出所有管理费用明细在每个部门发生的情况。对于企业的决策者而言，通过对财务信息的加工、搜集和深度分析，可以获得有价值的信息，促使决策更加科学、合理。

（二）利用大数据加强财务信息化建设

大数据可能对会计信息结构产生以下两个方面的影响。

（1）会计信息中非结构性数据所占的比例会不断提高。

大数据技术能够实现结构性和非结构性会计信息的融合，提供发现海量数据间相关关系的机会，并以定量的方式来描述、分析、评判企业的经营态势。因此，我们越来越有必要收集非结构化数据，并加以解读和理解。

（2）在特定条件下，对会计信息精准性的要求会降低。

大数据时代，会计信息的使用者有时可以接受非百分之百精确的数据或非系统性错误数据，这可能会对会计信息的质量标准提出新的观察维度：会计人员需要在数据的容量与精确性之间权衡得失，不是强调绝对的精准性，还是强调相关性。

为此，在财务信息化的建设上，一是在企业内部逐步建立完善的财务管理信息化制度。制度保障是企业信息化的第一步，因为信息化并不是一蹴而就的，只有从制度层面作出规定，才能保障信息化切实有效的推进。构建网络化平台，实现企业的实际情况和网络资源的有机结合，达到解决企业信息失真和不集成的目的。构建动态财务查询系统，实现财务数据在不同部门之间的迅速传递、处理、更新和反馈。二是加强监管力度。发挥互联网的优势，利用信息化的手段实时监控各部门的资金的使用情况，将资金运行的风险降到最低，使资金的使用效率最大化，同时要注意保障财务数据安全。

（三）构建科学的财务决策体系

为建立科学的大数据财务管理决策体系，一是要强化企业决策层对大数据的认识。因为在传统决策中依靠经验获得成功的案例比比皆是，再加上大数据需要投入大量的人力、物力，短期内很难给企业带来明显的效益提升，所以很多决策者认为企业财务决策与大数据关系不大。这种认识是片面的，企业只有正视这种变化，才能够从数据中获得自己想要的信息，认识到自己面临的风险，从而作出合理的决策。二是要结合企业的实际情况，建立有效的基于大数据的财务决策流程。要改变过去"拍脑袋"作决定的模式，通过积极地收集企业的相关数据建立大数据平台，利用先进的技术从数以千万计甚至亿计的数据中收集、处理、提取信息，挖掘问题背后的相关性，探索企业隐藏的风险和商机，找出问题的解决方案，达到由数据引领决策的目的。

三、大数据、云会计时代企业财务决策的优化策略

在信息化的发展背景下，越来越多的生产实践与信息技术实现了完美结合，这种发展趋势非常有利于我国建设进程的加快与市场经济的发展。在信息技术的支持下，大数据、云会计时代极大地影响了各大企业的财务管理及决策。相较于传统管理模式而言，大数据、云会计时代的到来可以强化企业财务管理的质量及效率，同样也要求财务人员进行相应的转变，通过合理的利用来适应和运用这些技术优势确保企业健康、稳定地发展下去。

（一）实时动态监控，及时传递信息

在云会计时代下，企业开展财务管理活动时，利用云会计技术能及时采集业务数据与财务信息，以便企业及时分析与监控财务管理活动。例如，划分监控职责职权和授权时，企业应该借助云平台获取岗位人员与各部门的工作动态，若发现上述授权划分不科学，则应及时进行调整，严格遏制滥用职权及越权管理现象。同时企业监控风险时，应该以云会计为基础进行风险预警管理，根据自身的实际情况，合理设置风险预警指标，从而帮助企业合理构建风险预测模型，及时传递信息与规避相关风险。

云会计可以帮助企业实时地采集财务管理活动相关的财务信息和业务数据，便于企业及时对财务管理活动进行监控和分析。例如，在监控职责授权和职权划分的过程中，企业能够通过云平台获取企业各部门和岗位人员的工作动态，在发现上述授权划分不合理时及时调整，及时遏制越权管理及滥用职权现象。在风险监控过程中，基于云会计的风险预警管理能够帮助企业构建风险预测模型，企业可以根据自身状况设置风险预警指标，及时规避相关风险。

（二）实施分布式数据的存储、预处理、采集

随着企业的全球化、规模化、多元化发展，企业财务决策所需的数据不能只局限于财务数据，还需考虑日常经营活动相关的非财务数据。通常企业内部的生产、库存、销售、采购等数据会影响财务决策；银行提供的信贷管理数据、信用等级，会计师事务所的咨询报告、评估报告、审计报告，以及税务部门的税收稽查数据、相关法律法规等也会影响财务决策。由于这些数据可能分布于不同的机构与地区，存在着不同的数据类型，现有的财务决策系统不能处理、收集如此庞大的数据，所以需要利用云会计平台来预处理、采集这些分布式数据；或者利用虚拟化技术来分布式管理、存储数据，便于后续的数据处理。

（三）做好协同办公工作，财务管理灵活

企业的下属部门或管理层可以通过云会计的随时连接，借助 PaaS 服务共享平台交换信息；或者利用云会计所提供的 SaaS 会计核算软件，在 SaaS 云端存储空间中存储信息。在大数据和云会计时代下，企业可以根据自身的实际发展需要，更新优化财务管理模式及目标，对经济形势与外部经营环境的相关信息加以及时获取，保证财务管理活动的有序实施。从资金管理层面来看，企业应该立足自身经营环境，构建科学的资金预算体系，及时调整利润分配方案与资金使用方式；从投资层面来看，企业可以在云平台中上传投资方案，对比同时期、同行业的企业，及时更改方案，确保财务管理的灵活性。

企业管理层及下属部门均可以随时连接云会计的 PaaS 服务共享平台进行信息交换，随时使用云会计提供的 SaaS 会计核算软件，将信息存储于 IaaS 云端存储空间。云会计环境下，企业能够及时获取外部经营环境和经济形势的相关信息，结合自身发展需要对财务管理目标和模式进行更新优化。从投资方面来说，企业可以将投资方案上传至云平台，与同行业、同时期的企业进行对比，及时更改方案；从资金管理来说，企业能够根据自身所处的经营环境建立资金预算体系，及时调整资金使用方式和利润分配方案。

（四）完善财务管理制度

健全财务管理制度，以信息化建设来提升工作效率。企业在生产运营过程中，必须要保持良好的秩序，制定行之有效的财务管理策略，对企业财务管理制度加以完善，从而提高工作效率和信息化建设。随着云会计和大数据时代的来临，企业需要注重信息技术的利用，积极开发现代化的财务信息技术，规范财务管理准则，强化内部管理力度，从而实现云端管理，增强企业财务管理的意识。另外，企业应该针对自身的发展现状和运行状态，采取统一标准的财务管理措施与制度，借助内部云平台强化责任意识，及时公布财务管理中的新工作计划，实现自身的可持续发展。

企业财务管理关系到企业日常生产运营的秩序化，在大数据、云会计时代来临之际，企业应对财务信息的开发地利用予以重视，加强规范化管理意识，重视相应管理制度的健全，借助信息技术来实现云端管理，采取统一标准的财务管理制度。通过内部的云平台进行财务意识的强化及新工作计划的发布，财务人员可以在其具体的运行中进行问题分析及改进，享受云会计时代带来的便利。企业日常财务管理数据较多，借助信息技术，各项工作开展的效率必然随之提升。

第 11 章　大数据时代下的企业财务战略管理

20 世纪 80 年代以来，企业面临的外部环境发生了新的变化，科技不断进步，竞争日趋激烈，市场瞬息万变。企业要在变幻莫测的环境中求得生存和发展，就必须关注关系未来的重大战略问题，由此引发了管理上的变革，导致了企业战略管理的出现。与之随着，金融市场的不断完善，金融创新、市场创新和企业并购的发展，使企业理财环境更具不确定性。这一切既给财务管理创造了机会，同时也带来了挑战。财务管理也必须站在战略的高度，分析和把握企业理财环境的状况及发展趋势，提高对不确定环境的适应能力、应变能力和利用能力。

11.1　企业财务战略及其管理

企业财务战略作为一种开放性、动态性和综合性的管理，就是围绕资金运动展开的。资金运动可以综合反映企业生产经营的主要方面和主要过程，并贯穿于生产过程的始终。因此，企业财务战略以资金运动为战略管理对象，通过对资金运动的掌握作出合理的判断，进行科学的财务预测和决策。

一、企业财务战略目标

（一）财务战略的定义

关于财务战略，迄今没有统一的定义。尽管如此，企业财务战略关注的焦点是企业资金流动这点是毫无疑问的。一个企业的财务战略应当根据企业执行的总体合作和竞争战略而制定。选择财务战略必须着眼于企业未来长期稳定发展，考虑企业的发展规模、发展方向和未来可能遇到的风险，了解企业现行的战略与其相关风险的关系。

（二）企业财务战略目标

任何企业的形成都需要资本的投入，资本的天性是逐利的。企业进行商品生产和交换的目的在于生存、发展和获利。财务管理是对企业资金进行规划和控制的一种管理活动，企业财务活动是企业生产经营活动的一种，为企业整体活动服务，财务目标与企业目标应保持一致。因此，制定正确的财务目标是财务管理成功的前提，财务战略的目标应与财务目标保持一致，财务战略目标可以为企业财务战略的形成确立方向，定义财务战略的边界，在整个财务战略系统中处于主导地位。同时，明确的财务战略目标指明了财务战略的属性，它必须服从和服务于企业战略要求，与企业战略要求协调一致，从财务上支持和促进企业战略的实施。财务战略目标可以分为财务战略总目标和财务战略具体目标。

1. 财务战略总目标

财务战略总目标不仅影响财务战略的制定，而且还指导财务战略的实施。能否正确确定财务战略总目标，对财务战略的制定和实施是至关重要的。按现代经济学的观点，企业实质上是"一系列契约的连接"，各要素持有者各有其连接企业的必要性和可能性，它们对企业的存在是必不可少的。从企业长远发展来看，不能只强调某一集团的利益，而置其他利益于不顾。在一定意义上讲，企业各相关利益集团的目标都可以折衷为企业长期稳定的发展和企业总价值的不断增长，各个利益集团都可以借此来实现他们的最终目的。因此，企业财务战略的总目标就是股东财富最大化或企业价值最大化。

2. 财务战略具体目标

财务战略具体目标是为实现总目标而制定的目标，是财务战略总目标的具体化，它既规定财务战略行动的方向，又是制定理财策略的依据，在财务战略中居于核心地位。具体包括投资战略目标、融资战略目标和收益分配目标。它是在战略分析的基础上确定的，是采取具体财务战略行动的指南。

二、企业财务战略研究的意义

（一）有助于谋求高效的资金流动并实现增值

企业财务战略是战略理论在企业财务管理方面的应用和延伸，是整个企业战略不可或缺的组成部分。财务战略既具有一般企业战略的共性，又具有自己的特殊性。其特殊性主要在于它的特殊对象——资金运作上。具体表现为五点：一是各种资金形态具有空间上的并存性和时间上的继起性，没有资金的合理配置就无法实现高质量的资金转化；二是资金运作过程具有价值上的增值性，财务管理对资金增值能力提出了更高的要求；三是资金运作管理更多地体现了成本效益原则；四是尽管资金运作具有数量上和时间上的均衡性，但资金运作存在非对称信息假设；五是资金运作的本质表现为资金流动。

目前，企业中普遍存在的诸多问题与资金流动有关，其中最主要的是资金管理的有效性和效率问题日益突出。如企业规模迅速扩张而企业融资能力极为有限，绝大多数企业面临资金紧缺与资金闲置浪费并存的问题。解决这一问题的关键就是要树立财务战略意识，切实加强财务战略理论的研究，从战略的高度重视财务管理工作，建立以财务管理为主导的现代企业制度下的理财模式。只有从战略的方位统筹规划，突出重点，拓宽融资渠道，开源节流，向管理要效益，才能取得资金的有效流动并实现增值。

（二）有助于适应理财环境的变化

21 世纪中企业外部环境的迅速变化和内部管理机制的重构，对企业财务管理提出了新的挑战。随着金融资产证券化趋势的不断加强，产品的差异性逐渐被证券的同一性所掩盖，非对称信息规模会越来越大。确保被投资对象达到自己期望的目标，保证财务主体对资金的需求，其关键就是解决非对称信息所带来的一系列问题。因此，不同类型的企业必须依据其不同的外部环境和内部管理机制正常运作的要求，开展财务战略理论研究，用财务战略思想拟定企业总体理财战略、企业经营理财战略和不同企业在竞争形势下的理财战略。只有这样，企业才能以不变应万变。企业也只有强调创新和发展的战略管理，才能在竞争对手如林的市场条件下立于不败之地并不断取得长久的发展。

（三）有助于确保资金来源的可靠性和灵活性

现实中，企业发展通常会遇到资金紧缺的问题，融资成为企业生存和发展的前提条件。但从不同渠道以不同方式筹措资金的成本、风险是有较大差异的。企业如何筹措资金，确保企业长期资金来源的可靠性和灵活性，并以此为基础不断降低企业的资金成本，促使企业经济资源的有效配置，是企业财务管理面临的关键问题之一。以往的成本管理主要着眼于降低成本，侧重于有形的成本管理。而在今天企业更应注重债务负担、新产品开发、生产规模扩张以及市场发展等成本因素。

（四）有助于实现企业利益相关者的利益要求

现代企业理论认为，企业实质上就是一系列契约的连接。企业出资人、雇员、债权人、政府以及社会公众等利益相关者，按照一定的契约来分享企业的盈利和承担相应的义务。在这种契约中，缔结契约的各方都投入了一定的财务资源。契约的各方都是平等的产权主体，各方都想取得企业剩余的索取权和控制权，这一过程实际上就是各方博弈的过程。财务管理的实质就是要合理处理好一系列的财务关系，兼顾取得剩余索取权和控制权的产权利益，从简单地服从于传统财务资源提供的利益转向体现更多企业利益相关者的利益要求。

三、企业财务战略管理的基础

战略管理是企业经营管理实践的产物，是社会经济发展的必然。而财务管理是企业的管理职能之一。当企业管理从业务管理层次向战略管理层次转变时，企业财务战略管理就成为财务管理发展的必然趋势。这是因为在现代竞争激烈、复杂多变的经营环境下，企业经营者如果仅仅依靠以往的经验已经无法面对新的环境和形势，企业对此作出的必然反应是把战略管理作为管理的中心问题。

战略财务观念的建立不仅可以推动企业财务管理理论的发展，而且有助于促进企业财务管理工作的发展。同时，从配合企业战略实现的要求出发必须着力做好以下工作，以形成企业财务战略管理的基础。

（一）转变财务管理部门的工作重心

这种转变是基于财务管理本身完全可以为企业战略制定提供最重要的决策支持信息。实现这种转变，财务管理部门把自己的工作重心放在反映企业的资金流向、完整记录企业的历史信息、给决策部门提供财务信息是不行的，而必须放在服务于企业的决策制定和经营运作上，要将更多的时间和精力投入到支持企业发展的信息服务工作中，协助企业其他职能部门更敏捷地应对市场的变化，统筹安排企业资源，进行风险管理。

（二）切实体现财务部门的战略执行功能

财务战略管理最重要的职责，仍然是通过和其他职能部门的有效配合，来促进企业战略的顺利执行和有效实现。要想充分发挥其职能，最简单的办法就是深刻理解企业现阶段所制定战略的内涵、背景及其实现的优势和障碍，在此基础上根据企业战略来定位自己应思考和解决问题的战略导向。与传统财务管理活动有区别的是，财务战略管理是主动型的，主要是根据企业战略规划的总目标安排财务部门的工作。通常在制定战略的时候，企业财务部门已经做了大量的信息收集、分析工作，可以帮助制定适当的企业战略。

（三）建立多维的财务信息资源获取体系

借鉴现代理论研究成果，应该把企业财务分解成出资人财务（或所有者财务）和经营者财务。其中，出资人投资的目标是追求资本的保值和增值，出资人关注的财务问题主要包括投资收益、内部信息对称以及激励和约束等。因此，财务战略管理的制度安排、业绩评价指标等应充分体现出资人所关注的问题，财务管理体系主要应包括现金流量管理、制度管理、人员管理、预算管理、会计信息管理和内外部审计管理等。

经营者财务管理的目标，主要应在于保持良好的经营能力、盈利能力和偿债能力；权衡负债的风险和收益，维持理想的资本结构；提高企业资产的利用效率和效益等方面。经营者关注的问题主要应包括现金流量、成本控制、市场拓展、产品研发等。由此，经营者财务管理体系应涵盖现金流量管理、营运资本管理、投融资管理、经营者预算管理、税收管理、盈余管理、财务战略管理和风险管理等。实践中，财务管理部门应根据已经产生的基础财务信息，分别计算、分析上述两类指标，为不同财务信息主体提供其所需要的信息，实现财务部门的经营决策支持功能。

四、企业财务战略管理的特征

（一）关注企业的长远发展

每个企业都应该有一个明确的经营目标以及与之相应的财务目标，以此来明确企业未来的发展方向，为企业的财务管理提供具体的行为准则。只有明确了企业经营目标和财务目标才可以界定财务战略方案选择的边界，选择适合企业自身的财务战略。财务战略管理应具有战略视野，关注企业长远的、整体的发展，重视企业在市场竞争中的地位，以扩大市场份额，实现长期获利，打造企业核心竞争力。

（二）重视环境的动态变化

企业制定战略以外部经营环境的不确定性为前提，企业必须关注外部环境的变化。根据变化调整战略部署或采取有效的战略方案，充分利用有限的经济资源，保证企业在动态的环境中生存和发展。换句话说，财务战略管理就是要用一种动态的眼光去分析问题，它关心的不只是某一特定时刻的环境特征，还包括这些因素的动态变化趋势，关注这些环境特征的未来情形及其对企业可能产生的影响。

（三）关注企业核心竞争力的创造

企业财务战略的目标之一就是企业在激烈的市场竞争中是否具有核心竞争力，并将其看作企业是否能够保持优势的关键。企业有了核心竞争力，就可以根据市场的变化不断调整完善自身的经营策略。企业的核心竞争力通常包括财务核心竞争力和技术核心竞争力。技术核心竞争能力的创造来自于正确的研发决策和技术更新决策，企业财务核心能力就是企业盈利能力的可持续增长，其培养来源于合理正确的投资决策、资本结构决策、营运资金决策等。它通常体现为一个企业本身具备的综合实力。

（四）广泛收集财务及非财务信息

在竞争环境下，衡量竞争优势的不仅有财务指标，还有大量的非财务指标。许多非财务指标尽管不能直接反映企业的经营业绩，但对企业的长远发展起着至关重要的作用，如目标市场的占有率、顾客满意度等。因此，财务战略管理不仅应充分了解竞争对手的财务信息，还应尽可能收集竞争对手的一些非财务信息。

（五）重视企业社会效益的最大化

随着社会的进步，如消费者的合法权益保护、员工的社会福利保障、环境的保护等有关企业的社会责任问题越来越成为财务和会计研究的热点。在当今的社会条件下，企业财务管理对象及其财务关系更加复杂，实现社会效益的最大化也应该成为企业财务战略管理的目标之一，从而要求企业在追求经济利益的同时，必须兼顾社会效益，自觉地承担相应的社会责任，否则将会影响到整个企业生产经营系统的运行效率。从某种意义上说，企业承担社会责任有利于企业树立良好的社会形象，符合要求可持续发展的目标。

五、大数据环境下财务管理的转型

大数据时代下数据的核心是挖掘蕴藏在数据中的宝贵信息，而要发现数据中所蕴藏价值的唯一途径就是对数据进行合理、深入的分析。因此，为了提升财务管控的效率，提高财务管理的效果，需要引入系统的解决方案，以解决由于数据激增所带来的及时性和灵活性的问题。面对大数据的挑战，财务管理转型首先要解决财务管理信息化的问题。企业要从信息化入手，将传统的账务处理、数据收集和分类等机械性的工作通过系统来完成，从而让财务人员有更多的时间来运用和分析数据，为企业的经营和决策带来更多的价值。随着财务自动化程度的提高，财务管理有更多的精力去洞察业务的变化。

大数据时代下财务管理所面临的不仅是财务数据，还需要采集和分析业务数据，这样综合起来才能对数据背后的业务实质有着更为深刻的理解。在大数据时代下，财务管理不能仅局限在财务部门内部，不能仅针对财务数据进行分析，而是需要"走出去"，与企业的其他业务部门更好地融合，要打破"数据孤岛"，将业务数据和财务数据有效地融合起来，这样才能为提升企业整体绩效提供帮助。这也将是大数据时代下，财务管理所面临的挑战。传统的财务核算业务在信息化水平的提升下，其重要性将越来越弱化，大部分的财务核算工作将通过系统来实现。只有管理转型和创新才能让财务管理抓住时代的机遇，为企业经营发挥更大的价值。

如今随着数据信息量的增多以及系统分析手段的增加，财务分析的水平有一个质的提高。通过财务分析，对未来的经营有一个更为准确的预测，将"事后分析"转为"事先引导"。而且分析要更富有洞察力，支持管理层做出准确的决策，将企业的资源有效配置在增长的领域，支持企业持续发展。大数据时代下，财务管理将面临前所未有的挑战，但是如果能很好地应对这次挑战，这又将是财务管理实现转型并提升自身价值的一个很好的契机。提高数据利用率，提升数据价值，不仅使企业信息化的程度提高，更应该是企业内外部数据资源整合的一个过程。而在其中，财务管理应发挥主要作用，借助数据应用和分析的主导者，推动财务管理由会计核算逐步向决策支持转型。

在云计算应用模式下，新的管理方式能够被很快集成在云中，企业可以根据自己的需求选择相应的服务。由于系统部署在云端，软件服务、业务服务均可以在云端进行。财务管理的云服务化，使财务管理可以在任何地域实现。财务管理活动中，企业内外部的相关数据信息都要通过财务流程来进行相应的处理，生成有利于决策的财务报表，其处理的数据量是巨大的。数据仓库、数据挖掘等技术的发展，为财务信息系统实现智能化、远程化、实时化提供了有力的技术支持，使得财务信息系统提供实时财务信息成为可能。由于国内企业信息化多发端于财务部门，原有的财务管理体系正按照信息系统的架构方式逐步进行配置与展开，信息化管理已经成为推动提升股东价值战略的重要杠杆，使得企业从管理型财务向价值型财务体系转型。

11.2　大数据时代商业模式的创新

随着大数据影响的不断深入，数据已经渗透到多种行业的多个职能领域，并逐渐成为和劳动力、资本等同样重要的生产要素。商业模式的发展势必会受到大数据的影响，进而引起商业模式的变革或创新。

一、大数据时代下商业模式创新的特点

大数据能够使企业改善、创新产品及服务，创造全新的商业模式，这是大数据创造价值的方式之一，也将成为未来企业竞争的关键。数据已经成为企业重要的资产和新商业模式的基石，甚至将大数据本身定义为一种全新的商业模式。大数据具有对目前商业模式进行创造性破坏的潜能，大数据背景下商业模式创新的视角包括大数据资源与技术的工具化运用、商品化推动大数据产业链的形成、大数据所引发的商业跨界与融合。

（一）由大数据引发的新型商业模式

1. 大数据自有企业商业模式创新

例如，亚马逊、谷歌和脸书这类拥有大量的用户信息的公司，通过对用户信息的大数据分析实现精准营销和个性化广告推介，改变传统的营销模式。

2. 基于大数据整合的商业模式创新

例如，IBM 和 Oracle 等公司通过整合大数据的信息和应用，为其他公司提供"硬件+

软件+数据"的整体解决方案。这类公司将改变管理理念和策略制定方法。

3. 基于数据驱动战略的商业模式创新

企业开始意识到数据是企业的核心竞争力和最有价值的资产，希望能够对企业内部和外部的海量非结构化数据进行及时的分析处理，以帮助企业进行决策，产生了基于数据驱动的商业模式创新。

4. 新兴的创业公司出售数据和服务

有针对性地提供解决方案，这些公司更接近于把大数据商业化、商品化的模式。这些新型商业模式的成功实现，促使越来越多的企业深刻思考如何获得大数据带来的商业价值，最终赢得独特的竞争优势。

（二）大数据时代下商业模式创新目标

1. 产品创新

产品创新是指引入新的或显著改善的产品与服务，包括在产品技术特性、构成要素等方面的显著改进。在大数据时代，产品或服务创新更多体现在利用数据仓库、数据挖掘等技术推进新产品的研发和新服务的提供。

2. 过程创新

过程创新是指实施新的或显著改善的生产和配送方法，如条码或无线射频识别技术的使用，改变了传统货物配送流程。在大数据时代，过程创新体现在诸如利用数据科学和大数据重新设计供应链，优化企业生产运作流程。

3. 营销创新

营销创新是指实施新的营销手段，包括在产品设计或包装、产品渠道、产品促销或定价等方面的显著变化。大数据时代的营销创新更多体现在微市场细分、精准广告投放、差别定价等方面。

4. 组织创新

组织创新是指在企业的商业活动、工作场所中实施新的组织方法。大数据时代的组织创新体现为在企业内部或企业之间实现信息与知识共享，引入供应链管理、清洁生产、质量管理等先进管理系统，实现并行工程、协作开发，从而提升企业绩效。

（三）大数据背景下商业模式的创新综合特点

（1）大数据基础之上的商业模式创新更注重从客户的角度出发看问题。商业模式在大数据的背景下视角更为宽泛，具有着重考虑为客户创造相应价值的特点。同时，商业模式创新即使涉及技术，也多与技术的经济方面因素、技术所蕴涵的经济价值及经济可行性有关，而不是纯粹的技术特点。

（2）大数据基础上的商业模式创新更为系统，不受单一因素的影响。它的改变通常是大量数据分析的结果，需要企业做出大的调整，它是一种集成创新，包含公益、产品及组织等多方面的改变和创新，如果是某一方面的创新，则不构成模式创新而是单一方面的技术或其他创新。

二、基于大数据的商业模式创新

通过上述的模糊综合评价方法的使用，本书已经确定了受大数据商业价值驱动的商业模式要素，即基于大数据的商业模式创新关键要素分别是价值主张、客户细分、关键业务、核心资源和成本结构。企业可以通过对这五个关键要素进行相应的创新设计，建立适应大数据时代要求的商业模式，从而充分挖掘大数据带来的潜在价值，提升自身的核心竞争力。

（一）基于大数据的价值主张创新

从商业模式研究框架的论述中已经知道，企业的价值主张指的是企业通过其生产的产品或服务所能够向其消费者提供的价值。而进入大数据时代后，由于各种数据，其中包括企业内外部的业务数据、客户数据、各类环境数据等的透明度急剧增高，并且更易广泛获取，因此企业在决定其价值主张时，能够建立在对这些数据更加科学、深入的挖掘与分析之上。通过这些数据的挖掘与分析，企业能够更加准确地把握客户的真实需求，明白客户的困扰，从而生产出更加适应客户市场的产品或服务。

这项产品或服务能够给客户带来的价值将远高于以往非大数据时代的产品或服务。此外，由于企业能够收集、存储和处理最广泛的数据，并且将企业内外部数据进行整合分析，因此企业在生产产品或服务之前，能够通过开展各类可控的数据实验，从而预先判断其价值主张是否能够切实满足客户的需求，使得客户愿意购买本企业的产品或服务。而且进入大数据时代后，数据也成为企业迫切需要的战略资产，具备收集、存储和处理海量大数据的企业，还能够将数据加工成可供交易的产品，拓展企业的收入来源。

（二）基于大数据的客户细分创新

从商业模式研究框架的论述中已经知道，企业客户细分描述了可以传递价值主张的客户群体，也就是一个企业期望接触和服务的不同客户群体。企业采用大数据之后，就能够不同于以往仅仅依靠客户的基本属性进行细分的模式，而是通过收集客户所有相关的数据，利用大数据分析挖掘客户产品或服务消费行为背后隐藏的真实需求，按照这些真实需求进行企业客户的具体细分工作，从而可以更加科学且有效地辨别企业最重要的客户，从而将企业的价值主张传递给这些最需要的客户细分群体。基于大数据的客户细分将成为企业销售其产品或服务的重要基础。此外，依托大数据海量性与实时性的特征，企业可以在最短时间内获得用户的各项数据，从而为用户定制实时的产品或服务，充分提高企业的效率以及客户细分群体的满意度。

（三）基于大数据的关键业务创新

从商业模式研究框架的论述中已经知道，关键业务指的是企业为了确保商业模式切实可行而必须做的最重要的事情。在以往的非大数据时代中，企业的关键业务往往是技术研发、产品销售、售后支持等。但是进入大数据时代，数据分析成为了企业运作一切活动的基础，包括企业的管理、决策、销售等都应该由数据来进行驱动，而不是像非大数据时代中由"经验"或"直觉"来进行驱动。因此，数据的收集、存储、处理与分析成为了每一个企业致力于在大数据时代有所作为的关键业务。只有大数据方面的业务得以成功运作，企业的商业模式才能发挥其该有的价值。企业其他的关键业务都应该由数据业务进行指导和驱动，这也增加了企业商业模式运作的科学性、严谨性和有效性。将大数据收集、存储、处理与分析作为企业的关键业务将使企业受益良多。

（四）基于大数据的核心资源创新

从商业模式研究框架的论述中已经知道，核心资源指的是企业运作其商业模式最重要的因素。在非大数据时代，尽管很多企业也会进行大量的数据分析，但是相对而言，企业的核心资源往往是实体资产、金融资产等。但是进入大数据时代后，企业能够通过大数据的收集、存储、分析来提高企业决策水平、管理水平，并且节省企业各项成本，提高企业产品或服务的质量，可以说企业运作的一切活动都建立在大数据分析的基础上。因此，数据资源包括企业内部和外部的各种结构化与非结构化数据其成为了企业商业模式运转最核心的资源。

在大数据时代，如果某个企业对数据这项核心资源不够重视，那必然将落后于其竞争者，最终被市场淘汰。每个企业都需要通过各种努力，尽可能多地收集、存储各类数据，并且对这些数据进行高效、科学的处理与分析，从而提升自身的竞争力。此外，由于大数据兴起的时间不长，加之大数据相关分析需要高层次的专业人才，因此适应大数据时代的数据专家人才也是每个企业所必需的核心资源。只有将数据与具有相关处理能力的人才匹配，才能最大限度地挖掘大数据中潜藏的价值。

（五）基于大数据的成本结构创新

从商业模式研究框架的论述中已经知道，成本结构指的是企业为了能够有效运作其商业模式而引发的所有成本。在非大数据时代，企业的成本往往在更大程度上由生产产品或服务、销售产品或服务等活动产生。但是进入大数据时代后，由于数据量已经超越了传统的数据存储和处理能力的上限。因此，为了能够更好地适应大数据的要求，企业必须在大数据收集、存储、处理和分析等环节中投入更多的资源和能力，这些资源和能力产生的成本将成为基于大数据的商业模式的主要成本，使得企业原有的成本结构发生了大的变化。企业只有了解到这一创新内容，并在此基础上优化其成本结构，才能够创造更加适应大数据时代的商业模式，使企业立于不败之地。

三、传统零售企业商业模式创新的整体分析

商业模式是为了企业创造价值存在的，而商业模式的创新能使企业创造更多的价值。由前文对传统零售企业商业模式的描述可知，从战略方面来看，零售企业最主要的目的是为顾客创造价值，发现顾客价值所在，是制定企业战略的基础；从运营方面来看，零售企业以外部网络为支撑，通过一系列的商品流通活动来创造价值，向顾客提供商品和服务；从经济方面看，零售企业最主要的收入来源就是顾客，顾客价值的实现，为企业自身创造了利润。

大数据的出现首先改变了顾客的购物环境，使企业在制定战略时更加注重顾客的价值主张。顾客需求是零售企业商业模式利润的源泉，只有更好地满足顾客需求才能为企业创

造更多利润；其次改变了商品的特性，如商品生命周期的缩短、商品种类的增加等，这些都要求零售企业的内部资源得到最大化的利用，提高效率，降低成本，优化商品流通过程，来应对多变的市场环境；最后大数据改变了企业与外部主体的关系，创造具有竞争力的关系网络，发挥潜在资源的价值，充分利用其他主体的渠道、技术等来探寻新的发展方式。

综上所述，大数据改变了企业的生存环境，在带来挑战的同时也为零售企业提供了新的机遇。面对大数据带来的挑战和机遇，传统零售企业要对自身进行改革以适应多变的环境。大数据对传统零售企业商业模式的各个要素都产生了一定的影响，从而影响了企业的整体运营，零售企业要积极应对大数据带来的这些改变，不断深入进行商业模式创新，以保持企业的竞争优势。

11.3　大数据时代企业成本的变动与控制

企业之间的竞争归根到底是成本之间的竞争，成本优势是企业持续竞争力的重要构成要素之一。战略成本管理既是企业战略管理的一个着力点，也是连接企业战略管理与提升企业竞争力之间的桥梁和纽带。战略成本管理方法不仅可以作为企业战略管理的日常分析与管理工具，而且还有助于提高企业战略管理的质量和效率。

一、大数据背景下企业成本的变动

在不同的企业里，大数据对内部协调成本和交易费用的影响程度不同，下降速度也不同，具体受到组织结构、企业文化、技术特征、信息特征等组织特征的影响。因此，有的企业内部协调成本下降的速度快于交易费用，企业纵向边界不断扩大，企业规模也不断增大，典型的发展模式是掌握数据的企业沿着产业链进行整合；有的企业内部协调成本下降的速度慢于交易费用，企业纵向边界不断缩小，企业规模将变得更小，对外部资源的依赖性增加，典型的发展模式是以平台为中心实现资源的快速、低成本交换。

在很多行业，尤其是零售业和日用消费品行业，应用大数据有利于创造收入和开发新的商业模式。零售商虽然拥有数据，但更重要的是拥有数据分析技术，因此利用这些信息改进运营，向客户提供额外服务，甚至可代替当前为客户提供这些服务的第三方企业，由此产生全新的收入流。另外，大数据时代的商业模式能更加有效地控制成本结构，使得实时成本控制变为可能。从安装在发动机中的传感器、智能手机中的电子监控到财务交易中的欺诈监测，大数据分析可以实时监控企业运营流程和销售情况，极大减少突发事件，从而有效控制企业成本。

企业应用大数据可以有效地降低内部协调成本，大数据在经济社会的广泛应用则能有效地降低交易费用，这两者的综合作用引起企业纵向边界的变动。成本管理是现代企业财务管理的重要组成部分，它对于促进增产节流、加强会计核算、改进生产管理、提高企业整体管理水平均具有重大意义。现代企业成本管理面临着诸多问题，如相关成本数据不能及时取得，造成成本核算失误，成本控制多局限于生产环节，忽视流通环节，难以实现全过程成本控制。大数据时代下财务管理人员能够及时采集企业生产制造成本、流通销售成本等各种类型的数据，并将这些海量数据应用于企业成本控制系统，通过准确汇集、分配成本，分析企业成本费用的构成因素，区分不同产品的利润贡献程度并进行全方位的比较与选择，从而为企业进行有效的成本管理提供科学的决策依据。

在大数据时代，传统的会计数据处理模式很难以低成本且有效的方式解决会计大数据问题。而会计云计算为企业集团的会计核算提供了很好的技术支持。会计云计算是一个能为企业提供全天候处理完整业务服务的操作平台，多家企业通过企业操作平台组成一个完整的虚拟网络，使得企业之间形成一条完整的信息链，实现企业间的协作与同步，进而实现企业业务和效益的优化。会计云计算可以像企业用电一样，按使用量进行付费，这就大大减少了购买会计计算所需的软硬件产品的资金，同时免去了耗力且耗时的软件安装和维护。不仅如此，会计云计算有很好的存储能力与计算能力，能对物联网中人的行为和物的行为产生的海量数据进行有效的存储，能快速地处理结构化类型的数据和声音图像等非结构化类型的数据。云计算模式下发展的数据仓库和数据挖掘技术能迅速有效地处理会计大数据问题。

基于数据仓库提供的大量原始数据，使用数据挖掘技术找到原始数据潜在的某些模式，这些模式可以给决策者提供有力的决策依据，从而有效地减少商业风险。会计云计算的消费者并不需要清楚会计云计算在网络中的位置，只要有网络的支持，任何地点的消费者都可以通过网络访问云计算服务。由于会计云计算提供虚化的、抽象的物理资源，这些资源可以被云计算提供商租给多用租户。会计云计算提供的资源规模是具有弹性的，业务量增加时，资源规模会发生扩展；反之，资源规模则会收缩。但是这种动态变化的过程并不会中断会计云计算服务，对用户也是透明的。云计算的资源使用是可以被计量且可被控制管理的，云系统可以根据计量服务自动控制并优化资源使用。可以说云计算是会计大数据的综合解决方案。

随着企业信息化和云计算的发展，企业在提供产品的方式、速度和质量上发生了变化，企业的组织流程、产品服务和业务模式有所创新。随着移动互联网逐步取代了桌面互联网，IT企业给消费者提供的不仅仅是产品，还可以是基于互联网的服务，IT企业发生了由提供产品模式到提供服务模式的转变。在提供产品模式下，一般企业向IT公司采购应用软件、操作软件和服务器硬件时需要投资巨额的资金，更不用说为了完成企业信息化，雇佣相关的信息技术人员进行企业的信息存储和信息计算所消耗的费用。当然，也少不了维护费用。但是转化成服务交付模式时，与提供产品模式不同，云服务的提供商和消费者旨在特定技术目标或业务目标下实现交互行为。云服务提供商可以向消费者提供全套的信息化服务，企业不需要进行传统模式下的投资，只需要购买云服务提供商的信息化服务，获得信息化使用权。这就免去了一次性购买投资巨额资金，随时支付购买服务的运营费用即可。

二、传统成本控制的局限性

在大数据时代，成本依然是影响企业竞争的主要因素，所以企业应该基于大数据的相关技术与工具并结合自身的具体情况，适时地探索出适合企业运行发展的成本控制模式。

由于社会技术与网络信息技术的飞速发展及人们生活质量的提高，人们对产品的需求也就越高，由此现代产品多样化的特征造成了成本控制的复杂，传统的成本控制已不再适应当今企业经济活动，所以企业应正视传统成本控制的不足。

（一）控制缺乏全局意识

传统成本控制着重于产品的生产成本，相对忽视其他方面的成本，而对于生产成本的控制也侧重于产品的生产过程，产品开发、采购、销售等过程的成本控制被忽视。企业的成本控制理应从企业生产经营的视角系统地审视，完整覆盖产品生产的整个过程，由此可见传统成本控制的方法难以切实发挥降低企业成本、提升企业经济效益方面的作用。

（二）成本核算方法不适应市场的发展潮流

我国现行的企业成本核算采用制造成本法，根据这种方法，企业认为减少单位产品所分摊的制造费用，就会降低产品的单位成本，此时在销售量不变的情况下，企业的利润就会增加，这就导致了企业会不顾市场需求变化想方设法地提高产品的生产量，这样企业就忽视了市场经济的发展规律，实质上它并没有降低成本，而是将这部分成本转化为存货存在于企业当中。

（三）控制手段落后且效率低

传统的成本控制是建立在原有信息处理模式落后的基础上，而没有考虑企业如今的信息化背景，并且在收集、整理和传递信息数据时仍采用手工处理方式，没有或很少使用计算机，更没有充分利用互联网、EDI 等信息技术手段致使信息不完整且传递不及时，导致企业内部信息系统不健全。再者手工处理方式的特殊性致使大多数的企业只能运用历史资料进行决策，而基于历史资料所决策出来的成本控制也只能是事后分析，难以实现生产过程的实时分析。同时传统的手工操作比较繁杂，耗费较多的人力、财力不说，而且人工出来的数据比不上智能数据来得准确及时，这就出现生产管理成本增加、管理层还难以作出科学的及时的决策的结果。

三、基于大型房地产企业成本控制现状

（一）全过程成本控制

对于房地产企业来说，投资建设项目的目的是实现项目的"增值"，包括工程建设过程的增值和运营过程的增值。房地产企业的成本控制不仅限于施工阶段的预结算管理，还包含投资决策阶段的成本估算、设计阶段的施工图预算、施工前准备阶段的招投标和合同管理、后期项目运营维修费用。全过程成本控制涉及工程阶段长，而且各阶段的成本变化是连续的。根据"二八原理"，投资和设计阶段成本投入成本最小却对工程后期影响最大，用最小的成本做好投资估算和前期方案策划是成本控制的重点。

（二）矩阵式组织模式

目前组织模式有直线型、职能型和矩阵式。随着项目的增多和企业的扩大，直线型和职能型已不能满足人员优化配置和信息的传递。因此房地产企业大部分采用矩阵式组织模

式。所谓矩阵式组织模式，横向管理线为各职能部门，纵向管理线为各项目。信息的流程既有对于项目质量、成本、进度等方面的各职能部门审批，也有以各项目为主线的合同架构。横向和纵向的信息流增加了企业信息平台的开发需求，更需要专业化统计工具对各类信息进行统计分析。

（三）多方参与方

建筑工程项目与其他项目的主要不同之处在于建筑工程是实体工程，整个工程的完成需投入大量的人工、机械和材料。在市场经济环境下，专业化划分涉及各个参与方：房地产开发公司作为建设单位，工程咨询公司、设计单位、监理单位、施工单位、材料供应商、购买使用的业主……各参与方有共同的目标——完成工程，也有不同的利益。完成项目和获得利益的前提是各方的共同合作，在各参与方沟通中会涉及大量数据，做好数据的记录，保证数据的准确性和连续性关乎利益的实现。

（四）多种软件的使用

信息化的时代，项目管理已开发出各种软件。有针对流程信息的 OA 系统、库存管理系统 ERP、客户关系管理、造价软件广联达、鲁班造价、财务管理等软件。开发公司有深圳市明源软件股份有限公司、竞优集团、广联达等公司。若要将各种软件涉及的数据标准化、集成化，需要建立一个综合平台。

（五）信息孤岛

信息孤岛是指信息的拥有者们互不沟通、信息不能共享和协同。现阶段人、材、机的信息价由地方政府发行，发行形式有的是纸质版，有的是电子版，不利于信息的共享。建筑工程需要大量的多种的材料，材料成本约占工程建安成本的 70%。市场上的材料价格由于地区差异变化较大，如何准确预测市场价格变化，选择适宜的供应商来源，是成本控制的难点。

综上五点所述，大型房地产企业成本控制需要建立一个综合信息平台和数据存储系统，将企业内的各种软件和各部门、企业外的各工程参与方需要的数据进行集成化、标准化，并进行数据的挖掘和分析。

四、大数据时代对企业的成本控制的影响

企业成本控制的对象是针对成本发生的整个过程的，主要包括研究开发、采购、生产、销售、配送、售后服务过程所发生的成本控制。企业每一项经济活动都会产生数据信息，只要合理收集企业每一具体环节所产生的数据信息并用专业的软件进行分析，就能将企业成本控制的效果量化出来，所以在信息技术日益发展的今天，将大数据与企业的成本控制相结合是大势所趋。

（一）研究开发阶段

1. 市场分析

在大数据来临之前，企业在研究开发阶段，设计者往往会跟随潮流追求产品的个性与

性能而忽视产品的经济性，但是在市场中不一定能获得预计的销量，如果不被消费者看好，很可能就会以较低的价格处理，这会让企业获得较大的损失。所以市场分析的任务有两个部分。一个是弄清楚客户是谁及他们的需求是什么，客户的各种需求取决于客户自身的特点。因此，第一个问题是确定哪种客户有更高的概率购买产品，搞清楚谁是最有前途的客户。

其次是挖掘潜在的客户。大数据环境下，企业可以从个人的浏览记录和首选的网站获得他们最近的购买行为与搜索记录，收集分析他们对社会网络的评论来预测他们的需求。设计师可以充分参考这些数据，将客户的各种偏好与需求量化出来，致使设计出来的产品真正符合顾客的需求，在较短的时间占领较大的市场。

2. 产品设计

由于市场的分析，企业已收集到客户大量关于产品需求的数据，并且还预见到潜在客户的需求，下一步就是企业应实现需求向具体功能的转化。QFD 法是一种在设计阶段应用的系统方法，它能把来自顾客或市场的需求转化为产品开发和生产的每阶段的具体要求。当然随着大数据时代的到来，传统意义上的 QFD 技术已不再适应于高速爆炸的数据时代，因此有必要提出一种新的基于大量数据和分析各种技术和算法的新的 QFD 方法来应对大数据的挑战。接着针对概念设计中的功能要求基于互联网和 Web 技术找出满足设计要求的解决方案，并参考无数的案例，相关的案例可以为新产品提供全面的指导。

（二）生产制造阶段

1. 采购

传统的材料采购就是价格低廉，事实上，采购过程还需考虑材料的质量、供应商的信誉以及企业的内部生产情况等方面。在网络信息发展迅速的今天，线上采购的方式越来越普及，线上采购不仅可以获得原材料包括价格、质量、评价、产地、用途等数据信息，而且可以获得多家供应商的历史表现及声誉等信息，企业可以运用各种先进的数据分析方法择出最优的供应商，如层次分析法（AHP）对不确定的供应商选择具有一定的参考价值。除此之外，企业作为采购方还有较强的议价能力，可通过线上与择出的供应商交流协定出合理的价格，此时线上采购与传统实体采购对比时，就不需要采购人员亲自到供应地去挑选及论价，他们完全可以在电脑或电话旁边完成下订单和支付货款的程序，这样不仅提高了公司的办事效率，同时省去了采购人员的薪金以及来回的差旅费。此外，采购不是企业独立存在的经济活动，需从全局出发，联系仓储与生产等部门，结合本单位的仓储条件与生产的规模条件，分析出最佳订购批量。

2. 生产环节

生产成本包括直接材料、人工和制造费用。其中，材料费的控制主要是尽可能防止浪费行为发生；人工费的控制主要是提高工人的生产效率；制造费的控制主要归结于生产车间的费用控制，如在温度适宜的时候开空调、光线充足的时候照明、在可以维修的时候报废了某机器零件等。在大数据时代，对生产过程进行数据信息全程监控，通过电量数据变化表，检查白天几点钟到几点钟是否关灯、关空调；根据机器维修记录表，看是否存在零件替换情况。借助大数据对生产车间进行实时控制，可以很好地降低生产成本，实现企业的控制目标。

产品模拟和测试是生产环节一个不可缺少的阶段，特别是对于由各种小部件组装的复杂大产品，因为每个组件的故障都影响着产品的正常操作。此时大数据应用于航空工业的自动测试设备（ATE），可以将其应用到产品的生产环节中，因为制造环境生成的测试数据量比较庞大，企业可以将标准的参数输入系统，然后系统自动检测所生产的零件是否合适。通过一系列的测试与模拟，企业能保证所输出的产品都符合规定的需要，减少产品被退回的风险，从而降低不必要的成本。

（三）商品流通阶段

1. 网络销售

在实体店销售，地理位置的因素会使企业的销售市场受到局限，而网络销售就可以避免这一点，网络只要面向的人群扩大了，自然而然地就会增加销售量。至于在哪个网络电子商务平台上销售，企业可以在收集各个电子商务平台的信誉、受欢迎度、被认可度、销售量等数据信息的同时，结合该商务平台上同类产品的销售价格、销售数量、销售潜力等信息进行综合考虑。在网络平台销售，可以比较容易地获得客户的资料，据此分析出他们的职业、年龄和爱好等，也可以看到有哪些潜在的客户。针对不同类型的客户，制定不同的营销方案，刺激他们的消费行为。企业还可以收集客户在网络平台上对产品的反馈信息，针对客户提出的要求与不足，汇成数据信息上传公司内部系统，供设计部门参考修改以备生产出客户满意的产品，大数据在销售阶段的应用在预计提高企业销售量的同时，也可以直接或间接减少销售成本。

2. 配送

在如今电子商务快速发展的今天，网络销售逐渐代替传统的实地销售，慢慢成为企业主要的交易形式，那么物流就显得尤为重要，所以企业在物流合作方的选择上，除了要考虑经济成本之外，还要考虑速度。由于物流企业的特殊性，针对不同地区，其收费标准不同，所以有必要利用 Excel、SPASS 软件汇总众多物流企业的数据信息并针对不同的订单输入相关的区域、批次等条件进行约束，根据客户购买区域的不同，为其选用不同的物流方，确保用户在最短的时间内收到产品，这在减少物流成本的同时某种程度上增加了客户对于产品的满意度。此外，企业针对订单多的情况需要建立一个订单物流的查询系统，以提供有关的产品状态和物流位置的信息，这样客户和企业都可以知道产品在哪里，产品是否到达，这样会减少丢件的可能，很大程度上约束了物流方的行为。

3. 售后服务

对于一家企业来说，每天都有各种各样的产品在世界各地制造、销售和运输，与不同背景的消费者建立和保持良好的关系是一项艰巨的工作。随着中文或软件操作的复杂性不断增加，由于客户的不准确行为，产品有时无法正常运行也并不少见。虽然每个注意事项都已在说明书中阐明，但当涉及高精度、有价值或风险的产品时，始终需要进行教授，对此企业可以上传相关的使用视频与常见的问题解决办法，使客户可以自行操作解决基础的问题。随着商业智能化的发展，网上查询是一个不可缺少的趋势，将"大数据"技术作为一种有效的方法引入到客户服务过程中，不仅增加了客户的满意度，还省去了相关人员的工资。

11.4　大数据时代市场的精准定位

企业在采集和处理大数据时，将不同的海量数据源进行结构化管理、筛选和转化，引用可视化技术对结果进行分析，使之能够为企业的商业智能获取与应用。同时应该摒弃"从数据到信息再到决策"的研究思路，而应走"从数据发现价值直接到决策"的捷径。只要对企业重大经营决策有用的数据分析法，通过大数据技术的变量定义、不确定与价值建模，都可以对企业决策管理进行风险量化分析，进而提高决策管理的科学性。大数据为企业决策管理提供了崭新的环境和前沿的视角，给企业决策研究带来了深刻的影响并促使其不断地创新和变革，为适应企业在大数据时代获取核心竞争力的需求，企业决策管理将走传统决策方法与大数据技术相结合的发展道路。通过大数据技术增强企业在大数据环境下的数据分析与应用能力，提高企业决策管理的效率和能力。

一、市场容量：大数据助挖市场潜力

企业通过分析大量数据可以进一步挖掘市场机会和细分市场，对每个群体量体裁衣般地采取独特的行动。获得好的产品概念和创意，关键在于企业到底如何去搜集消费者相关的信息，如何获得趋势，挖掘出人们头脑中未来可能会消费的产品概念。用创新的方法解构消费者的生活方式，剖析消费者的生活密码，才能让吻合消费者未来生活方式的产品研发不再成为问题。如果了解了消费者的密码，就可以获知其潜藏在背后的真正需求。

大数据分析是发现新客户群体、确定最优供应商、创新产品、了解销售季节性等问题的最好方法。因此，企业营销者的挑战将从"如何找到企业产品需求的人"变为"如何找到这些人在不同时间和空间中的需求"；从过去以单一或分散的方式去形成和这群人的沟通信息与沟通方式，到现在如何和这群人即时沟通、即时响应、即时解决他们的需求，同时在产品和消费者的买卖关系外建立更深层次的伙伴间的互信、双赢和可信赖的关系。通过对大数据进行高密度分析，能够明显提升企业数据的准确性和及时性，从而缩短企业产品研发时间，提升企业在商业模式、产品和服务上的创新力，大幅提升企业的商业决策水平。大数据有利于企业发掘和开拓新的市场机会；有利于企业将各种资源合理利用到目标市场；有利于制定精准的经销策略；有利于调整市场的营销策略，大大降低企业经营的风险。

企业利用用户在互联网上的访问行为偏好，为每个用户勾勒出一副"数字剪影"，为具有相似特征的用户组提供精确服务以满足用户需求，甚至为每个客户量身定制。这一变革将大大缩减企业产品与最终用户的沟通成本。

二、方向选择：大数据提高响应能力

当前，企业管理者更多还是依赖个人经验和直觉作决策，而不是基于数据。在信息有限、获取成本高昂且没有被数字化的时代，让身居高位的人作决策是情有可原的，但是大数据时代，就必须要让数据说话。大数据能够有效帮助各个行业的用户作出更为准确的商业决策，从而实现更大的商业价值，它从诞生开始就是从决策的角度出发的。虽然不同行业的业务不同，所产生的数据及其所支撑的管理形态也千差万别，但从数据的获取、数据的整合、数据的加工、数据的综合应用、数据的服务和推广、数据处理的生命线流程来分析，所有行业的模式是一致的。

这种基于大数据的决策有以下几个特点：

（1）量变到质变，由于数据被广泛挖掘，决策所依据的信息完整性越来越高，有信息的理性决策在迅速扩大，拍脑袋的盲目决策在急剧缩小。

（2）决策技术含量、知识含量大幅度提高。由于云计算出现，人类没有被海量数据所淹没，能够高效率驾驭海量数据，生产有价值的决策信息。

（3）大数据决策催生了很多过去难以想象的重大解决方案。在宏观层面，大数据使经济决策部门可以更敏锐地把握经济走向，制定并实施科学的经济政策；而在微观层面，大数据可以提高企业经营决策水平和效率，推动创新，给企业、行业领域带来价值。

在企业管理的核心因素中，大数据技术与其高度契合。管理最核心的因素之一是信息搜集与传递，而大数据的内涵和实质在于大数据内部信息的关联、挖掘，由此发现新知识、创造新价值。两者在这一特征上具有高度契合性，甚至可以称大数据就是企业管理的又一种工具。

对于任何企业来说，信息即财富，从企业战略着眼，利用大数据充分发挥其辅助决策的潜力，可以更好地服务企业发展战略。大数据时代下数据在各行各业渗透着，并渐渐成为企业的战略资产。数据分析挖掘不仅能帮企业降低成本，如库存或物流，改善产品和决策流程，寻找到并更好地维护客户，还可以通过挖掘业务流程各环节的中间数据和结果数据，发现流程中的瓶颈因素，找到改善流程效率、降低成本的关键点，从而优化流程，提高服务水平。大数据成果在各相关部门传递分享，还可以提高整个管理链条和产业链条的投入回报率。

三、战略基础：大数据优化战略决策

（一）大数据能给企业战略决策提供丰富的数据源

传统的决策因为数据稀缺而依赖于决策者的经验，而大数据可以保证从问题出发而不用担心数据缺失或数据获取困难。进入 21 世纪以来，随着互联网技术和通信技术的发展，传感设备、移动终端等接入到互联网络中，各种传感数据、物联数据、统计数据、交易数据从各行各业源源不断地快速生成，并在网络中传输各种图片、声音、文字以及背后用户的习惯和轨迹形成了互联网上的海量数据资源，这为管理者进行决策分析和制定决策方案提供了丰富的数据来源。

大数据时代下企业的战略需求也发生了重大转变，关注的重点转向数据及基于数据的价值分析。如今随着云计算和物联网的迅速普及，各企业增强了对于数据资产保存和利用意识，以及通过物联网、大数据对产业进行变革的意愿，企业通过收集、分析大量内部和外部的数据，获取有价值的信息，通过挖掘这些信息，企业可以预测市场需求，进行智能化决策分析，从而制定更加行之有效的战略。

（二）大数据能提高企业战略决策的质量

企业经营的成败首先取决于战略决策的正确与否，而决策的正确与否则取决于数据和信息的质量。正确的数据与信息能减少决策很多不确定性的因素。企业管理的性质和外在环境都发生了巨大的变化，企业组织机构更加庞大，管理功能更加复杂。企业之间的联系越来越紧密，企业间的边界更加模糊，企业的人力、财力、物力资源必须在全球范围内重新组合和优化配置。另外，消费者需求个性化、差异化、异质化的特征变化明显，影响决策的因素更加复杂和多样化。

决策者需要根据多个影响因素和相互间的关系进行决策，其难度越来越大，单凭其洞察力、智慧、知识和经验等作为基础的传统决策方法已远远不能满足日益复杂的管理决策需要，这将导致战略定位不准，存在很大风险。因此，现实管理的实践要求决策要走向科学化，要将定性决策与定量决策相结合，而大数据技术的发展为它提供了实现的可能性。

大数据时代下企业界对数据的依赖性有增无减，以数据为基础的定量分析方法逐渐取代以经验、直觉等为基础的定性分析方法。基于大数据的分析，需要多种技术的协同，大数据的真正优势是对海量数据的自动化、智能化的收集、统计和分析。基于大数据的分析报告更加全面、客观和直观，大数据也正在成为一种新的调研方式，以辅助管理者进行企业战略决策。

（三）大数据能提升战略决策者的洞察力

大数据时代下数据逐渐成为企业最重要的资产之一。企业越来越依赖于数据分析作出决策，而不是凭借经验和直觉，企业必须快速从积累的业务数据以及无处不在的网络信息中获得洞察市场和客户的能力。

四、大数据精准定位的应用

当今时代，大多数企业已经意识到运用大数据技术可极大提升企业市场定位活动的精度，同时随着科技的进步，越来越多的新技术将会被运用到企业的定位活动中，使其发生新的变化。

（一）对顾客的精准识别

魏伶如指出，作为产品的生产者，企业可以运用大数据技术分析定位有潜在需求的消费群体，并针对这些群体开展有效的推广活动，以刺激顾客对产品的购买。对于已经是企业产品的顾客，企业可以通过对其消费数据的分析来把握他们各自的购物习惯，并向他们推送符合购买倾向和消费偏好的定制化产品，同时企业也可以根据潜在消费者不同的人物特征把他们标签化，再用针对性的活动或侧重的方式对这类人群进行精准的营销定位活动，促进商品的销售。

通过大数据精准市场定位，我们也可以对流失的客户进行挽留，如对于竞争对手流失的客户，我们可以对他们的信息进行收集，精准定位他们的偏好，开展针对性的推广活动，促使他们转变为公司的客户。我们还可以针对那些长时间没有购买公司产品和服务的消费者，对他们进行精准的分析，向他们推送感兴趣的产品或服务，以使他们重新成为公司的消费者。葛洪波指出，大数据精准定位活动能使公司识别不同的消费者，差别对待他们，并针对不同的顾客开展不同的定位推广活动，提高企业产品的市场份额。

（二）数据库的协同整合

随着信息技术的不断发展，企业从单一媒介收集来的消费者的碎片化信息已经不能满足要求，企业需要数量更多、类型更加复杂的消费者信息。我们可以预料到，随着大数据技术的发展，我们可以把接触消费者的各种媒介融合起来，使这些媒介的数据能够相互共享和联通，这样我们就可以把分散在各处的消费者信息收集和集中起来。当前为止，我们还处于把消费者的碎片化信息整合在一起的初级阶段，但是随着技术的发展，打通跨平台、跨终端、跨媒介的多维度信息融合将会在未来实现，在未来的数据库中，消费者的主观信息和客观信息将会集合在一起，以方便我们进行深入地研究。

（三）大数据的深度计算

当前我们使用的大数据挖掘技术和可视化技术已经能实时地存储和分析顾客的交易行为和消费过程。随着科技的进步，数据深度挖掘技术将会更加先进，数据运算的速度将会越来越快，更加先进的数据技术将会分析用户的思考方式，对客户行为的把握也会越来越准确。

大数据时代下深度计算使顾客对产品的消费过程能够以数据的形式完全展现在我们面前，也指引着企业的市场定位活动，使其更加精准地开展。运用该技术，我们可以更加精准地把握用户的习惯和偏好，生产出满足他们需求的产品。但是我们可以预见，随着消费者对产品要求的日益苛刻，他们将会不满足于消费现成的产品，相反地，提供满足消费者需求的"定制化产品设计"将会成为开展大数据市场定位活动的主流趋势。

第 12 章　大数据时代下的企业财务预警管理

在大数据时代下对企业财务预警进行分析，能够有效降低企业财务在运行中的安全风险。基于此，本章将对大数据时代下影响企业财务预警的因素进行分析，并对大数据时代下企业财务预警的管理方法进行研究。

12.1　企业财务预警效果影响因素

财务风险是指企业因组织结构不合理、融资措施不当使得企业预期收益下降，甚至丧失偿还能力的风险，是企业在生存和发展中面临的重要问题。财务预警正是企业为防范财务风险而采取的完善制度、加强管理等一系列措施。当前很多企业都认识到了财务预警的重要性，采取了一定的预警措施，但由于不少企业管理者自身专业与认知的局限，导致企业的财务预警机制还存在一定的缺陷，不能保障企业的安全运转。针对这些现象，管理者要系统地认识到财务预警机制的组成与构建方式，才能真正地做到趋利避害。

一、企业财务预警机制存在的问题

（一）企业领导认识不足

中国很大一部分企业的领导只重视企业的产生和销售，对企业财务管理没有充分的认识，对企业的关注集中在企业财富的创造上，对增加企业利益的认知也局限在提高生产和拓展业务上，忽视了财务管理对增加企业利益的巨大作用，使得企业财务风险频发，对企业财务风险也只是发生之后再补救，始终没有形成一个系统的风险预警机制，使得企业重复性地发生相同的财务风险，造成了不必要的损失。

（二）预警机制不完善

中国大多数中小型企业都没有建立健全的企业组织机构，企业管理缺乏科学的指导，运营水平低，企业规模与企业管理方式不符。完善的企业财务预警机制包括事前、事中、事后三部分，而在实际管理中，很多企业只重视信息的事前收集和事中分析，忽视了事后的反馈，使得企业财务预警系统环节缺失，不能起到实际的作用。还有部分企业认为度过了财务风险就安全了，没有对风险的产生机制进行深入的总结和研究，及时吸取经验和教训，忽视了财务预警系统的后期管理，使得同样的财务危机再一次发生时企业也无法及时作出反应，使得企业遭受不必要的损失。

（三）财务管理不科学

首先在财务指标的制定上，不少企业对企业资产、盈利情况、资本结构与现金流动没有很好的掌握，在制定财务指标时没有根据企业发展的实际情况做好规划，导致企业财务预警措施偏离了企业的实际运行需求，不能及时发挥作用。有的企业会计信息失真现象严重，很多企业报表都被人为地修改，虚假信息过多，使得企业财务预警措施没有建立在正确的数据之上，可执行性大大降低。

二、财务危机预警效果影响因素

企业的经营活动是一种群体行为的不断演化，财务风险是在这种群体活动的不断演化中产生的。财务预警研究由来已久，吴世农对传统的财务预警理论有所归纳，主要涉及财务困境的定义、预测变量或判定指标的选取和研究方法的选择等三个问题。

在这三个方面，国内外研究都取得了一些成果，但令人困惑的是，在现实市场环境中，财务危机预警的效果一直和期望有很大的偏差。研究者一直致力于新指标的发现和新的模型算法的构建，在用尽了目前能够获得财务指标的同时，反复强调不考虑这些财务指标是否准确地假设。为了引入非财务指标对模型进行修正，又没有人能够系统全面地分析出哪些非财务指标和财务危机有确切的关系。

总体上是靠试错的方法引入非财务指标，这样的模型更多考虑数据的易获得性，对研究者的知识背景具有较强的依赖性，因为无法明确遗漏了哪些非财务指标，或者忽略了这些非财务指标之间组合的关系，以及其受社会嵌入性的影响而致误判，故往往又在这类研究中强调不考虑模型的通用性。于是财务预警的相关研究一直在指标与模型的构建中不断徘徊，唯独没有人研究财务预警这一行为本身的社会行为学规律。财务预警的过程，从某种角度来说就是信息知情人和信息需求者的博弈过程。通过对财务预警这一行为本身的过程进行博弈分析，研究财务预警效果提高的演化路径，将为解决目前财务预警模型在现实中的尴尬局面提供新的思路。

根据经济人"完全理性"的基本假设，可以分析在财务预警过程中各相关方的策略选择和信息沟通的问题，但是难于分析在财务预警各个案例中效果反复波动起伏的现象。财务预警的过程是信息需求方和信息提供方不同利益群体的演化过程，演化博弈论在"有限理性"社会群体的突变和模仿行为方面具有更强的优势，能够解释规则的内生性和个体间的互动性。为了能够分析财务预警过程中预警效果的反复波动性现象，提出以下四点假设。

（1）假设1：信息需求者和信息提供者具有相互观察、相互模仿的有限理性特征。在进行财务预警活动时，信息需求者和信息提供者都处在社会网络中，社会网络中的个体都具有趋利避害的特点。对外部预警来说，信息需求者希望能够对企业危机进行准确的判断，信息提供者如果提供准确信息将会消耗技术成本或灰色收入的机会成本。信息需求者为了能够对企业危机情况进行准确的判断，必须获得足够的信息。信息越充分，对企业的真实情况反映得越准确。企业提供的各种财务报表和公告等都是这些信息的主要来源。信息提供者观察到信息需求者在搜集修正信息，同样为了自身利益会设置层层阻碍。内部预警活动中，信息提供者如果提出预警信息，危机发生后信息提供者会被认为是误打误中，危机的发生导致预警的无效。如果危机没有发生，甚至是因为预警而防止了危机的发生，信息提供者又被认为预测不准。因此信息提供者会通过对社会网络的观察，而失去投入技术成本提供更准确信息的动力。

（2）假设 2：当信息需求者搜寻信息时，信息提供者会主观或客观上使信息被屏蔽或被隐瞒，增加搜寻信息的成本，有意识或无意识地达到预警不准确的效果。在预警活动中，信息提供者为了节省成本或获得一些额外收益，必将会对信息进行一些隐藏或修饰等消极的行为，这个过程会在社会环境中不断演化，信息需求者和信息提供者选择的策略行为都会参考当前的环境氛围。

（3）假设 3：当观察到预警效果不准确时，信息需求者会采取措施进行信息搜寻，期望能够对提供的信息进行修正，以达到预警准确的效果。信息需求者通过社会网络观察到信息提供者为了实现某种利益目标，当然也可能是技术能力的原因，在提供财务报表等信息时无法提供或可能隐藏或修饰一些相关信息，为了能够修正基于被修饰过的指标所建立的模型，信息需求者将寄希望于一些非财务指标，如审计意见、企业股权结构、市场占有率等，希望借此来平衡信息的真实含量。

（4）假设 4：搜寻修正信息和提供准确信息都需要技术成本，准确的信息量越大，预测准确的可能性越大。财务危机预警过程中，信息需求者以能预测危机为收益获得标准，信息提供者以能隐藏危机为收益获得标准。信息提供者提供真实信息的成本为 ω，信息需求者在不信任提供者的情况下，搜寻有效修正信息的成本为 φ。信息需求者对企业正确判断获得的收益为 P，其中包括投资机会、规避风险、能力声誉等收益。如果信息提供者没有提供真实信息，而信息需求者没有搜集到有效的修正信息，发生误报危机的情况后，信息需求者承受的损失是 L，而信息提供者因为隐藏了危机获得的收益为 G。如果信息需求者能够根据修正信息作出正确判断，及时对不良企业降低信任、止损以及索赔等收益为 K，信息提供者如实提供信息带来收益为 τ，如良好的信誉、迫于压力的策略调整、规范的管理、带给优秀职员的信心等长期收益。其中的数量关系 $P - \varphi + K > - L$，即信息需求者搜寻修正信息的成本小于信息需求者所获收益之和，这是信息需求者搜寻修正信息的动力来源。$\tau - \omega > - K$，表示信息需求者通过搜寻修正信息能够发现真实危机的情况下，信息提供者提供真实信息的净值，要大于被对方降级索赔等手段的损失。

三、企业财务预警机制的方法

（一）提高思想认识

首先，企业领导应端正对财务预警的态度，把财务预警作为规避风险、提高企业利益的重要工作，组织企业管理人员共同制定企业财务风险预警部门，选拔财务预警工作人员，提高领导水平，加强企业管理，使企业财务预警部门能够得到其他部门的有效配合，得到充足的信息保障、制度保障和人才保障；其次，要加强对部门工作人员的思想教育，使其认识到自己在企业中是有巨大作用的，而非"闲职"，努力提高自己的分析效率和预测水平。

（二）加强财务管理

企业在制定财务管理目标时，要联系自身实际，而非照搬相关标准的规定，管理人员要先了解企业各个部门的生产情况与业务往来情况，明确企业各个环节中的成本消耗，估测企业利润，加强对企业财务的管理，在此基础上建立完善的财务预警机制，使财务预警机制与企业实际运行情况相一致，真正地为企业规避财务风险服务。其次加强对企业财会部门的审计监督，严厉杜绝对企业财务信息的人为修改，保证企业财务信息的真实性，使企业财务预警措施的制定能够建立在真实的财务数据基础之上。

（三）健全预警机制

首先，企业要明确自身运作的流程、环节和规模，确立合理的企业管理手段，在此基础上建立企业财务预警机制。完整的企业财务预警机制，包括企业数据的收集、分析处理和反馈三个阶段，财务预警部门在收集企业各项运行数据和信息后，首先要核对其真实性，确保数据符合企业实际情况，再在此基础上分析企业在经营管理、业务销售、税款缴纳等环节上可能存在的风险，并制定合理的规避措施来防范企业风险，或者以小的代价来规避大的企业风险，使企业的损失降到最低。最后将企业风险产生的来源、造成的损失进行评估和反馈，对应负责任的部门和个人进行合理的处罚，促使其提高警惕，使企业决策层制定合理的制度、措施来保证企业不会重蹈覆辙，保证企业发展的顺利进行。

科学的财务预警机制是企业规避财务风险、保证企业健康发展的必要手段，也是社会主义国民经济持续发展的重要保证。企业管理者只有充分认识到建立财务预警机制的重要性，提高企业管理水平，提高企业管理人员的管理素质和管理水平，才能使企业趋利避害，更加健康的发展，促进社会主义市场经济体制的不断完善和国民经济的进步。

12.2　大数据时代下的企业财务预警模型设计

当前的财务危机预警研究主要着眼点是基于财务指标建立模型，然而现实中每次经济危机发生时的预警悖论，使财务指标在危机风险预警方面的局限性逐渐暴露出来。从企业财务报表获取的财务指标，由于其时间上的滞后和人为导致的失真，直接严重影响了企业财务危机预警模型的有效程度。虽然有学者在模型中引入了非财务指标，但由于数据获取的难度，选取的非财务指标相对片面，难以适应对各种非财务指标具有不同敏感度的公司样本。

一、财务预警系统的结构设计

所谓系统，即为具有一定功能、相互间具有有机联系的、有许多要素或构成部分组成的整体。系统是可以分解的，一个系统可以是一个更大系统的组成部分，而该系统本身又可以包含若干个子系统，因此，系统是有层次的，任何一个系统都有它的层次结构、规模、环境和功能。企业财务预警系统是企业预警系统的一部分，而企业财务预警系统应该包括预警分析的组织机构子系统、财务信息收集与传递子系统、财务风险分析子系统、财务风险处理子系统。

（一）财务预分析的组织机构子系统设计

为使财务预警分析的功能得到正常、充分发挥，企业应建立健全的财务预警组织机构，财务预警组织机构是对企业现存组织体系的一种深入和补充，主要设想了三种财务预警组织机构的设置模式。

第一种模式是在财务部门中设立财务预警分析员的工作岗位。这一岗位可以由财务经理、企业高层管理者、企业外部财务管理咨询专家等兼任，也可以实行专人专职。由于每个人的知识能力都是有限的，所以这种模式最佳的方法是既安排专职的财务预警分析人员实施技术性分析的职能，又有财务经理、高层管理人员的亲自参与指导，还要有外部专家的咨询协助。这种模式的局限性在于预警过程可能缺乏独立性、预警结论缺乏客观性。因为财务预警分析员隶属于财务部，某些不利于财务部形象的结论可能被隐瞒在财务部内部，使众多利益相关者无法获知真实的预警结论。

第二种模式是由企业的某些除财务部以外的职能部门承担财务预警工作。这种模式有利于将财务预警与企业的内部审计或信息安全管理结合起来，并能保证预警工作的独立性和结论的客观性和公正性。

第三种模式是企业在面临不正常的经营波动和财务危机的状态下设置临时性的机构，如财务危机处理小组、财务预警咨询小组、领导小组等，其成员由临时从主要职能部门中抽调的负责人或有能力的人组成，因为这些管理人员对企业陷入财务危机的原因即过程非常了解。这种模式为没有财务预警机构的企业提供了一种补充模式和应急措施。但它不能完成日常监控的财务预警功能，因此不是一种真正意义上的财务预警系统，而只是一种危机应对措施。

（二）财务信息收集与传递子系统设计

良好的财务预警系统，要能够有效预知企业可能发生的财务失败，预先防范财务失败的发生，这必须建立在对大量资料进行系统分析的基础上，抓住每一个相关的财务失败征兆，主要资料包括内部数据和相关外部市场、行业等数据。财务预警机制的重要前提是建立灵活高效的信息系统，在这个信息系统中最重要的是形成信息收集和传递的完整的快捷的渠道。这个系统应是开放性的，不仅有财会人员提供的财会信息，更有其他渠道的信息。如这个信息系统还能提供及时完整的经营资料和数据，使经营者及各部门负责人能以实际经营状况的数据体系，来与预先设置的财务指标数据相比较。如有必要还可以配备专门的人员实施信息收集、处理、贮存及反馈的职能，并为向预警系统输送全面、准确、及时的信息提供必要的技术支持。

（三）财务风险分析子系统设计

高效的财务风险分析机制是关键，通过分析可以迅速排除对财务影响小的风险，从而将主要精力放在有可能造成重大影响的风险上。经重点研究分析出风险的成因，评估其可能造成的损失。当风险的成因分析清楚后，也就不难制定相应的措施了。为了保证分析结构的真实性且不带任何偏见，从事该项工作的部门或个人应保持高度的独立性。预警分析子系统一般有两个要素，即先行指标和扳机点。先行指标是用于早期评测运营不佳状况的变动指标；扳机点是指控制先行指标的临界点，也就是预先所准备的应对计划必须开始启动之点，一旦评测指标超过预定的界限点，则应对计划便随之而动。

(四) 财务风险处理子系统设计

在财务风险分析清楚后，就应立即制定相应的预防、转化措施，尽可能减少风险带来的损失。企业财务预警系统若要能够有效运作，就必须要有正确、及时且合乎企业需要的各种管理咨询系统，提供及时且完整的经营结果数据，供经营者及各部门负责人以实际经营状况数据体系来与财务指标数据相比较。当有超出或低于指标数据的情形发生时，就表示企业财务状况将有不健全的症状产生，经营者应早日依数据所代表的经营内涵进一步深入研究，找出蛛丝马迹，对症下药，以防财务恶化。同时企业财务预警系统要建立预控对策库，为企业回避和摆脱财务风险提供对策储备。财务预控对策系统的功能是事先准备好的在各种风险条件下的应急对策或对策思路，一旦发出风险预报，则根据预警信息类型、性质和警报的程度采取相应对策。预警对策系统中的对策大多是思路性、提示性的，目的是警报发出，指导企业按照预控对策系统的提示去寻求更实用、有效的实施方案。

整个预警管理系统的科学方法可保证下述过程的运行与本企业有关的内外信息通过信息网进入预警信息系统；经存贮、处理、甄别和推断后，再分别进入预警指标体系中的预测系统，预测系统运用预测方法对未来内外环境状况进行预测，预警指标体系经过运算而估计出当时逆境的风险状况；将输出的结果进入预警准则进行比较，以便决定是否发出警报以及发出何种程度的警报；然后根据差别结果调用预控对策系统中预备的对策显示预控对策信息。

二、基于大数据的企业财务预警模型设计

在进行企业财务危机预警模型过程中，假设要输入预警模型的预警变量有 n 个，即表示其中 SVM 算法的输入特征向量是 n 维特征向量，而企业是否陷入严重困境的判别特征符号为 2 个，即特殊处理或非特殊处理（ST 或非 ST），表示从支持向量机 SVM 的输出的特征标示向量为二维特征向量。研究过程中可以取 p 个公司作为研究样本的总体 S，$S = \{x_i, y_i \mid i=1, 2, \cdots, p\} x \in R^m, y \in R^m$。对于总体 S 要分成两个部分，一部分样本用来模型的训练，另一部分样本用来实现模型的验证。此时，企业财务危机预警问题可以抽象为利用支持向量机算法，对两种类型的企业样本进行训练，从而确定两种企业样本最优分类的超平面，并且确定模型中所要采用的核函数和寻求最优的相关参数，进而求得基于大数据的企业财务危机预警决策函数。研究中可以凭借训练样本来对其学习能力进行检测，凭借验证样本来对其泛化能力进行检测。在复杂的社会环境中，上市企业与其投资者及相关的债权人、雇用的员工、长期联系的供应商、进行监控管理的审计机构、外部环境中的政府部门等全部利益相关者存在着错综复杂的利益纠葛，企业的各项事务随时发生着变化，即使简单的物流、资金流等都存在着大量的不确定因素，这些都导致了企业的财务危机问题非常的复杂，绝非简单的线性关系可以描述。因此，反映上市公司财务状况的预警变量和预警结果是非线性关系，因此需要引入满足 Mercer 条件的核函数实现这一非线性

变换。一般来说，这类问题都选用 RBF 核函数来解决。径向基核函数能够在更高维的空间处理非线性分类问题，与那些线性核函数不同，它在处理非线性关系问题方面具备较好的分类优势。而且 RBF 是线性核函数的普遍形式，所以某些参数（C，Y）的 RBF 核函数能够像使用 个惩罚因子 C 的线性核函数表现出相同的性能。研究者还发现，一定参数的 RBF 核在一定程度上类似 Sigmoid 核的表现。RBF 函数：$K(x_i, x_j) = e^{-\gamma \|x_i - x_j\|^2}$，$\gamma > 0$，通过选择核函数和其他参数，经过训练得到企业财务危机预警的非线性支持向量机模型，其决策函数如下所示：

$$f(x) = \text{sgn}\left\{ \sum_{i=1}^{n} \alpha_i \gamma_i K(x \cdot x_i) + b \right\} \tag{12-1}$$

构造基于大数据的企业财务预警模型，考虑利用支持向量回归机。利用支持向量函数进行回归，其研究过程的基本思想是：对样本数据进行训练，通过支持向量回归算法可以拟合出一个相对平滑的函数 F（x），在计算过程中，要能够确保经过样本训练后并且模型输出的值与实际值之间的差不能超过阈值（即误差）ε。利用支持向量算法进行回归的算法如下。

（1）确定上市企业训练样本 $\{(x_1, y_1), (x_2, y_2), \cdots, (x_m, y_m)\} \in X \times R$，其中 X 表示输入上市企业样本的空间，R 表示实际的模型输出域。

（2）根据上市企业财务危机预警问题变量间的关系及特性，确定合适的核函数 $K(x_i, x_j)$、惩罚因子 C 和参数 ε。在这个过程中，SVM 核函数必须经 Mercer 定理检验是需要注意的内容，即必须满足 Mercer 条件。

（3）由具体问题转化为二次规划问题，如式 12-2 所示。

$$\begin{cases} \max Q(a, a^*) = \sum_{1}^{n} \left[a_j(y_i - \varepsilon) - a_i^*(y_j - \varepsilon) \right] - \dfrac{1}{2} \sum_{i,j=1}^{n} (a_i - a_i^*)(a_j - a_j^*) \Phi(x_i - x_j) \\[2mm] s \cdot t \sum_{i=1}^{n} (a_i - a_i^*) = 0 \\[2mm] 0 \leqslant a_i \leqslant C, \ 0 \leqslant a_i^* \leqslant C, \ i = 1, 2, \cdots, n \end{cases}$$

$$\tag{12-2}$$

（4）计算值 $(\bar{a}, \bar{a^*})$ 与最优解 $\bar{w}$ 和 $\bar{b}$，如式 12-3 和式 12-4 所示。

$$(\bar{a}, \bar{a^*}) = (\bar{a_1} \times \bar{a_1^*}, \ \bar{a_2} \times \bar{a_2^*}, \ \cdots, \ \bar{a_n} \times \bar{a_n^*}) \tag{12-3}$$

$$\left. \begin{array}{l} \bar{w} = \sum_{i=1}^{n} (\bar{a_i^*} - \bar{a_i}) \Phi(x_i) \\[3mm] \bar{b} = y_i - \sum_{j=1}^{n} (\bar{a_j^*} - \bar{a_j}) K(x_i, x_j) \pm \varepsilon, \ 其中 \bar{a^*} \in (0, C) \end{array} \right\} \tag{12-4}$$

（5）构造最终的回归函数，如式 12-5 所示。

$$y = w \times \Phi(x) + b = \sum_{i=1}^{n} (\bar{a_i} - \bar{a_i^*}) K(x_i, x) + y_i - \sum_{j=i}^{n} (\bar{a_j^*} - \bar{a_j}) K(x_i, x_j) \pm \varepsilon$$

$$\tag{12-5}$$

根据上文的输入变量和输出变量分析，我们将一系列财务指标和大数据指标作为支持向量机的输入，企业是否被特殊处理（ST）作为输出，构造支持向量机模型，整体模型构造过程如图 12-1 所示。

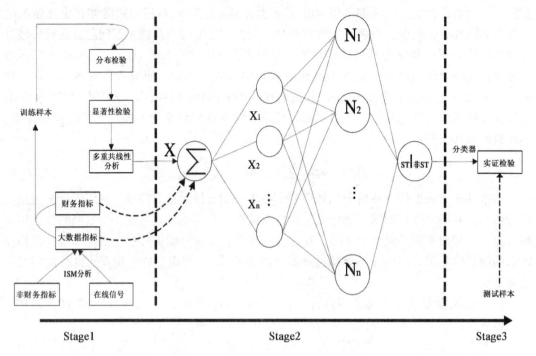

图 12-1　基于大数据的财务预警模型

此处将财务指标和大数据指标值作为条件属性 x，企业是否被特殊处理（即 ST）作为决策属性 y，根据回归的数学算法，首先设企业财务危机预警的函数为：

$$y_j = f(x) = w \times \Phi(x_i) + b_i$$
$$其中，i = 1, 2, \cdots, 37, \quad j = 1, 2 \tag{12-6}$$

$\Phi(x_i)$ 是从输入空间到高维特征空间的非线性映射；y_j 共有两个属性，一个是 ST，另一个是非 ST；x_i 表示第 i 个指标的值。

则可以得到基于大数据的财务预警 SVM 模型为：

$$y = \sum_{i=1}^{n} (\overline{a_i} - \overline{a_i^*}) K(x_i, x) + y_i \times \sum_{j=i}^{n} (\overline{a_j^*} - \overline{a_j}) K(x_i, x_j) \pm \varepsilon \tag{12-7}$$

其中，ε 表示允许的误差值，平均值 $\overline{a^*} \in (0, C)$，$K(x_i, x_j)$。从公式可以看出，模型需要在训练中确定惩罚因子 C，核函数 K 和损失函数中允许误差值 ε。由于财务预警的非线性属性，模型中采用高斯径向基函数作为核函数，由此最终得到考虑大数据为输入变量、基于径向基核函数的支持向量机的财务预警模型：

$$y = 2 \sum_{i=1}^{n} (\overline{a_i} - \overline{a_i^*}) \exp\left[-\frac{|x_i - x|^2}{2\sigma^2} \right] + y_i \times \sum_{j=1}^{n} (\overline{a_j^*} - \overline{a_j}) wxp\left[-\frac{|x_i - x|}{2\sigma^2} \right] \pm \varepsilon \tag{12-8}$$

12.3　企业财务预警大数据指标数据的获取与处理

从互联网上获取信息进行分析，已经成为人们进行决策的重要手段。从海量数据中有效地获取正确的目标信息是当前的重点和难点问题。通常搜索引擎检索的结果由于主题相关性不强，无法满足特定用户的需求。在改进 SVM 参数寻优算法的基础上，结合关键词过滤算法和适用于大数据分类的支持向量机算法，设计了企业相关主题信息分类算法，提出了企业相关主题爬虫系统。实验结果表明，基于关键词与改进支持向量机的企业主题相关爬虫能有效地采集目标信息，能够较好地适用于企业舆情管理和企业危机管理等相关领域。

一、指标体系的构建

（一）财务指标

1. 现金流动能力指标

现金是企业运转过程中的血液，现金的流动性越强，带动企业各个器官的运转速度越快，企业越有生命力。以经营活动盈利率和投资活动盈利率作为反映高新技术企业现金流动能力的预警指标，经营活动盈利率反映了高新技术企业在运营过程中所能创造的利润水平，投资活动盈利率反映了高新技术企业参与投资能够给企业创造的价值，选择这两个指标作为财务预警指标更具有灵敏性和预测性。

2. 偿债能力指标

偿债能力是指企业偿还所有债权人债务的能力，这种债务包括短期的和长期的，偿债能力是衡量企业财务状况出现异常的重要指标。现金流的断裂，在一定程度上影响了企业偿债能力，并为引发企业财务危机提供了无限可能，偿债能力差将会给企业经营带来巨大的财务风险。选择流动比率、速动比率、资产负债率作为财务预警指标，体现了重要性和全面性的原则。

3. 营运能力指标

企业的营运能力是企业在所拥有的人力、物力、财力的基础上，企业的经营者加以控制和合理地使用这些资源，使其以较小的投入获得较大的收益。高新技术企业也是一样，只有通过观察这些营运指标的变化才能看出企业是不是经营正常，从而加以诊断，进行调理，达到企业的正常运转。选择应收账款周转率、存货周转率、总资产周转率这些营运能力指标，通过对这些指标的观察来透析企业的各个"器官"是否存在影响"身体"健康的问题，体现了预测性的原则。

4. 盈利能力指标

利润最大化是企业的最终经营目标，而实现利润最大化最重要的方式是企业要持续地盈利。盈利能力是反映企业以现有的人力、物力、财力资源为条件创造价值的能力，盈利能力指标是企业的经营者、债权人、股东所关注的重要指标。选择营业利润率、净利率、净资产报酬率三个盈利能力指标来反映企业创造价值的能力，并且将其作为预警指标的内容，体现了重要性的原则。

5. 成长能力指标

企业是在不断地成长壮大的，各个阶段所处的状态和所要求的标准是不一样的。企业在各个阶段所呈现出的状态以及成长速度也是有区别的，企业未来的成长能力以及在各个阶段经营活动所表现出的潜能就是企业的成长能力。选择营业利润率、净利率、净资产报酬率来评价和反映高新技术企业的成长能力指标，用其作为财务预警指标能反映出企业自身是否具有"潜能精力"，为后面是否能够可持续发展提供预测和诊断。

6. 研发能力指标

研发能力是企业的科技人员在自主创新的过程中所能创造的新产品、新技术、新工艺的成果效率，研发能力是高新技术企业区别于其他传统企业的主要特征。选择研发费用占销售收入的比例、研发人员占职工总数的比重以及研发支出的增长额占上期研发支出的比率这些指标来评价高新技术企业的研发能力，体现了特殊性原则。

（二）非财务指标

1. 审计意见

注册会计师对上市公司财务报表是否公允所出具的验证性文件，证明企业的财务报表是否具有真实性、合法性、完整性。上市公司的财务报表出现重大漏洞、所出具的财务报表不真实、不客观、不公允，注册会计师就没有办法给出合理的意见，因此出具无法表示意见，这就表明企业出现的危机状况很严重，同时考虑到中国证监会对于上市公司在被特别处理和未退市之前，注册会计师会给出带有强调事项的无保留意见，因此本文选择带有强调事项的无保留意见和无法表示意见作为高新技术企业将会出现财务危机的标志；相反地，如果上市公司经营运转较为正常，各项财务指标均能够真实、客观、公允地反映上市公司在这一年度内的经营状况，注册会计师则会出具标准无保留意见证明企业运行一切正常，出现财务危机的可能性较小。

2. 未决诉讼

未决诉讼是指企业由于与别的单位和个人存在利益纠纷没有得到处理而处于司法处理的状态。未决诉讼案件越多，涉及的资金越多，对企业而言，可能因为败诉而承担的赔偿就越多，也可能会对上市企业带来负面的影响，财务危机出现的可能性就较大。

3. 股权集中度

股权集中度即反映上市公司的股份权益集中在一个或多个股东的手中。如今在中国现有的经济体制下，在国有股占控股地位的背景下，股权集中度越高，说明国家能够发挥公有制主体的作用，集中力量办大事，相应国有控股的上市公司的经营业绩就较好；相反地，股权集中度低，股权越分散越不利于企业的经营管理，公司状况越容易出现问题。

4. 主营业务集中度

主营业务集中度是指企业主营业务占销售收入的比重，实证分析研究表明主营业务过度集中，不利于企业的长远发展，适度地进行多元化经营有利于企业未来可持续地扩大规模，增强企业未来持续获利能力。"不要把鸡蛋放在同一个篮子里""东方不亮西方亮"说的就是这个道理，适度地多元化经营可以防止企业出现财务危机，对于企业今后的发展较为有利。由于未来的事项具有不确定性，集中一个主产品的经营不利于企业的长远发展，很有可能会导致企业财务危机的出现。

二、财务危机预警指标的选取及其运作原理

在以往的研究成果和中国的企业评价指标体系的基础上，结合中国企业的具体特征，充分考虑各个指标的实际应用效果和获取指标的难易程度，可以选择下列指标来建立适合中国企业财务危机预警模型的指标体系。

(一) 核心 (主导) 业务资产销售率

核心 (主导) 业务资产销售率=核心 (主导) 业务销售收入净额/核心 (主导) 业务平均资产额

竞争优势持续性保障能力乏力是陷入危机的根本原因，而核心能力强弱的最直接的市场表现，无疑当属核心 (主导) 业务资产销售率。该指标通过与市场或行业平均 (先进) 水平的比较及其走势的考察，可以对企业市场竞争的优劣态势有一个较为清晰的判断。如果该比率经常性地低于市场或行业的平均 (先进) 水平且持续走低态势，便意味着企业在客观上也已处于竞争的不利地位。因此，企业必须对核心 (主导) 业务资产销售率的变动趋势予以适时的监控，并通过资源配置结构优化调整。

(二) 经营性资产收益率

经营性资产收益率=息税前营业利润/平均经营性资产

经营性资产=流动资产+固定资产

它是企业盈利能力的指标，该指标充分体现了投资者投入企业的自有资本获取净收益的能力，突出反映了投资与报酬的关系，其也是杜邦财务分析体系的核心指标。该指标通用性强，适应范围广，不受行业局限。该指标越高，反映企业资产创造的利润越大，说明企业资产增值能力强，抵御财务危机的能力越强，企业的财务状况比较健康。无论是债权人还是股东，投资的共同准则是以实现期望收益为目的，有效规避风险为前提。其中，最为关键的是要确保经营性资产的获利水平——经营性资产收益率，至少不应低于市场或行业的平均值。对于企业来讲，如果实际资产收益率达不到市场或行业的平均水平，不仅意味着发生了机会损失，更重要的是表明企业在商品劳务市场的竞争中客观上已处于劣势地位，随即导致企业在资本市场上发生危机连锁反应，没有了投资者，财务资源日渐枯竭。经营性资产收益率及其变动走势与企业的风险危机息息相关，是监测企业财务危机的一个极其重要的指标。

(三) 已获利息倍数

已获利息倍数=息税前营业利润/债务利息

息税前营业利润是指扣除债务利息与所得税前的正常业务经营利润；债务利息包括财务费用中的利息与资本化利息两部分。

企业负债融资能否发挥正的杠杆效应的前提是，所获得的息税前利润是否能够补偿债务利息费用。已获利息倍数不仅反映了企业获利能力的大小，而且反映了获利能力对到期

债务偿还的保证程度；它既是企业举债经营的前提依据，也是衡量企业偿债能力大小的重要标志。从长远来看，企业想要具有正常的债务偿付能力，已获利息倍数至少应当大于 1 且比值越高，企业的偿债能力一般也就越强。如果已获利息倍数过小，企业将会面临经营亏损、偿债的安全性与稳定性下降的风险。

（四）销售营业现金流入比率

销售营业现金流入比率＝营业现金流入量/销售收入净额

从财务上来讲，只有当应计现金流入量成为实际的现金流入量时，才表明销售收入的真正实现。倘若企业账面意义的销售收入不能转化为足够的实际现金流入量，则意味着企业销售收入的质量极其低下。倘若企业长期性地处于现金短缺状态，必然会置企业于严重的财务危机困境甚至破产倒闭。这无疑要求企业在销售增长的过程中，必须高度关注销售收入的变现质量问题，即必须将销售收入的增长建立在充分的有效现金流入量的基础之上。

（五）非付现成本占营业现金净流量比率

非付现成本占营业现金净流量比率＝非付现营业成本/营业现金净流量

该比率从营业现金净流量来源稳定可靠性的基础出发，揭示了企业获取的现金净流量结构质量的高低。一般而言，该比率越低，表明现金流量主要是由经营活动新创造出来的，即企业具有较高的营运效率和稳定可靠的现金流入基础保障。反之，该比率越高，意味着企业的现金流量主要依靠非付现成本的转化，如折旧准备金等。倘若该比率大于 1，便预示着企业的营业活动发生了负的现金净流量。这是企业营运效率低下、偿债风险加大的一个极其危险的信号。

（六）资金安全率与安全边际率

资金安全率＝资产变现率-资产负债率

其中，资产变现率＝（现金及其等价物+良性债权+适销存货+可变现无形资产）/资产总额。

安全边际率＝（实际销售额-保本销售额）/实际销售额＝安全边际额/实际销售额

一般而言，当资金安全率与安全边际率均大于 0 时，表明企业营运状况良好，可以适当采取扩张策略；当资金安全率大于 0，而安全边际率小于 0 时，表明企业财务状况尚好，但营运效率欠佳，应进一步拓展营销能力；当安全边际率大于 0，而资金安全率小于 0 时，表明企业财务状况已露险兆，已处于过度经营状态，应改善资本结构，调整信用政策，加大账款回收力度；若两个比率均小于 0，表明企业已陷入危险境地，财务危机随时可能爆发。

（七）流动比率

流动比率＝流动资产/流动负债

一般认为流动比率应在 2 以上，最低不能低于 1，流动比率的大幅度下降应引起高度的重视。它是企业短期偿债能力的指标，是衡量企业资金流动性大小和对即期的债务的保障程度的指标。如果该指标过高，说明企业资金的使用效率比较低下，但如果该指标过低，则说明企业流动资金严重不足，有可能导致企业面临技术性清算。

（八）速动比率

速动比率=（流动资产—存货）/负债

通常认为正常的比率为 1，低于 1 则认为偿债能力偏低；如果速动比率大幅下降，通常是财务危机的信号。

（九）资产负债率

资产负债率=负债总额/公司总资产

它是企业长期偿债能力的指标，是衡量企业及风险程度的重要判断标准，其主要反映公司对负债的依赖程度，过高的资产负债率将会使企业背上沉重的利息负担，比率越大，表明依赖程度越高，其经营风险就越大，资本结构脆弱会弱化长期支付能力，埋下财务危机的种子。但当公司的经营前景比较乐观时，可以适当提高公司的负债水平，通过负债来为公司经营创造更多的收益；若公司前景一般，则要减少负债，降低资产负债率，降低财务危机发生的概率。

三、企业财务预警大数据指标数据处理

目前的大数据主要由非结构化的文本信息构成。如何利用现有的自然语言处理技术对其进行处理，对于寻求大数据信息对财务预警的影响研究有着重要的意义。文本倾向性分析是分析文本褒贬性和将文本数量化的有效手段，已经被研究者广泛关注，但财务领域的相关研究尚未有人涉足。提出建立适用于财务领域的情感词典并对大数据信息进行语义分析的方法，将为大数据技术在财务领域的应用提供理论基础和技术支撑。

（一）基于财经领域词典的企业财务大数据语义分析总体算法

基于财经领域词典的企业财务大数据语义分析算法共包含三个模块。

财经爬虫模块承担从互联网获取财经类网页的任务，将网页转换为纯文本文件后，由财经领域词典模块进行中文分词，形成待选词库，通过待选词库和准备好的已有词库进行比较，发现新词，通过网络爬虫模块对新词在百度百科的词条属性进行采集，进一步判断新词的财经领域属性，并根据词频考虑新词的褒贬性以及情感值，加入财经领域语义词典，最后依据财经领域词典进行企业信息的语义分析与统计。总体算法如下：

输入：{initialize url，财经类网页训练语料库，base word，目标企业信息}

输出：基于财经领域词典语义分析结果

（1）获取财经类网页。

（2）中文分词构建待选词库。

（3）与已有词库比较实现新词发现。

（4）验证是否为财经类词汇。

（5）加入财经领域词典。

（6）根据财经领域词典对企业信息进行语义分析。

（二）财经类网页爬虫算法

为了实现对财经类网页信息的获取，设计具有网页分类能力的网络爬虫是必要的工作。要预先建立相应的财经类网页的训练。一般来说训练的质量将对网页的分类和过滤产生决定性的影响。

财经类网页爬虫算法在执行过程中为了能够方便地处理 url 链接和进行网页分类，需要在程序中设置两个队列，在每个队列中保存着不同处理状态的 url。这两个 url 队列分别是等待队列和完成队列。在等待队列中，保存的是初始设置的 url 和新发现的 url，等待队列中的 url 将被爬虫所处理。在完成队列中，保存的是爬虫已经处理过的 url，以及在处理过程中发现网页禁止爬取、因为一些错误无法获得网页文本和没有通过支持向量机分类判断的 url 在爬取过程中有必要对网页进行检查。如果一个 url 指向的是一个网络下载资源，一般可以统计要排除的资源并通过以下算法进行忽略选择。

输入：｛initialize url｝

输出：true or flase

if（urls. endsWith（". zip"）｜｜ urls. endsWith（". gz"）

｜｜ urls. endsWith（". exe"）｜｜ urls. endsWith（". exe"）

｜｜ urls. endsWith（". tif"）｜｜ urls. endsWith（". png"）

｜｜ urls. endsWith（". tar"）｜｜ urls. endsWith（". chm"）

｜｜ urls. endsWith（". iso"）｜｜ urls. endsWith（". gif"）

｜｜ urls. endsWith（". csv"）｜｜ urls. endsWith（". pdf"）

｜｜ urls. endsWith（". doc"）｜｜ urls. endsWith（". rar"））

return false；

else

return true；

财经网页爬虫中有一个重点就是用来实现支持向量机判断的文本特征抽取，经过中文分词，网页文本中的词汇量较大，如果在处理过程中将所有词都作为特征项，就会导致输入支持向量机的特征向量维数过大，严重地影响支持向量机的判断效率。进行文本特征抽取的目的是在不损失文档核心内容的宗旨下，尽可能减少需要处理的词汇数量。本文采用基于统计的 TF-IDF 特征抽取方法，其中 TF 代表一个词在某个文档中出现的频率，即词频。词频可以用来衡量该词对文档核心内容的描述能力。IDF 一般称为反文档频率，可以用来衡量该词对文档核心内容的区分能力。

TF-IDF 算法认为可以作为特征向量的词汇，应该具有在某类文档中出现频率较高，在其他类别文档中出现频率较低的特征。因此 TF 可以体现同类文档的特点，而 IDF 可以体现不同类别文档的特点。用 TF 和 IDF 相乘来进行特征向量的取舍判断，实现在空间向量选取过程中突出重点词汇、抑制次要词汇的功能。

财经类网页爬虫的具体算法可以描述如下：

输入：｛initialize url，财经类网页训练语料库｝

输出：财经类网页文档

（1）url 进入等待队列。

（2）obtain the robots. txt。

（3）if

{robots. txt ＝ 禁止采集　then drop}。

（4）if

{url ＝其他资源　then drop}。

（5）获取 url 网页文档。

6）if

{url 文档中包含其他 url　then 加入等待队列}。

（7）中文分词。

（8）TF-IDF 文档特征抽取。

（9）形成 VSM 向量空间。

（10）SVM 进行训练。

（11）SVM 进行分类。

（12）if

{文档内容不属于财经类 then drop}。

（13）return 财经类文档。

（14）if

{url 等待队列＝Null　then exit}。

else return to 1）

（三）财经领域情感词典的建立

计算情感倾向的基础是要有一个已经标注褒贬性的情感词典。财务情感词典的建立采用多语料库的方法。设置一个领域分类语料库用来判断是否属于财务领域，再设置一个词语褒贬分类语料库用来判断情感词的褒贬性。目前情感词的获取都需要一定的人工标注参与，其存在的主要问题是"众所周知"，中文词汇量十分庞大，不同领域的词汇难以人工穷举；另一方面随着社会和各个领域的技术发展，以及网络语言的交互，使得不同领域源源不断地产生新的词汇，仅靠专家以人工搜集与输入的方法，难以完成词典的建立和及时更新。要快速、高效地建立词库，就必须采用一种自动化方法自动搜集资料、自动发现新词。本文提出先对网络上网页分类并且获取网页内容，通过分词方法提取专业领域语料库，再结合已有的情感语料库进行新词情感倾向度计算，来确定新词是否加入财务领域情感词典的方法，实现专业领域情感词典自动更新的功能。

算法思路主要是先从网络上抓取各大网站网页进行网页分类判断，领域术语应该在本领域的多篇文档中经常出现。如果某一个词只在某个领域的一篇文档中出现多次，在该领域其他文档中没有出现，那么很有可能该词在这篇文档中的出现是偶然的，不能代表该领域的普遍特征。为缩小分析范围，先根据网页抽取出来的语料库判断网页是否属于财务领域分类，属于财务领域的网页内容，一般来说包含财经领域词汇的频次密度会比其他网页更大。之后根据已有的最新情感语料库对网页进行分词处理，排除停用词和已有词汇后测量和已有词典中最相近的新词，根据语义相关度算法判断词汇是否是情感词并确定褒贬性。最后在实验中将新旧情感词输入百度百科查询，获得百度百科网页，核实该词汇是否属于财务领域，以此来验证算法。

比较常用的语义相关度算法有两类，一类是采用统计学方法，利用概率统计、参数估计和特征获取等方法研究词语规律，最终进行词语语义相关程度的计算；另一类是采用已有的语言知识和分类体系进行计算，常用的方法是采取知网或同义词词林等资源提供分类体系，对词语间的语义相关程度进行计算。在统计方法中，主要是对词语共现概率进行计算，以此确定词语间的相关程度，认为共现概率越高词语的相关程度越高。这个方法以计算两个词语的相关度为主要依据，其中不包含两个词语间的语义信息和完整的关系信息，而且作为统计依据的语料库应该具有一定的规模，这样能够增强语义相关计算的有效性。考虑到词语相似度是指两个词语在不同上下文中可以替换的概率，新词与原有基准词的相似度公式如下所示：

$$sim(n, \ b) = \lim_{n \to \infty} \frac{co_{\text{occurence}}}{n_{\text{num}} + b_{\text{num}}} \tag{12-9}$$

其中，$sim(n, \ b)$ 表示新词与基准词的相似程度；$co_{\text{occurence}}$ 表示两个词在统计篇章中的共现次数；n_{num} 表示新词在统计篇章中的出现次数；b_{num} 表示基准词在统计篇章中的出现次数；n 表示统计篇章的总量。当 $n \to \infty$ 时，两个词的相似度是一个绝对相似值；当 $n \to \partial$ 即当 n 落在一定的统计范围内时，两个词的相似度是一个相对值。在大数据环境下，求出近似绝对的结果成为了一种可能。

通过网络上的网页文件对词语相关度进行计算的具体算法如下：

输入：{initialize url，财经类网页训练语料库，base word}

输出：财经语义词典构建

（1）obtain the web page。

（2）train the SVM model。

（3）if

{class <>financial   then drop}。

（4）中文分词。

（5）获得待选词库。

（6）if {新词存在于已有词典中   then drop}。

（7）if {新词在百度百科词条属性不属于财经领域   then drop}。

（8）统计词频。

（9）计算新词与已有情感词典基准词的相似度。

if {相似度>阈值 then

赋予新词权值

Add to 已有词典

}

else drop the new word

12.4　基于财务预警模型的企业危机管理

物理学中有一个概念叫作"测不准原理"，任何对事物的观测，都会涉及观测对象在观测过程中的改变，这也从原理上说明了企业危机动态预警的无法验证性。考虑到"最好的预测就是创造"，基于大数据的企业危机预警模型在一定程度上体现了网民传感器在线信号与企业运营的关系，其外在表现形式即网络舆情与企业运营状态之间的相互作用关系，从而指出针对企业网络舆情对企业危机的疏导是必要的和有效的。

基于企业网络舆情在产生和发展过程中所呈现的群体性，应用群集动力学和演化博弈论的方法，在研究企业网络舆情群体流动过程和个体流动过程的基础上，构建了企业网络舆情疏导模型。通过使用多 Agent 仿真应用所提出的模型，寻求在相关约束下的最佳疏导策略，证明了企业网络舆情疏导模型的有效性。这部分的研究成果为有效的大数据的企业财务预警模型的结果，从企业网络舆情角度对企业进行危机管理的问题提供了理论依据。

一、大数据增加了企业对财务风险的预警能力

财务预警是以企业的财务会计信息为基础，通过设置并观察一些敏感性财务指标的变化，而对企业可能或将面临的财务危机实现预测预报或实时监控的财务系统。它不是企业财务管理中的一个孤立系统，而是风险控制的一种形式，与整个企业的命运息息相关，其基本功能包括监测功能、诊断功能、控制功能和预防功能。

目前，财务危机风险预警是一个世界性的问题和难题。从 20 世纪 30 年代开始，比较有影响的财务预警方法已经有十几种，但这些方法在经济危机中能够真正预测企业财务风险的却很少。究其原因，大多数模型中财务指标是主要的预测依据。但财务指标往往只是财务发生危机的一种表现形式，甚至还有滞后反应性、不完全性和主观性。更为严重的是，在基于财务指标预警模型的建立过程中，学者们往往都假设财务数据是真实可靠的，但这种假设忽略了财务预警活动的社会学规律，为财务预警模型与现实应用的脱节埋下了伏笔。许多学者建立了结合非财务指标的模型，但所加入的能够起到作用的非财务指标都是依靠试错方法引入的，即都是在危机发生之后才能够使指标得以确认以及引入模型，下一次经济危机的类型不同，之前建立的财务预警模型便会无法预测甚至可能发生误导。因此，靠试错引入的非财务指标具有一定的片面性，忽视了这些指标间的相互作用和相互关系，无法顾及这些指标是否对所有企业具有普遍适用性。

大数据信息比以往通过公司公告、调查、谈话等方式获得的信息更为客观和全面，而且这些信息中可以囊括企业在社会网络中的嵌入性影响。在社会环境中，企业存在的基础在于相关者的认可，这些相关者包括顾客、投资者、供应链伙伴、政府等。考虑到企业的经营行为或企业关联方的动作都会使企业相关者产生反应，进而影响到网络上的相关信息。因此，我们可以把所有网民看作企业分布在网络上的"传感器"，这些"传感器"有的反映企业的内部运作状态，有的反映企业所处的整体市场环境，有的反映企业相关方的运行状态等。大数据企业财务预警系统不排斥财务报告上的传统指标，相反地，传统的财

务指标应该属于大数据的一部分。

互联网上网民对企业的相关行为，包含了线下的人们和企业的接触而产生对企业的反应，这些反应由于人们在社会网络中角色的不同，涵盖了诸如顾客对产品的满意度、投资方的态度、政策导向等各种可能的情况。起到企业"传感器"作用的网民，由于在线下和企业有着各种各样的角色关系。这些角色和企业的相互作用会产生不同的反应，从而刺激这些角色对企业产生不同的情绪。群体的情绪映射到互联网，才使这些信息能够被保存下来并被我们获取，这些不同的情绪经过网络上交互过程中的聚集、排斥和融合作用，最后会产生集体智慧，这些群体智慧能反映企业的某种状态。

在实证研究过程中，相关学者利用聚焦网络爬虫收集了前些年中关于 60 家企业所有的相关全网网络数据，包括新闻、博客、论坛等信息，经过在线过滤删重，最终获得有效信息共 7000 万余条。来自网络的上市公司相关大数据主要是非结构化的文本信息，而且包含大量重复信息。为了验证大数据反映的相关情绪能够有效提高财务风险预警模型的性能，首先要把这些信息进行数值化处理，过滤掉大量无效数据，并且进行基于财经领域词典的文本情绪倾向计算。同时对相关上市公司的有效信息进行频次统计，以便验证大数据有效信息的频次对财务风险预警模型的影响。通过与财务指标的结合，对研究假设进行实际数据验证，发现引入大数据指标的财务预警模型相对于财务指标预警模型，在短期内对预测效果有一定的提高，从长期来看对预测效果会有明显提高，大数据指标在误警率和漏警率上比财务指标表现得明显要好，从而验证了在复杂的社会环境中，依靠大数据技术加强信息搜寻是提高财务预警有效性的重要路径这一观点。

二、基于大数据财务预警模型进行企业危机管理的建议和措施

根据证明得出，企业根据大数据财务预警模型的预测结果，可以利用传统指标预测与引入大数据指标预测的差异选择网络舆情管理的时机。从网络舆情角度对企业进行危机管理的过程中，要注意以下一些措施和建议。

（1）企业网络舆情在疏导过程中，作为企业利益相关人的网民最为犹豫的是企业参与治理的最佳时机。群集能够使个体实现个体无法实现的期望。在网络舆情中，一些极端事件甚至出现以言代法、舆情左右法律等现象，因此在群集事件的处理中，网民犹豫不决时是群集发展最快的时期。因此在舆情处理中，可以凭借大数据技术发现治理的关键时点，企业在群集犹豫不决的阶段一定要果断采取合适的策略，避免舆情力场环境恶化。

（2）企业舆情疏导过程中，不能仅针对舆情本身来解决问题，靠水军等手段调整网民观点比例不是完全有效的，只有真正解决了舆情背后的企业治理问题，使网民群体符合一定舆情力场条件时，才能切实对舆情变化产生影响。

（3）作为支持企业发展的大环境，政府应该着手提高社会中高需求层次人群所占的比例，提高公民实际就业率，增大人群对外界的容忍度，减少超出人们承受能力的事件发生，保证社会中舆情力场的稳定性。具体来说，减小贫富差距，社会管理规范化，是减少社会舆情爆发的根本方法。中国社会发展中，一些新闻媒体工作者为了生计在网络上发布新闻的时候，标题都标新立异，以超出人们常识来吸引眼球。一些网站为吸引流量，不惜夸大事实、恶意标新立异，吸引关注。这些方面应该由政府来为企业创造良好的环境，必须在日常管理中落实"有法可依，有法必依，违法必究，执法必严"，如果能够切实做到

这十六个字，社会舆论力场就会在合理范围内波动，而企业网络舆情就会更容易趋于稳定状态。

（4）根据博弈论的"理性人"假设和舆情群集动力学分析，发现舆情传播中，理性的网民更容易产生羊群效应和蝴蝶效应，对企业网络舆情的爆发起到了推波助澜的作用。在舆情疏导中，尤其要注重对理性网民的引导。企业要加强法制公信力，使利益相关者不需要获取群集力就使期望得以实现，做到赏罚分明。

（5）根据对企业网络舆情群集动力学的过程分析，发现网民群集具有斧劈效应（斧刃目标向前，斧侧目标向两侧），个体目标不完全一致，但可以通过群集实现个体的各自目标。因此解决单一事件只能暂缓危机事件发生，无法使群集现象得到根治，反而会产生蝴蝶效应。因为群集者的目标不在于某事件的解决，而有内在深层次的目标，当另一事件发生时，群集者会转移到其他事件上去。

一些部门使用水军或删除帖子的方法，可以对单独事件暂时起到控制效果，但长远来看，会使网民中产生更多的低层次需求，使舆情愈演愈烈。企业为实现较好的舆情疏导，应该重点发展大数据技术对舆情的监测功能，通过高效的企业治理来实现企业网络舆情博弈中的动态惩罚策略。同时中国网络舆情中在传播正能量时难度更大，体现为舆情中赞美的话题少于抱怨的话题，其根本原因是舆情力场中低层次的需求比高层次的需求有更大的群集吸引力，这也反映在第 6 章体现的与企业财务危机相关的是大数据信息中的积极情绪、信息频次和积极与消极波动的情况，相对来说中性情绪和消极情绪由于传播的泛滥，在具体预警应用中，价值更为稀薄，所起作用不大。

参考文献

［1］ Barroso LA, Dean J, Holzle U. Web search for a planet：The Google cluster architecture ［J］. IEEE Micro, 2003, 23 (2)：22-28.

［2］ BillFranks. 驾驭大数据 ［M］. 黄海, 车皓阳, 王悦, 等, 译. 北京：人民邮电出版社, 2013.

［3］ Chin A G. Incremental data allocation and reallocation in distributed database systems ［J］. Journal of Database Management, 2001, 12 (1)：35-58.

［4］ Damiani E, De Capitani di Vimercati S, Foresti S, et al. Selective data encryption in outsourced dynamic environments ［J］. Electronic Notes in Theoretical Computer Science, 2007 (168)：127-142.

［5］ ETZION D, ARAGON-CORREA J A. Big data management and sustainability：strategic opportunities ahead ［J］. Organization and Environment, 2016 (2) ：147.

［6］ Finkel R, Bentley J. Quad trees a data structure for retrieval on composite keys ［J］. Acta Information, 1974, 4 (1)：1 – 9.

［7］ GHOSH P, MOORTHY J. Big data and consumer privacy ［J］. The Journal for Decision Makers, 2015 (1) ：95.

［8］ Golub G H, Reinsch C. Singular value decomposition and least squares solutions ［J］. Numerische Mathematik, 1970, 14 (5)：403 – 420.

［9］ Goyal V, Sahai A, Waters B. Attribute-based encryption for fine-grained access control of encrypted data ［J］. Communications of the ACM, 2008, (5)：34-46.

［10］ Menon S. Allocating fragments in distributed databases ［J］. IEEE Transactions on Parallel and Distributed Systems, 2005, 16 (7)：577-585.

［11］ Mouratidis K, Sacharidis D. and Pang H. , Parially materialized digest scheme：An efficient verification method for outourced database ［J］. The VLDB journal, 2009, 18 (1)：363-381.

［12］ Parakh A, K k S. Online data storage using implicit security ［J］. Information Sciences, 2009, 179 (19)：3323-3331.

［13］ Shannon C E. A mathematical theory of communication ［J］. ACM SIGMOBILE Mobile Computing and Communications Review, 2001, 5 (1)：3-55.

［14］ SIDDIQA A, et al. A survey of big data management：taxonomy and state-of-the-art ［J］. Journal of Network and Computer Applications, 2016 (4) ：23.

［15］ Thomas H. Davenport. 大数据分析：数据驱动的企业业绩优化、过程管理和运营决策

   ［M］．吴峻申，译．北京：机械工业出版社，2015.

［16］ Ulus T, Uysal M. Heuristic approach to dynamic data allocation in distributed database systems ［J］. Pakistan Journal of Information and Technology, 2003, 2 (3): 231 - 239.

［17］ Vaquero L Rodero-Marino L, Caceres J, et al. A break in the clouds: towards a cloud definition ［J］. SIGCOMM Computer Communication Review, 2009, 39 (1): 50-55.

［18］ Wang T, Lin Z, Yang B, et al. MBA: A market-based approach to data allocation and dynamic migration for cloud database ［J］. Science China Information Sciences, 2012, 55 (9): 1935-1948.

［19］ Wu S, Wu K-L. An indexing framework for efficient retrieval on the cloud ［J］. IEEE Data Eng. Bull, 2009, 32 (1): 75-82.

［20］ 鲍勃·罗德，雷·维勒兹．大融合：互联网时代的商业模式 ［M］．宋卫未，孙昕昕，王茜，译．北京：人民邮电出版社，2015.

［21］ 陈纪英．大数据革命信息时代寻宝指南 ［J］．中国新闻周刊，2013 (3)：49-54.

［22］ 陈志婷，张莉．大数据呼唤顾客参与的商业模式 ［J］．企业研究，2014 (17)：22-25.

［23］ 城田真琴．大数据的冲击 ［M］．周自恒，译．北京：人民邮电出版社，2013.

［24］ 程平，孙凌云．大数据、云会计时代考虑数据质量特征的企业投资决策 ［J］．会计之友，2015 (12)：134-136.

［25］ 程平，王晓江．大数据、云会计时代的企业财务决策研究 ［J］．会计之友，2015 (2)：134-136.

［26］ 大卫·芬雷布．大数据云图：如何在大数据时代寻找下一个大机遇 ［M］．盛杨燕，译．杭州：浙江人民出版社，2015.

［27］ 丁锋，等．大数据安全 ［M］．北京：中国言实出版社，2016.

［28］ 冯伟．大数据时代面临的信息安全机遇和挑战 ［J］．中国科技投资，2012 (34)：49-53.

［29］ 冯芷艳，郭迅华，曾大军，陈煌波，陈国青．大数据背景下商务管理研究若干前沿课题 ［J］ 管理科学学报，2013 (1)：1-9.

［30］ 何军．大数据对企业管理决策影响分析 ［J］．科技进步与对策，2014 (2)：65-68.

［31］ 何瑛，彭亚男，张大伟．大数据时代的无边界融合式财务管理创新 ［J］．财务与会计，2014 (12)：60-63.

［32］ 侯锡林，李天柱，马佳，刘小琴．基于大数据的企业创新机会分析研究 ［J］．科技进步与对策，2014 (7)：1-5.

［33］ 黄昶君，王林．大数据时代商业银行电子商务零售客户风险评分模型设计框架及实证分析 ［J］．投资研究，2014 (4)：16-26.

［34］ 黄升民，刘珊．"大数据"背景下营销体系的解构与重构 ［J］．现代传播，2012 (11)：8-20.

［35］ 蒋红斌．大数据平台上的企业设计战略——以维尚集团的设计实践为例 ［J］．装饰，2014 (6)：36-39.

[36] 杰伊·利博维茨．大数据与商业分析［M］．刘斌，曲文波，林建忠，等，译．北京：清华大学出版社，2015.

[37] 荆浩．大数据时代商业模式创新研究［J］．科技进步与对策，2014（4）：15-19.

[38] 李国杰，程学旗．大数据研究：未来科技及经济社会发展的重大战略领域——大数据的研究现状与科学思考［J］．中国科学院院刊，2013，27（6）：647-657.

[39] 李琳，陈维政．大数据背景下领导风格的选择［J］．经济问题探索，2014（8）：26-29.

[40] 李艳玲．大数据分析驱动企业商业模式的创新研究［J］．哈尔滨师范大学社会科学学报，2014（1）：55-59.

[41] 李云亮，高肇坤．论基于财务战略的财务管理流程体系构建［J］．财会研究，2011（14）：41-44.

[42] 连玉明．DT时代：从"互联网+"到"大数据X"［M］．北京：中信出版社，2015.

[43] 刘剑强．大数据时代企业投资决策竞争情报需求与服务研究［J］．现代商业，2014（1）：187-189.

[44] 刘新海．阿里巴巴集团的大数据战略与征信实践［J］．征信，2014（10）：10-15.

[45] 罗伯特·托马斯，帕特里克·马博兰．大数据产业革命：重构DT时代的企业数据解决方案［M］．张瀚文，译．北京：中国人民大学出版社，2015.

[46] 马毅．大数据发展下集群融资创新环境治理研究［J］．经济体制改革，2014（5）：129-133.

[47] 牛西，赖斌慧．谈大数据对企业纵向边界的影响［J］．商业经济研究，2015（4）：91-92.

[48] 彭超然．大数据时代下会计信息化的风险因素及防范措施［J］．财政研究，2014（4）：73-76.

[49] 钱钢，沈玲玲．大数据环境下信息管理热点研究［J］．南京师范大学学报，2013（4）：1-5.

[50] 秦荣生．大数据时代的会计、审计发展趋势［J］．会计之友，2014（32）：81-84.

[51] 石友蓉，黄寿昌．财务战略研究［M］．武汉：武汉理工大学出版社，2011.

[52] 史蒂夫·洛尔．大数据主义［M］．胡小锐，朱胜超，译．北京：中信出版集团，2015.

[53] 宋彪，朱建明，李煦．基于大数据的企业财务预警研究［J］．中央财经大学学报，2015（6）：55-64.

[54] 汤谷良，张守文．大数据背景下企业财务管理的挑战与变革［J］．财务研究，2015（1）：59-64.

[55] 唐鸣谦．大数据时代下的信息安全问题研究［J］．无线互联科技，2014（4）：168.

[56] 王德禄，李尚，王智勇，李明．大数据：现状与展望［J］．经济与管理，2015（5）：76-78.

[57] 王珊，王会举，覃雄派，等．架构大数据挑战、现状与展望［J］．计算机学报，2011，34（10）：1741-1752.

[58] 邬贺铨．大数据时代的机遇与挑战［J］．求是，2013（4）：47-49.

［59］邬贺铨.大数据思维［J］.科学与社会，2014（1）：1-13.

［60］西凤茹，王圣慧，李天柱，侯锡林.基于大数据产业链的新型商业模式研究［J］.商业时代，2014（21）：86-88.

［61］姚如佳.大数据环境下云会计面临的困境及对策［J］.会计之友，2014（27）：76-79.

［62］袁振兴，张青娜，张晓琳，张晓雪.大数据对会计的挑战及其应对［J］.会计之友，2014（32）：89-92.

［63］曾晖.大数据挖掘在工程项日管理中的应用［J］.科技进步与对策，2014（6）：46-48.

［64］扎德罗津尼.Splunk大数据分析［M］.北京：机械工业出版社，2014.

［65］翟伟丽.大数据时代的金融体系重构与资本市场变革［J］.证券市场导报，2014（6）：47-51.

［66］张莉艳，齐永智.大数据背景下零售经营要素变革研究［J］.技术经济与管理，2015（7）：47-50.

［67］赵国栋，易欢欢，糜万军，等.大数据时代的历史机遇：产业变革与数据科学［M］.北京：清华大学出版社，2013.

［68］赵勇.架构大数据——大数据技术与算法解析［M］.北京：电子工业出版社，2015.

［69］赵勇，林辉，沈寓实，等.大数据革命——理论、模式与技术创新［M］.北京：电子工业出版社，2014.

［70］资武成."大数据"时代企业生态系统的演化与建构［J］.社会科学，2013（12）：55-62.